マッキンゼー流
図解の技術

SAY IT WITH CHARTS

THE EXECUTIVE'S GUIDE TO VISUAL COMMUNICATION

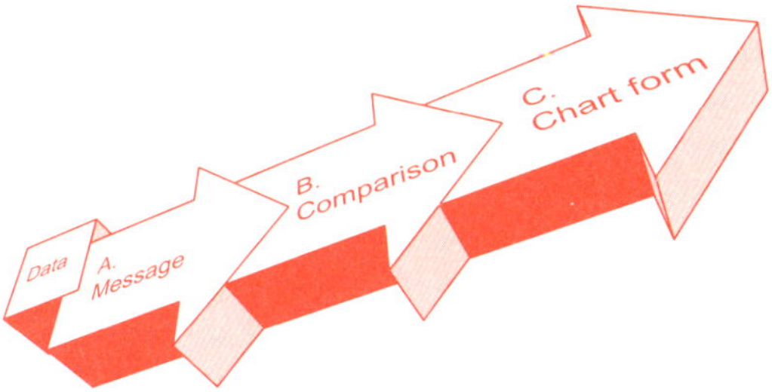

マッキンゼー・アンド・カンパニー
ビジュアル・コミュニケーション・ディレクター
ジーン・ゼラズニー著

数江良一／菅野誠二／大崎朋子訳

東洋経済新報社

謝　辞

仮にオリジナリティーを「見つからなかった盗作」と定義づけるとしたら、本書はオリジナルと言えるであろう。本書の中で公開した多くのアイデアの著作権は、故人であるケネス・W・ハマー（AT&Tの元プレゼンテーション・リサーチ部長）のものだ。長年にわたり私の師であり、友人でもあったケンにお礼を申し上げる。きみがいないのがどんなに寂しいことか。

ケンのおかげで思索を重ねることができ、私はマッキンゼー・アンド・カンパニーを拠点としてアイデアの応用と発展を行った。マッキンゼーで共に働いた何百人ものプロのコンサルタントにも感謝したい。名誉のある楽しい仕事だった。

最後に、本書の実現に向けて支援してくださった方々全員に心から感謝申し上げる。

Original Title :
Say it with Charts, 4/E
by Gene Zelazny

訳者まえがき

初めて原著を手に取ったとき、全く初見の感じがしなかった。むしろ懐かしい感覚。本書の内容は訳者がマッキンゼーに入社したときに、先輩から絞られながら繰り返し考えた中で身につけていったビジュアル・コミュニケーションのスキルそのものだからであった。原著者であるジーン・ゼラズニー（Gene Zelazny）氏は米国マッキンゼーのビジュアル・コミュニケーション・ディレクターなので当然である。マッキンゼーの日本支社でも多少カスタマイズされているものの、本書の内容と同等の基礎訓練が行なわれていた。

加えてコミュニケーション・ワークショップと呼ばれる研修が1週間にわたって開催される。そこでは、与えられたデータを分析してプレゼンテーション・メッセージをつくり、それをチャート化し、そのチャートを使って研修中にプレゼンテーションを行なう。さらに、自らのプレゼンテーションの様子は録画されており、後でビデオを見ながらコーチと討議し、問題点を復習する。こうした徹底したトレーニングを受けて、ビジュアル・コミュニケーションのスキルを叩き込まれていく。コンサルタントは「メッセージをつくり、伝え、実行するために広める」ことが仕事である。

つまり、本書に書かれているスキルは経営コンサルタントがまず身につけなくてはならないベースナレッジというわけだ。

経営コンサルタントのベースナレッジといえば、まず第一に挙がってくるのは、ロジカル・シンキング（クリティカル・シンキング）であろう。コンサルタントの仕事が経営課題を発見し、特定し、解決策を策定するものである以上、ロジカル・シンキングは必要不可欠である。その解決策を策定段階から実行段階へ移すのに必要となるのが、ビジュアル・コミュニケーションである。考え抜かれた解決案も実行されなければ意味がない。実行するには周囲に説明し、納得・合意を得て、巻き込んでいくというコミュニケーションのプロセスが必要不可欠となる。そのプロセスでビジュアル・コミュニケーションが果たす役割は、「効果」「効率」「明快さ」という点で非常に大きい。

ロジカル・シンキングがコンサルタントのみならず、すべてのビジネスパーソンに必要なものであることは、もはや世の常識となった感があるが、ここまで説明するとビジュアル・コミュニケーションもまた、コンサルタントに限定されたスキルではないことがおわかりいただけるのではないだろうか。

そうは言っても日本のビジネスパーソンのコミュニケーション能力は決して高いものではない。訳者のコンサルティング先や企業研修先での実体験から考えると、プレゼンテーションのチャートの描き方に心を砕き論理的に検討している人は稀だ。時には本書の冒頭で紹介されている事例のように、チャートにしたことでかえって言いたいことをわかりづらくしている例も散見される。

パソコン、液晶プロジェクター、プレゼンテーションソフトウェアを使った会議やプレゼンテーションが主流になりつつあり、傍目には立派な印象を与える。しかし、聞き終わって自分の机に戻るとプレゼンターのメッセージはほとんど記憶に残っていない。会社によっては、会議やプレゼンテーションの資料はどんな濃い内容であろうと、A３の紙一枚に詰め込まなければならないというようなところもある。虫眼鏡がないと判読不可能なくらいの文字でA３の紙一枚にぎゅっと詰め込まれた資料は異様ですらあり、わかりやすさは全く考慮されていない。その会社では、社員の「１枚に詰め込む」スキルが異様に発達している。

もちろん、こうした機能不全の状態は、会議やプレゼンテーションの目的、つまり、「この場は『報告のため』なのか、『共通認識をもつため』なのか、『すぐに意思決定を行なうため』なのか」という会議が行なわれる根幹を明らかにすることや、参加者が提言の論理性を追求ししっかりと事実確認をした上で討議する態度に改めることで改善するだろう。

そうした改善が行なわれた上で、個人として、また、組織として、論理的に考えたことを図を用いて効果的に、かつ、効率的に伝える能力（ロジカル・シンキング＆ビジュアル・コミュニケーション）を磨く必要があるのではないのだろうか。

そうしたニーズに応えるのが本書である。米国で4版を重ねるロングセラーとして、数多くのビジネスパーソンに実際に活用されている。ここで解説されているのは、自らが主張したいことを伝えるためのスキルである。端的に言ってしまうと、まずデータの切り口を検討し、「あなた」が言いたい「メッセージ」をつくり、そのメッセージを「ロジカル」にサポートするチャート（図表）の種類を選択し、実際にチャートを描いてみるという技術である。このためのプロセス、法則、ノウハウが本書には満載されている。

今まで何となくプレゼンテーション資料を作成して勘所が悪く、苦労をしていたら、ここに掲載されている練習問題を実習することで目を見開かされる思いをするだろう。なぜなら、本書は真に「実用書」と言えるだけの内容をもっているからだ。

2004年6月

菅野誠二

Section 3 コンセプトとメタファーを使う

Section 4 チャートをスクリーンで見せる

装丁◆重原 隆
本文デザイン／図版◆㈱マッドハウス

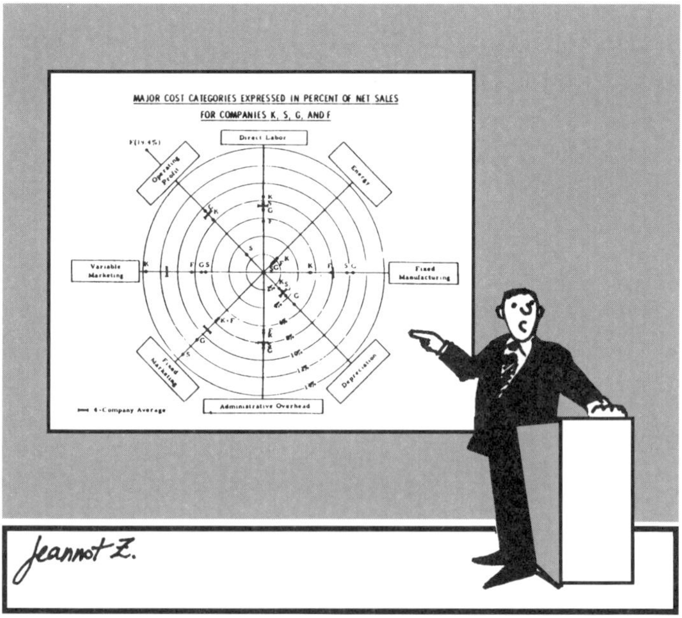

あなたは何が言いたい?　そして、そのチャートは何を意味する?

Introduction

チャートで語る

SAY IT WITH CHARTS

□プレゼンは図表を活用するとわかりにくい？

第3火曜日の午前9時。運営委員会の月次ミーティングを開催する時間である。この日のミーティングを手際よく進行させるために、委員長は聡明で出世頭のマネジャー（仮にフランクとしよう）に簡潔なプレゼンテーションを依頼した。当社が競争している業界の現状と自社の業績を参加者に理解してもらい、新たな投資機会を検討する足がかりとしてもらうためだ。

フランクはこれをうまくやり遂げるためによく調査を行ない、話の流れを検討し、「チャートで語る（say it with charts）」ために図表を用いた資料を用意した。私たちの多くと同じように、フランクもチャート（図表）が重要な言語形態のひとつであることを認識している。なぜ重要か。よく考えが練られ優れた設計がなされたチャートを活用すれば、言いたいことが素早く明確に伝達できるからである。データを表のままにしていては、素早く、明確に、というわけにはいかない。

しかし、**チャートについての熟考が足りず設計が悪い場合には、明確に伝わるどころか混乱を招く結果となってしまう。**

ではこれから、聞き手とともに腰かけて、フランクのプレゼンテーションに耳を傾け、彼の用意した資料の効果について小声でコメントしていこう。

□出世頭フランクが行なった難解なプレゼン

フランクのプレゼンテーションが開始された。

「おはようございます。私はこれから、当業界と当社の業績の概要を簡潔にご説明したいと思います。発展途上国への業容拡大のために、みなさまのご支援を賜りたいと存じます。そのために、分析結果を見た目にわかりやすく表すための資料をいくつかご用意しました」

▽ 0-1

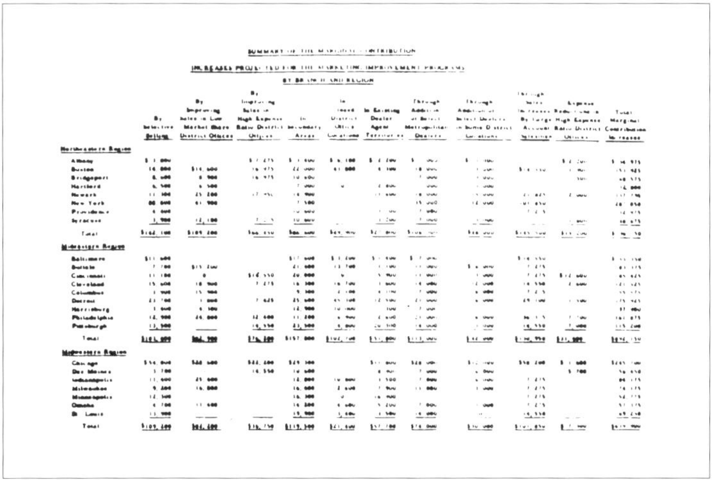

続けて述べる。「第一に指摘したい点、それは当社が健全な業界で競争を行なっているという点でございます。この資料からはっきりとおわかりいただけるかと存じますが、横の見出しに11項目の業績測定基準が並んでおります。そして、左側には業界内の３タイプの企業が縦に並んでおります。当社はその中で優れた業績を上げております」

聞き手として席についているあなたは、小さな数字を無理やり判読しようとして視力が衰えたのではないかと思うだろう。フランクはそれでも続ける。

▽ 0-2

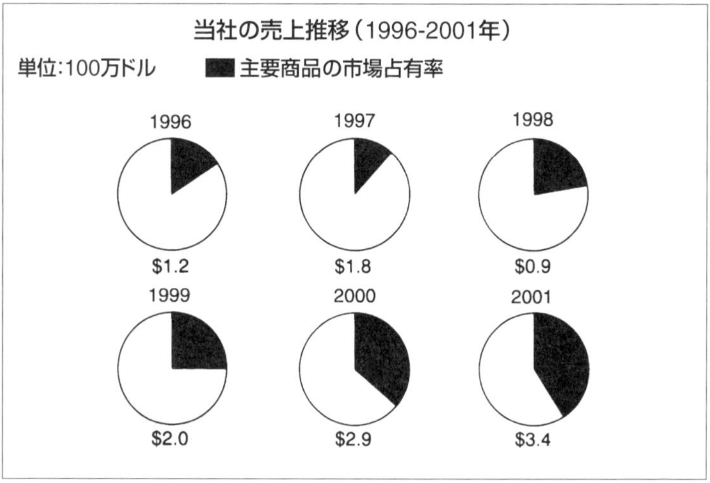

「この業界における当社の業績には際立ったものがございます。たとえば、1996年以来当社の売上げは顕著な伸びを示しております。1998年には落ち込んだこともございましたが、それはみなさまもご承知のとおりストライキの影響でした」とフランクは続ける。

あなたは思わずつぶやくだろう。「おっと、何か見落としたかな。たしかにフランクは売上げが顕著に伸びたと言っているが、ずらりと並んだパイチャートは、主要商品の市場占有率の伸びを表しているぞ。あ！　そうか、ちょっと待って。わかったぞ！　パイチャートの下の数字のことを彼は言っていたのか……」

▽ 0-3

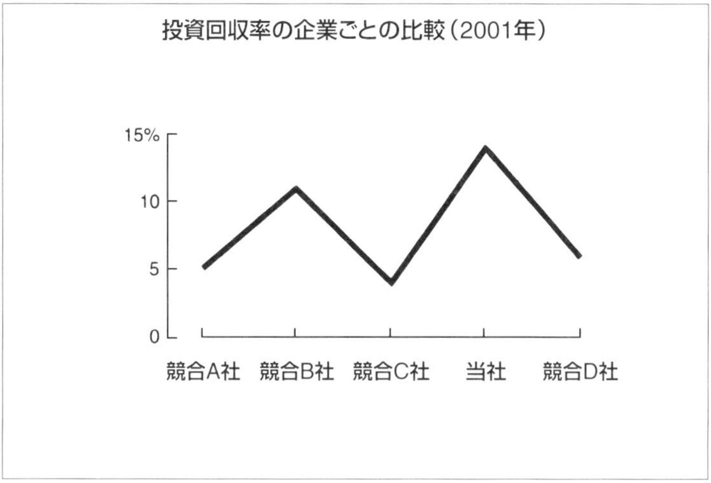

フランクはさらに続ける。「主要な競合 4 社と比較しまして、当社の投資回収率は第 1 位で14%を示し……」

あなたはここで、つい言いたくなるだろう。「何が 1 位だって？　誰が？ビジュアルから伝えたいことは投資回収率が変動していることかと思ったよ」と。

▽ 0-4

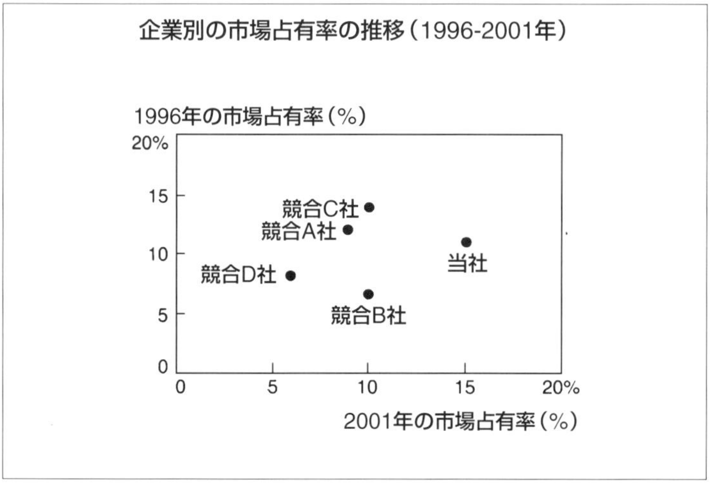

企業別の市場占有率の推移（1996-2001年）

「……そして、当社の市場占有率は1996年以来競合１社と並んで増加しておりまして、他の３社はシェアを減少させております」

イライラのあまりため息をつきたくなるだろう。「ボクのオレンジジュースに誰か酒でも入れたのだろうか。なぜ見ているものと聞いていることがうまくかみ合わないんだろう、シグナルがごちゃ混ぜだ。もしかしたら、目で見る資料が耳で聞くメッセージの後押しになっていないのかな」

▽ 0-5

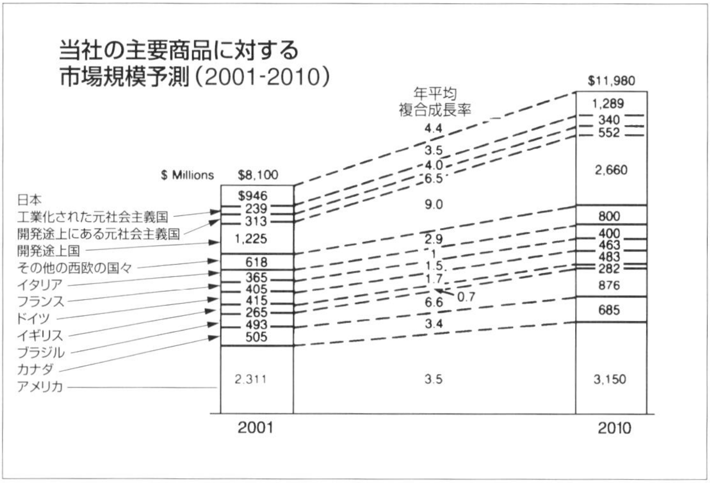

フランクは先を続ける。「この売上げ、投資回収率、市場占有率の動向を考慮しまして、当社主要商品の販売の取り組みを、発展途上国へと拡大していくことをご提言したい所存でございます。これらの市場は注目に値する潜在力を備えております。この資料は少々理解しにくいかと存じますので、ご説明申し上げます。私の作成しましたのは、2001年における世界市場の全体規模および2010年の市場規模予測でございます。多くの調査を踏まえまして、市場は80億ドルから110億ドル以上へと増加すると当社は予測しております。そこで私は、総額を市場となる12の国と地域で割りまして、国別の規模を表してみました。次いで、私は国別の年平均複合成長率を算出しまして、中央に表示しております。これらの数値からおわかりになりますように、発展途上国が最も急速な成長を遂げることが予想されます」

不満だらけのあなたのつぶやきが聞こえるようだ。「なんということだ！プレゼンターを助ける目的でつくられた資料を理解するのに、ずいぶんプレゼンターの助けがいるものだな。図表は1000の言葉に相当すると思っていたものだが、逆に図表を補足するのに1000の言葉が必要になるとは」

▽ 0-6

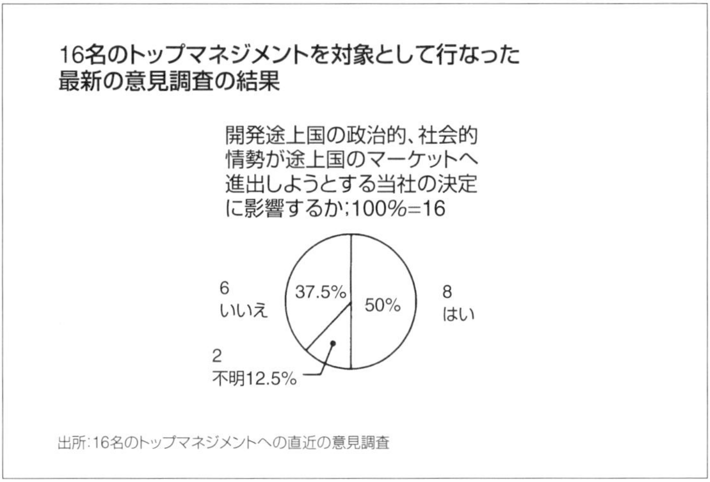

フランクは言う。「そうは申しましても、次に進めるためには、まずトップマネジメントの方々に、これらの開発途上国の政治的、社会的情勢により当社の計画が妨げられるようなことは、決してありえない点をご理解いただく必要がございます。16名のトップマネジメントに対する最近の意見調査によりますと、これらの諸国への投資には賛否がほぼ半分に分かれております」

聞き手であるあなたが直面している社会不安のほうは、すでに我慢の限界を超している。パイチャートはランチのデザートに見えてきているのではないだろうか。

□APK症候群――知識の欲張りな羅列

チャートをプレゼンテーション支援のツールとして活用しようというフランクの意図は正しかった。しかしやり方がまずかった。彼はプレゼンテーションを損なうような、判読しづらく、理解しにくいチャートを作成してしまったのだ。ではここで、フランクのチャートを検証し、うまくいかなかった理由をさぐってみよう。

▽0−1は判読不能。判読できないビジュアルはすべてAPK症候群にかかっている。APKとはAnxious Parade of Knowledge（知識の欲張りな羅列）の頭文字だ。これは通常、プレゼンターが聞き手の読み取ることのできる量を超えた内容をチャートに詰め込んだ場合に発症する。

フランクに認識が不足していたのは、プレゼンテーションに用いるチャートは、報告書のチャートより少なくとも2倍シンプルで4倍の太さの文字でなければならないということである。たとえるならば、ドライブ中に通過しながら読む看板広告と詳細に検討できる雑誌広告の違いである。

□言葉で伝えるだけで十分なのに図？

それと正反対なのが最後に示された▽0−6で、内容が単純なので図にする必要がなかった。メッセージを言葉で伝えるだけで十分だった。このような単純極まりないチャートのほかに、チャートを使わないほうが賢明な場合を以下に述べてみよう。

1　チャートというものは、誤解を招くおそれがあるにもかかわらず、いかにも正確であるかのように表現してしまうことがある。予想値やその変動範囲が曖昧なケースである

2　企業の損益計算書など、聞き手や読者が見慣れているデータ。形式を変更すると、かえってわかりにくくなる

3　チャートに不慣れな人や、抵抗のある人。チャートの使用に、懐疑的な人さえいる

チャートに関する限り、原則として「少ないほどよい」。チャート作成には時間がかかり、費用もばかにならない。また、チャートをたくさん使い過ぎると聞き手の記憶に残りにくい。レポートやプレゼンテーションでチャートを1つしか使わなければ聞き手の注目度は100%になるが、100枚のチャートを使えばどれも記憶に残らない。

□図？　表？　どっちつかずのチャートテーブル

▽0−5は、世界市場を表すチャート。私が「チャートテーブル（charttable）」（訳者注：図と表の組み合わせたもの）と呼んでおり、チャートにするか表形式にするか決心がつかないので両方を組み合わせたというものだ。かすかな望みは、チャートで効果がなかった場合には、表の情報で効果を出せるという点だが、たいていはどちらの効果も出ない。このチャートのおかげで重要な関連事項（この場合は、国別成長予測の比較）を把握することができたのは間違いないとしても、彼は自分の問題分析の際に役立ったデータを分析結果がすぐに見て取れる単純なチャート形式に書き換えることをしなかった。

□チャートフォームの選択が間違っている

残る3つの▽0−2、▽0−3、▽0−4に見られる問題は、データをチャート形式に変えるときに大半の人々が直面する大きな問題で、メッセージを伝えるチャートフォームの選択が間違っている。▽0−2はラインチャートが適切であるのにパイチャート、▽0−3はバーチャートのほうがよいのにラインチャート、▽0−4はコラムチャートの代わりにドットチャートを選択している。

話し言葉によるメッセージをより迅速かつ明確にサポートするチャートは、次のようなものでなければならなかった。

▽ 0-2-2

◎当社の売上げは増加している

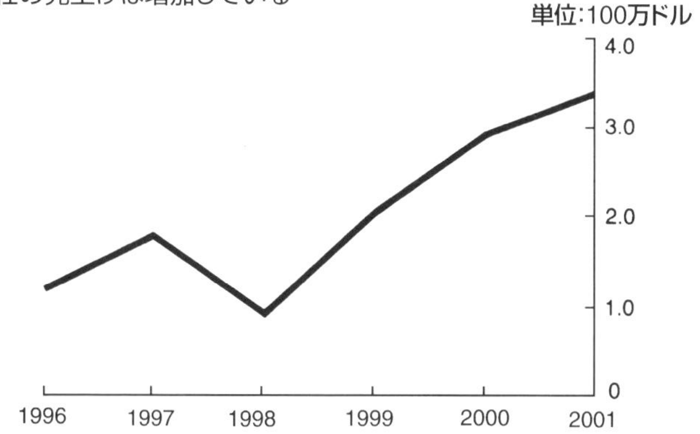

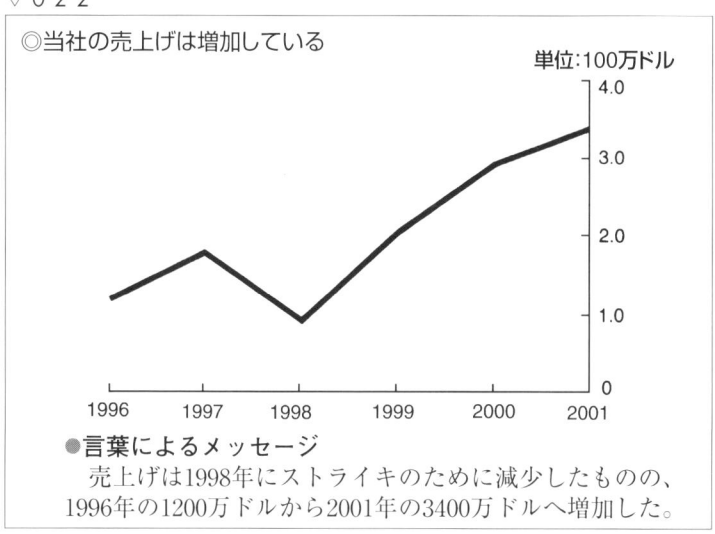

●言葉によるメッセージ

売上げは1998年にストライキのために減少したものの、1996年の1200万ドルから2001年の3400万ドルへ増加した。

▽ 0-3-2

◎2001年に当社の投資回収率は業界1位だった

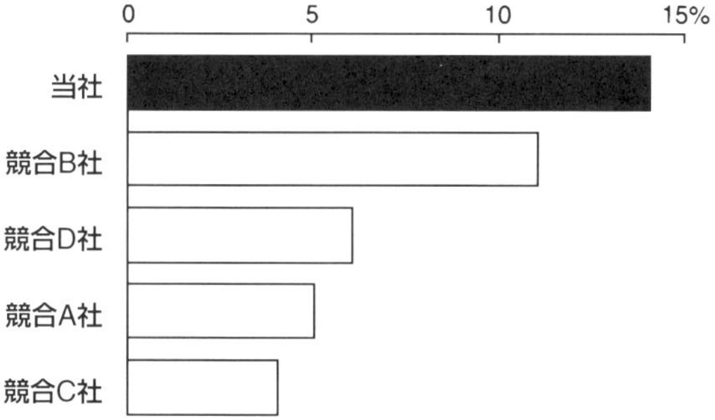

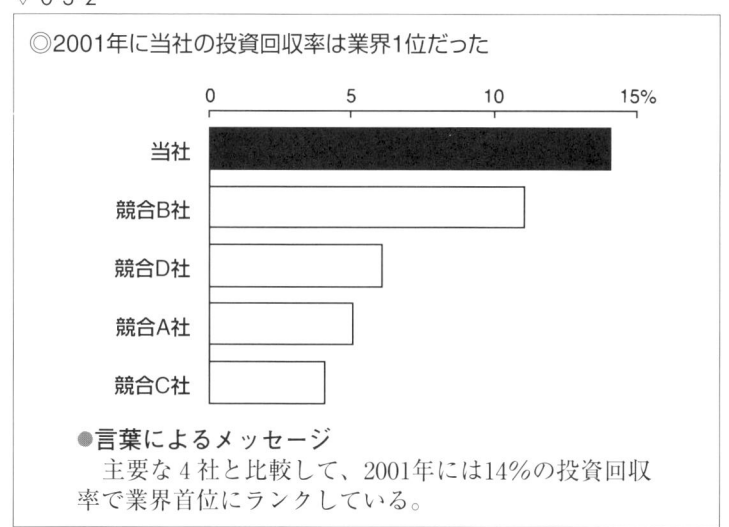

●言葉によるメッセージ

主要な4社と比較して、2001年には14%の投資回収率で業界首位にランクしている。

▽ 0-4-2

◎当社のマーケットシェアは1996年以降好転した

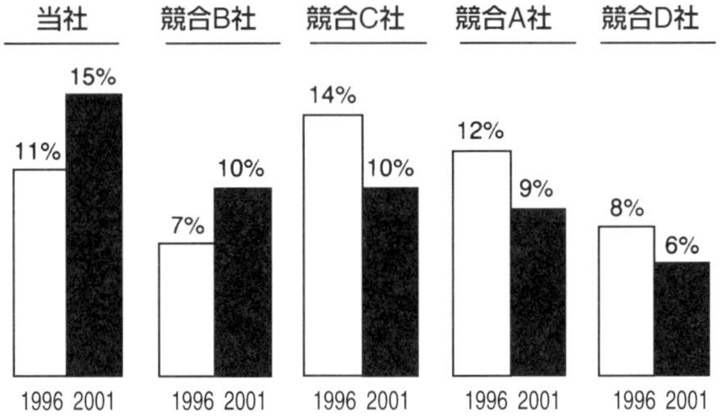

●言葉によるメッセージ

当社のマーケットシェアは、1996年の11%から15%へと4ポイント増えた。競合4社のうち、C社、A社、D社がシェアを失っているのに対し、B社は好転している。

□機能するチャートのつくり方

さて、これらのチャートはそれぞれの機能を発揮している。いずれの場合も、タイトルに表現したメッセージをチャートフォームがサポートしている。そして、そのタイトルはチャートが証明しようとすることの要点を補強する役目を果たしている。いずれの場合も、表のままのデータよりもメッセージがうまく、素早く伝わってくる。

目的はそこだ。どんなチャートを活用するにしても、話し手と聞き手両方の役に立つチャートを選択し、活用して、**チャートで語る**（say it with charts）ことを支援するのがまさに本書の目的なのである。ビジネス・プレゼンテーションやレポートをはじめ、管理情報システム、コンピューターグラフィックス、年次報告書、雑誌や新聞などにいたるまで、どんな場面においても本書は有効である。

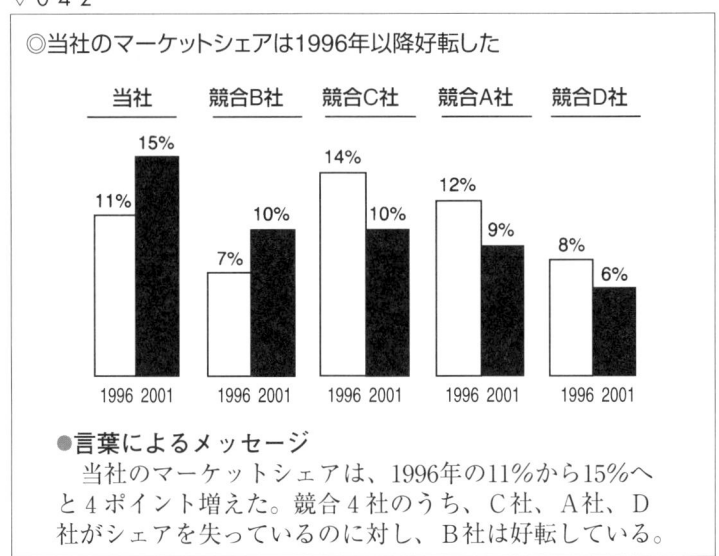

第1章では、元データからチャートにするまでの工程を大まかに把握する。第2章はチャートの事例集であり、紹介されている事例を検証し、必要に応じて参照できるようにする。

第3章では、コンセプト・ビジュアルやビジュアル・メタファーを活用したメッセージの伝達方法を紹介する。

第4章では、スクリーン上でのプレゼンテーション用にチャートを設計する方法について解説する。

前述のとおり、チャートは重要な言語形態のひとつだ。どんな言語にも当てはまることだが、堪能になろうと思ったら、ボキャブラリーを習得し、自然に使えるようになるまで訓練するには時間と忍耐を要する。誰も読むだけでは学習できない。実践あるのみだ。そこで、読みながら練習もできるように、実践的な演習も用意した。鉛筆を手に、いざ、「Section 1　チャートを選ぶ」へと進もう。

Section 1

チャートを選ぶ

CHOOSING CHARTS

解説　5つの基本形と3つの作成ステップを押さえる

□基本形はわずか５つしかない

さまざまなコミュニケーションの場で多くのビジネス・グラフィックス（表、組織図、フローダイアグラム、マトリクス、精密な図解）を目にするが、数量を示すチャートに関する選択肢は５つの基本形しかない。単純に示すと次の基本チャートフォームになる。

▽ 1-1

5つの基本チャートフォーム

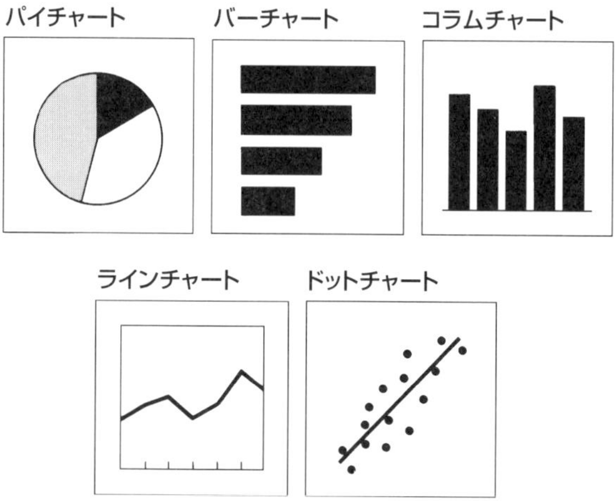

□チャート作成の3つのステップ

もうおわかりのとおり、問題は「どれを選択するか」だ。元データから始まり、特定のチャートにいたる工程を▽1－2にしたがって解説していこう。

▽ 1-2 **チャートをつくるための3つのステップ**

ステップA あなたのメッセージを決める（データからメッセージへ）

適切なチャートフォームを選ぶカギは、設計を行うあなた自身が、何よりもまず、主張しようとするポイントを明確にすることだ。

ステップB 比較方法を見極める（メッセージから比較方法へ）

あなたの決定したメッセージは必ず5つの基本比較法（つまりコンポーネント比較法、アイテム比較法、時系列比較法、頻度分布比較法、相関比較法）のどれかを選択することになる。

ステップC チャートフォームを選択する（比較方法からチャートへ）

各々の比較方法が決まれば、おのずと5つのチャートフォームのどれかにたどりつく。

では、ステップごとにくわしく説明していこう。

ステップ

A

あなたのメッセージを決める

――データからメッセージへ

□適切なチャートフォームを選択するために

メッセージを念頭におかずチャートフォームの選択をする行為は、目隠しをして服のカラーコーディネートをすることと同じだ。

あなた自身、そのメッセージで何を伝えたいのかを明確につかんでいない限り、適切なチャートフォームの選択はできない。チャートを決定づけるのは、ドル、パーセンテージ、リットル、円、その他どんな種類のデータであろうとも、データそれ自体ではない。チャートは利益や投資収益性、給与などの物差しで決めるものでもない。むしろ、チャートフォームを決定するものは、**あなたの**メッセージ、言い換えれば**あなたが**何を示したいのか、あるいは、あなたがどのような特定なポイントを強調したいのかに尽きるのだ。

このステップAの重要性を強調しておきたいので、次の29ページにある空欄に、あなたが思いつく限りたくさんのチャートをスケッチしてみよう。データは次ページ右上のものを使用する。各社の地域別売上の構成比をパーセントで表したものだ。30ページに進む前にできるだけたくさんのチャートを描くことが作業の目的なので、あまり正確さにはこだわらなくてよい。

演習① データをチャートにしてみよう

このデータを用いて思いつく限り多くのチャートをスケッチしてほしい。多ければ多いほどよい。

1月の地域別売上の構成比

	A社	B社
北部	13％	39％
南部	35	6
東部	27	27
西部	25	28

演習①の解答例

◎解答1

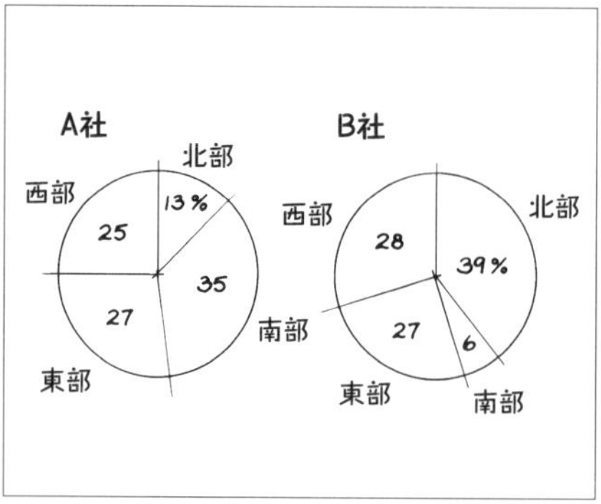

◎解答2

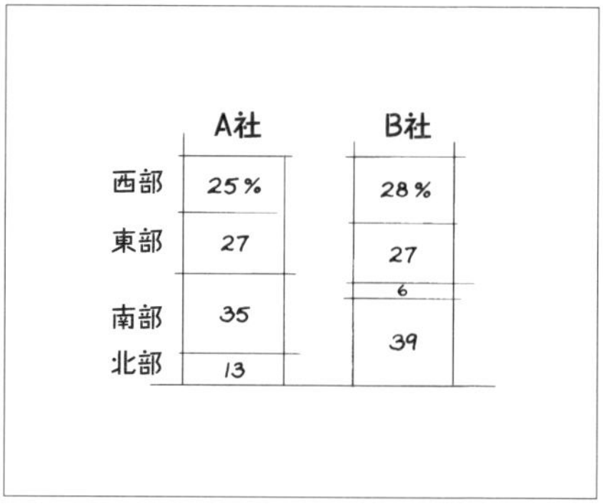

◎解答3

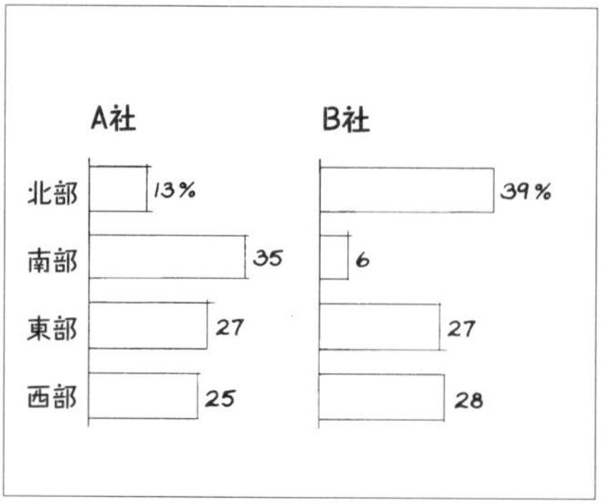

◎解答4

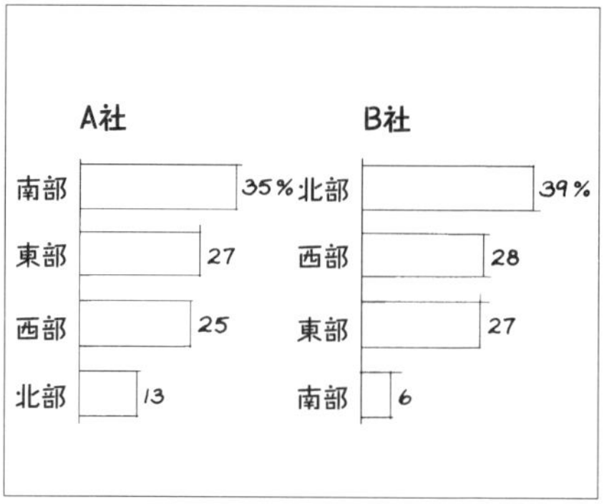

◎解答5

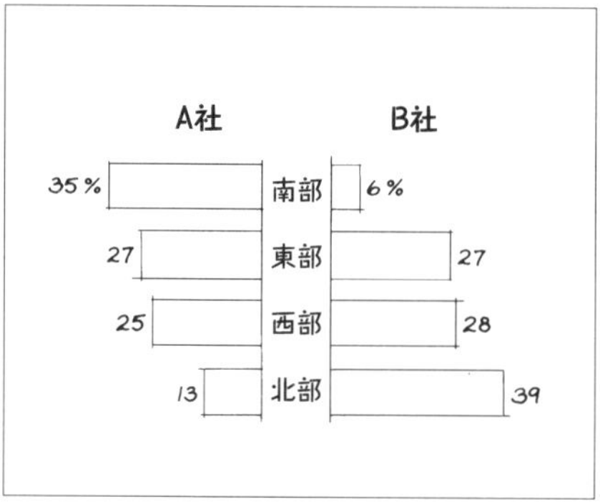

◎解答6

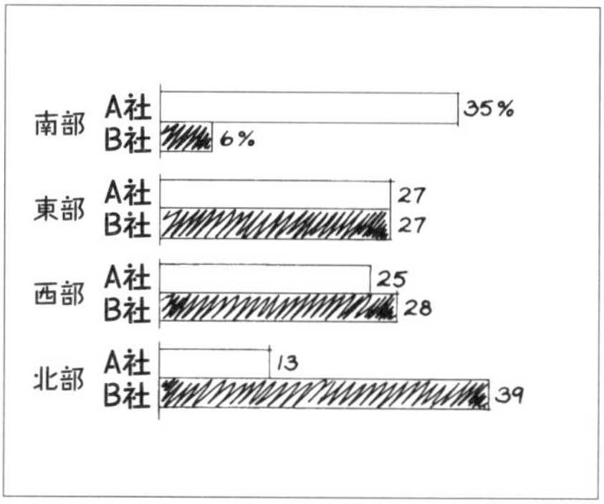

あなたがスケッチしたチャートの中に、30ページにあるようなチャートが見当たるのではないだろうか。これら以外のものを思いついたなら、なお結構だ。さて、そこで問題。

どのチャートを選択する？

□メッセージに最適なチャートフォームを選ぶ

それはケースバイケース！　それはすべて**あなた**が具体的に主張したいこと、つまり**あなた**のメッセージ次第ということである。30ページに示したそれぞれのチャートは、単純にそのチャートの加工方法の一例に過ぎないが、特定なメッセージを強調するならば、それに最適な形がある。

たとえば、元データを2個のパイチャート（解答1）、または100パーセントのコラムチャート（解答2）で示した場合に強調しているのは次のとおり。

◎解答1、◎解答2 ▶売上げの構成がA社、B社で異なること

また、元データを2組のバーチャート（解答3）で示し、ともに各バーの配列を29ページで示したデータ上の順位と同じにしたとすれば、そのチャートは次のメッセージを強調している。

◎解答3 ▶A社とB社とでは地域により売上パーセンテージが異なる

一方、各社の売上パーセンテージを徐々に減少（または、徐々に増加）する順序でランクづけすること（解答4）もできた。その場合の強調ポイントは次のとおりだ。

◎解答4 ▶A社は南部が最高であるのに対して、B社は北部で最高を示している。または、A社は北部が最低であるのに対して、B社は南部で最低を示している。

バーを地域全体に鏡面で対比するような構造（解答５）にすれば、立証するのは次のポイントだ。

◎解答５▶Ａ社の売上シェアは、Ｂ社が最低を示している南部で最高となっている

共通のベースにバーをくくる（解答６）と地域ごとのギャップの比較ができるので、次のことがわかる。

◎解答６▶南部ではＡ社がＢ社を大きくリードし、東部西部で２社は競合し、北部ではＡ社がＢ社に遅れをとっている

□強調するデータにふさわしいメッセージの設定

さて、メッセージをどうするかを決定する早い段階で、さまざまな観点からデータに焦点を当ててチャートをたくさんスケッチする必要があるだろう。否、確実にあるはずだ。さらに効率的なやり方としては、まず一番重要と思えるデータを強調して見せ、その見え方を後押しするメッセージを設定するのである。

たとえば、次の簡略化された表を見てみよう。このデータにはハイライトを当てることができて、メッセージとなりうる側面が３つ考えられる。

まず、１月から５月までの全般的な売上傾向に焦点を絞ることができる。その期間に売上げがどう変化してきたか。ここでは「１月以降、着実に売上げが上昇してきた」というメッセージになる（▽１−３）。

▽ 1-3

製品別売上

単位:1000万ドル

	製品			
	A	B	C	合計
1月	88	26	7	121
2月	94	30	8	132
3月	103	36	8	147
4月	113	39	7	159
5月	122	40	13	175

一方、一定の期間に焦点を絞ってもよい。たとえば、5月の数値を横に眺め、製品A、B、Cの売上順位に注目することが可能だ。この場合、メッセージは「5月には製品Aの売上げが製品B、Cを大きく凌駕した」となる（▽1－4）。

▽ 1-4

製品別売上

単位:1000万ドル

	製品			
	A	B	C	合計
1月	88	26	7	121
2月	94	30	8	132
3月	103	36	8	147
4月	113	39	7	159
5月	122	40	13	175

さらに、別の視点から同じ5月のデータを眺めると、製品ごとの総売上に対する構成比に注目することができる。すると、メッセージは「5月に製品Aが当社の総売上のうち最大シェアを占めた」となる（▽1－5）。

▽ 1-5

製品別売上

単位:1000万ドル

	製品			
	A	B	C	合計
1月	88	26	7	121
2月	94	30	8	132
3月	103	36	8	147
4月	113	39	7	159
5月	122	40	13	175
	70%	23%	7%	100%

最後の2つの事例については、ほぼ同一のデータを用いて異なるメッセージを引き出している。順位と売上シェアのどちらを強調するかはあなた次第だ。それさえ決定すれば、メッセージはあなた自身のものとなる。

たとえば、同社の異なるデータが手に入ったと仮定しよう。

▽1－6は、5月というある一時点の販売価格帯別の売上数を示している。この場合、メッセージは「5月の売上げの大半は1000～1999ドルの範囲内であった」となる。

▽ 1-6

販売価格帯別売上数（5月）

販売 価格帯（ドル）	販売個数
～1,000	15
1,000～1,999	30
2,000～2,999	12
3,000～3,999	8
4,000～	5

▽1－7は、営業担当者の経験年数とその人が生み出す売上高の関係を示している。営業担当者Pは2年の経験しかないのに2万3000ドルを売り上げているのに対して、営業担当者Qは倍以上の経験がありながら4分の1しか売上げを記録していない。メッセージは「当社の売上げと営業担当者の経験年数には何の相関関係もない」となるであろう。

▽ 1-7

営業担当者の経験年数と売上高の関係

営業担当者	経験年数	売上高
P	2	$23,000
Q	5	6,000
R	7	17,000
S	15	9,000
T	22	12,000

適切なチャートフォームを選べるようになる以前に、まずメッセージを決定するステップAをマスターしなければならない。この過程に時間とエネルギーの多くを費やして初めて、あなたの努力を最大限に活用でき、**そこで得られたメッセージをチャートのタイトルにすることができる**。さらにくわしく説明することにしよう。

□トピック・タイトルよりもメッセージ・タイトル

よく目にするチャートでは、多くの場合、タイトルは暗号のような見出しの意味しかもたない。たとえば次のようなものだ。

- 当社の売上動向
- 地域別の生産性
- 部門別資産の割合
- 従業員の年齢別分布
- 収益性に対する報酬の関係

こうしたタイトルはチャートのテーマを表してはいるが、そのテーマにおいて何が重要なポイントであるかについてはなんら語っていない。営業成績はどうなのか。従業員の分布はどうなのか。給与と収益性の相関関係はどうなのか。これらを秘密にせずに、こうしたメッセージをチャートの見出しに入れてしまってはどうだろう。そうすることで、見る人が誤解する危険を回避できる。そして、見る人が**あなたの強調したいデータのとらえ方に焦点を絞ってくれるように**仕向けることが確実となる。

その違いを表す例を見ながら検討して、今並べたようなトピック・タイトルよりも優れているメッセージ・タイトルを明確にしよう。

▽1-8のタイトルはトピックを語っているだけで、チャート内容の意味合いについては、読み手の判断に任せている。読み手はチャートをよく見て、「**西部の収益がほぼ半分を占めている**」というメッセージが強調されていると考え、大方の読者は西部に注目するに違いない。

しかし、グラフの作成者が読者に注目してもらいたいのは別の点かもしれない。「**北部**が生み出している収益は最小である」という点を作者が強調したい可能性もある。早い話が、トピック・タイトルを使うと誤解を招く危険性があるということだ。代わりに「**北部が生み出している利益は最小である**」というメッセージ・タイトルを使用すれば、強調したいデータのとらえ方へと読者の目を向けさせることができるので、危険性が減少する。

▽1-9では、トレンドライン(データを表現する線)が表している対象、

▽ 1-8

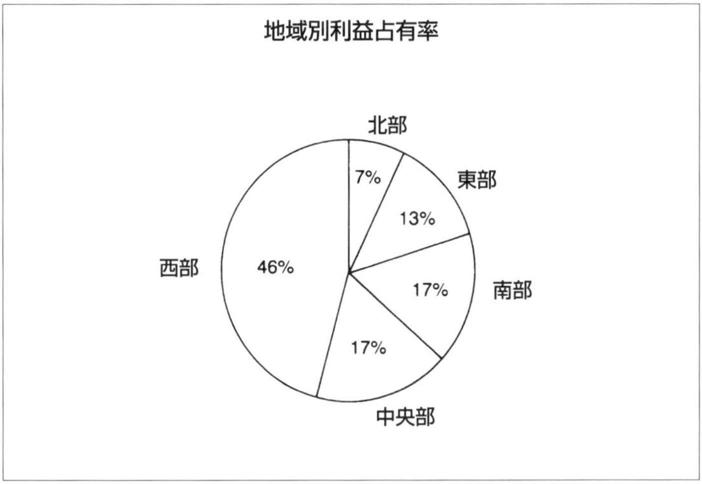

つまり単に**契約の数**をタイトルで明確化しているに過ぎず、報告書やプレゼンテーションにある他のラインチャートのトピックと識別する役目を果たしているのみである。しかし、このトレンドラインの推移を検討してみると、強調できそうな側面が4つ考えられる。

メッセージ1　契約数が増加してきたこと
メッセージ2　契約数は変動していること
メッセージ3　8月に契約数が最高に達したこと
メッセージ4　8カ月の内2カ月で契約数が減少したこと

見る側を支援する目的で、▽1-9の表題として強調したい**メッセージを1つ**選択してみよう。

▽ 1-9

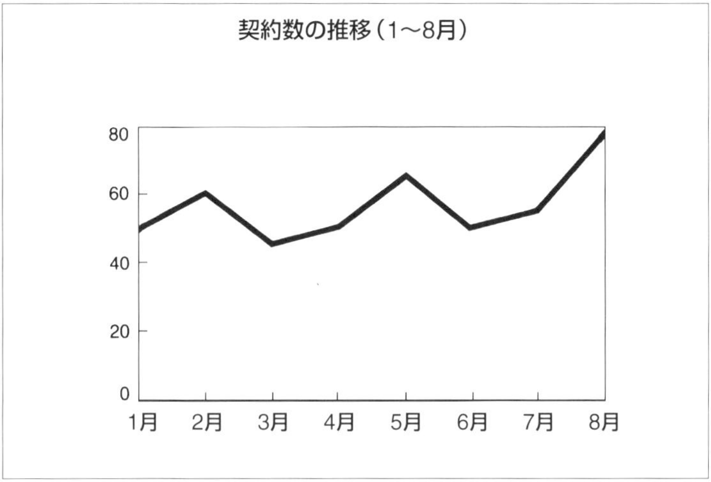

メッセージ・タイトルは、新聞や雑誌記事のヘッドラインに似ている。つまり、簡潔で、的を射ていて、これから読もうとする内容を要約しているのである。前述した暗号じみた表題が、メッセージ・タイトルではどうなるかをお見せしよう。

トピック・タイトル：当社の売上動向
▶メッセージ・タイトル：**当社の売上げは倍増した**

トピック・タイトル：地域別の生産性
▶メッセージ・タイトル：**C 地域の生産性は 4 位にランクされる**

トピック・タイトル：部門別資産の割合
▶メッセージ・タイトル：**B 部門が資産の30%を占有する**

トピック・タイトル：従業員の年齢別分布
▶メッセージ・タイトル：**従業員の大半は35～45歳の範囲に入る**

トピック・タイトル：収益性に対する報酬の関係
▶メッセージ・タイトル：**報酬と収益性には相関関係はない**

あなたがメッセージを決定したとたんに、チャート作成の工程がぐっと具体化したことに気づくに違いない。次にステップＢへと進み、メッセージに込めた比較の種類が何であるかを明らかにしよう。

ステップ
B

比較方法を見極める

——メッセージから比較方法へ

□メッセージとチャートを連結する５つの比較方法

出発点の第1段階がメッセージ、終着点の第3段階がチャートフォームであるならば、この第2段階であるステップBは両者を連結するものといえるだろう。

ここで認識すべきことは、どんなメッセージ、つまりデータの中で強調したいどんな点も5つの基本比較法のどれかに必ず行き着くということだ。**コンポーネント比較法**、**アイテム比較法**、**時系列比較法**、**頻度分布比較法**、**相関比較法**、これらの5つだ。

これらの比較方法にそれぞれ結びつくメッセージの実例を見てみよう。同時に、これからそれぞれの比較を定義して、あなたがデータから引き出したメッセージの中にどんな比較があるのかを認識するための手がかり、トリガーワード（きっかけとなる語句）をお教えしよう。

比較1 コンポーネント（構成要素）比較法

コンポーネント比較法を用いる際に私たちが関心をもつのは、主に各パートの**サイズ**を全体に対する**パーセンテージ**で示すことだ。たとえば、

- 5月には、A商品は会社の**総売上**の最大の**シェア**を**占めた**
- 2001年、当社の顧客の**マーケットシェア**は業界売上の10%以下である
- 2つの供給源が企業の資金総額のほぼ半分を生み出すのに貢献した

あなたのメッセージにシェア、全体に対するパーセンテージ、X%を占める、などという語句が入っているときは常に、コンポーネント比較法を用いると思ってよい。

比較 2　アイテム（項目）比較法

アイテム比較法は、物事（アイテム）の順位を比較したい場合に活用される。他と**同じ**程度か、他より**多いか少ないか**を表している。たとえば、

- 5 月に**製品 A** の売上げが**製品 B**、**製品 C** の売上高を**超えた**
- 顧客企業の売上高利益率が市場で **4 位である**
- 6 部門の離職率は**ほぼ同程度**である

より大きい、より小さい、等しいなどの語句がアイテム比較法の手がかりとなる。

比較 3　時系列比較法

この比較法は、特に馴染みが深いかもしれない。各パートの全体の中でのサイズや順位づけには興味がない。**期間内**でどう**変化**しているか、数週間、数カ月、数四半期、数年間でその傾向が**増加しているか**、**減少しているか**、**変動しているか**、**安定しているか**、という点に注目している。たとえば、

- 売上げが 1 月以降着実に**上昇してきた**
- 投資収益率が過去 5 年間急激に**減少した**
- 利率が過去 7 四半期にわたり**変動してきた**

メッセージにある手がかりとなる語句は、**変化**、**成長**、**上昇**、**下落**、**増加**、**減少**、**変動**などに類する語句だ。

比較 4　頻度分布比較法

この比較法が示すのは、**連続的な数値レンジ内にアイテムの中のいくつが**

該当するかということ。たとえば、「３万ドル以下の年収を得る従業員は何人で、３万～６万ドルの年収を得る従業員は何人いる」、または「10歳以下の人口は何人で、10～20歳、20～30歳はそれぞれ何人」というようなことを図で示す場合に活用するのが頻度分布比較法だ。典型的なメッセージとして、

- ５月の**大半の売上げ**は、**1000～2000**ドルの範囲だった
- **出荷の大半**は５～６日目に納品されている
- 当社の**従業員の年齢分布**は競合他社のものと全く異なっている

この種の比較を示唆する用語は、ｘからｙの範囲、集中などのほかに、頻度、分布などである。

比較５　相関比較法

相関比較法は**２つの変数の関係が通常予測するパターンにしたがっているか、またはしたがっていないか**を示す。たとえば、利益は売上げが増加すれば増加すると通常は予測される、また、ディスカウント額が増加するにつれて売上高は増加すると通常は予測される。

「**～に関連して**」「**～にしたがってともに増加する**」「**～にしたがって減少する**」「**～にしたがって変化する**」「**～にしたがって変動する**」、または逆に「**～にしたがって増加しない**」などの語句が、相関比較法を使うかどうかを瞬時に見分ける手がかりとなる。たとえば、

- ５月の販売実績は、売上げと販売員の経験との間に**相関関係がない**ことを表している
- CEO（最高経営責任者）の報酬は会社の規模**にしたがって変動しない**
- 保険額は保険契約者の所得**にしたがって大きくなる**

□「トリガーワード」に注目して選択

これで、あなたが表形式のデータから抽出した何らかのメッセージを込め

た5種類の比較方法がすべて出揃った。これらは次のように簡単に表現することができるだろう。

- **コンポーネント比較法→**全体に対するパーセンテージ
- **アイテム比較法→**項目のランキング
- **時系列比較法→**期間内の変化
- **頻度分布比較法→**範囲内の項目
- **相関比較法→**変数間の関係

これらを念頭に鉛筆を1本用意し、数表データから引き出した、次の演習2にある典型的なメッセージ12件を観察し、各メッセージに込められた比較方法を識別してみよう。それぞれについて、手がかりとなる語句、トリガーワード（きっかけとなる語句）を探し、必要に応じてこれまで解説してきた定義づけや事例を見直してみよう。答えは、ページの下部に記載してある解答でチェックしてほしい。

データからメッセージへ、メッセージから比較方法へとステップを踏んできた。次に、比較方法からメッセージを伝えるのに最適なチャートの選択方法を学ぶために最終のステップCへと進もう。

▶ 演習2　メッセージから比較方法を決めよう

1～12のメッセージにふさわしい比較方法を記入せよ

典型的なメッセージ	比較方法
1　売上げは今後10年間伸び続けると予測される	
2　大多数の従業員の年収は3万～3万5000ドルの間である	
3　高価格ブランドのガソリンのほうが高性能とは限らない	
4　9月の6部門の離職率はほぼ同じであった	
5　当該セールスマネジャーが現場で過ごす時間は就業時間の15%に過ぎない	
6　成果報酬の大きさと在職期間とは相関がない	
7　昨年の離職者の大半は30歳～35歳の年齢層が占めた	
8　C地域の生産性は最下位である	
9　当社の1株当たり利益は減少傾向にある	
10　資金総額の最大部分を製造に割り当てている	
11　利益率と報酬額は正比例の関係にある	
12　8月には2工場の生産高が他の6工場を大きく引き離した	

正解

1　時系列比較法　2　頻度分布比較法　3　相関比較法　4　アイテム比較法
5　コンポーネント比較法　6　相関比較法　7　頻度分布比較法　8　アイテム比較法
9　時系列比較法　10　コンポーネント比較法　11　相関比較法　12　アイテム比較法

ステップ C チャートフォームを選択する

——比較方法からチャートへ

□比較方法にふさわしいチャートフォームを選ぶ

さて、どのようなメッセージであれ、５種類の比較方法の内どれか１つを選択することになるのを学んできた。どのような種類の比較方法も必ず基本チャートフォーム（パイチャート、バーチャート、コラムチャート、ラインチャート、ドットチャート）のどれか１つに行き着く、というのは驚くにはあたらない。

▽ 1-1（再掲）

5つの基本チャートフォーム

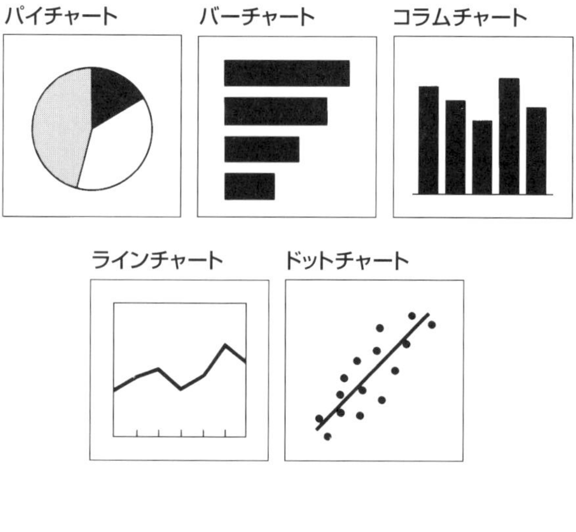

これまでの経験から、最も人気があるのは**パイチャート**だ。だが、本来はそうあるべきではないのである。パイチャートは最も実用性に欠けるので、プレゼンテーションやレポートで活用するチャート全体の５％そこそこに抑えたいものである。

一方、**バーチャート**の評価は最低であるが、こちらはもっと注目されてよいのではないだろうか。これほど用途の幅が広いチャートはないのだから、チャート全体の25％ほどは活用するべきだ。

コラムチャートは「古きよき信頼できる」チャートであり、そして**ラインチャート**は働き者であると、私は考えている。この２つはチャート全体の半分程度には活用すべきだ。

一見、使うに臆する**ドットチャート**ではあるが、活用の場を10％ほどは与える価値がある。

上記を合算すると全チャートの９割になる。残りは、たとえばコラムチャートを伴うラインチャート、バーチャートを伴うパイチャートなど、組み合わせて活用されるチャートフォームだ。どのチャートフォームも、単純にチャートの加工方法として、５つの比較方法のどれかを示すのにベストな役目を果たしている、という点を認識しよう。

□非常に役立つ「チャート作成のガイドライン」

▽１−10は比較方法に応じた基本チャートの選択肢を示している。縦軸には５つの基本チャートフォーム、横軸にはこれまで解説した５種類の比較方法を並べている。時系列、頻度分布および相関の比較方法には、２つのチャートフォームが考えられる。２つの内どちらのチャートを選択するかは、あなたが示そうとしているデータの数によって決まる。時系列比較方法や頻度分布比較方法では、取り扱うデータの数が６〜７程度と少ない場合にはコラムチャートを、多い場合にはラインチャートを使うとよい。相関比較法には、データの数が少なければバーチャート、多ければドットチャートがよいだろう。

では、▽１−10を元に、なぜその比較方法を表現するにはそのチャートフォームを推奨できるのかを考察してみよう。その過程で、チャートフォームの活用方法と、それら各々に追加情報を盛り込むバリエーションについても解説することにしよう。

解説を読み進みながら念頭に置いてほしいのは、チャートの選択、そしてわけてもチャートの活用は厳密な科学ではないという点だ。その意味で、「概して」「たまに」「通常」「時として」などの語句がふんだんに散見されることに気づかれるであろうが、こうした修飾語があるということは、つまりチャート設計を最適に行なう上で、あなた自身の判断を最優先させなければならないということだ。▽1-10で示した選択肢はチャート作成の一般的なガイドラインに過ぎないのである。とは言っても、このガイドラインほど役立つものはないに違いないのだが。

個々の比較方法の解説や、推奨するチャートフォームの話へとページをめくる前に、少々休憩し、第2章を見てみよう。そこは、こうしたさまざまなチャートの活用事例が載っている。これらにざっと目を通してみれば、よく考え抜かれ優れた設計がされたチャートがいかに効果的なものになるかについての認識を深めることができるだろう。

▽ 1-10 **チャート作成のガイドライン**

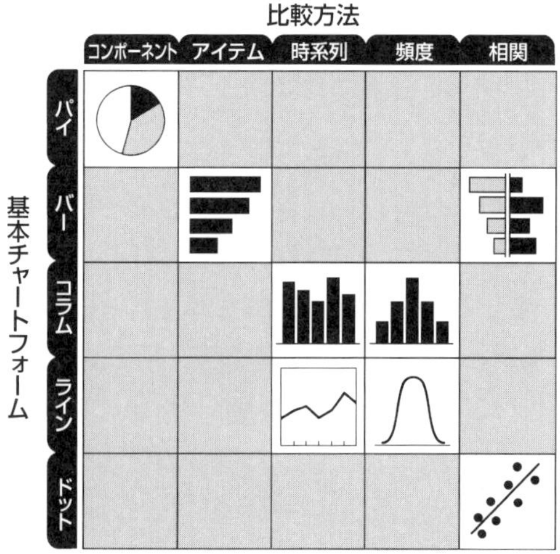

比較 1

コンポーネント（構成要素）比較法

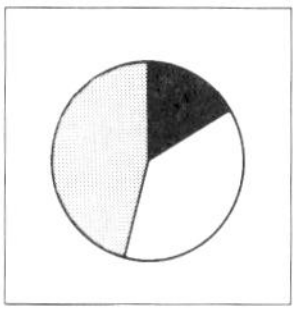

□最適に表せるフォームはパイチャート

コンポーネント比較法を最適に表せるフォームはパイチャートだ。円が全体というはっきりとした印象を与えるので、パイチャートは、できることなら各パーツの大きさを全体に対するパーセンテージで表示するような目的のためにだけ使うべきであろう。たとえば、業界内の各企業の売上構成比を見るような場合には最適だ。

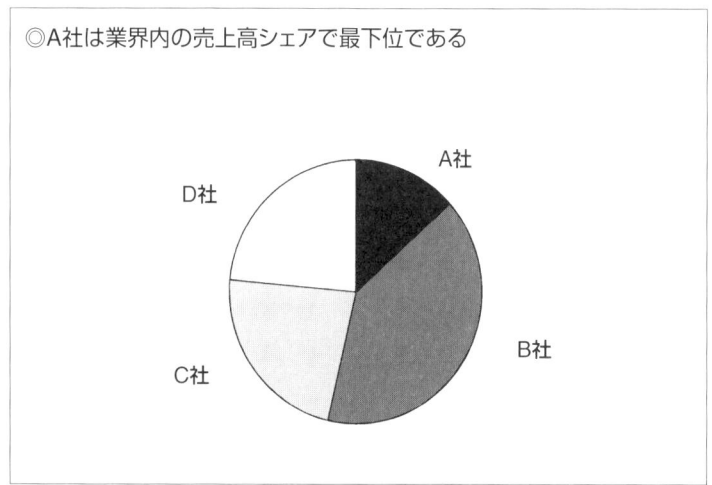

▽ 1-11

◎A社は業界内の売上高シェアで最下位である

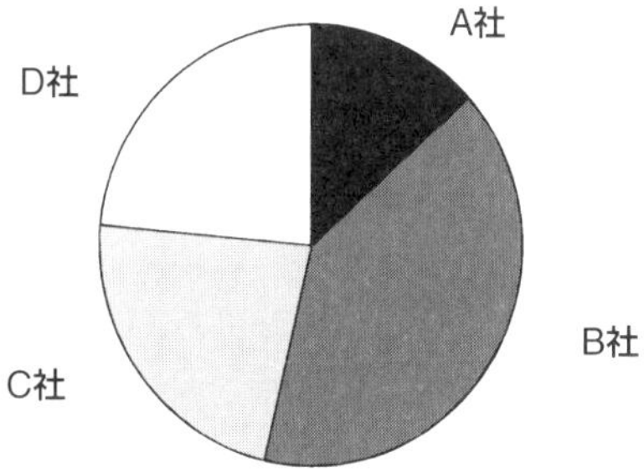

パイチャートをうまく作成するには、一般原則として構成要素が6個を超えないように配慮する。超えていたら、メッセージを伝えるのに、最も重要な5つの構成要素を選び、残りは「その他」としてグループ化するとよい。

人間の目は時計まわりの動きに慣れているので、最も重要なセグメントを12時から始まる位置に置く。さらにそのセグメントを強調するためにコントラストの強い色を用いるとよい（黒バックに黄色など)。また、白と黒の2色で作成する場合には、濃淡の中の最も濃い色を用いる。どのセグメントも他より特に重要とも言えない場合には、コンポーネントの大きいものから小さいものへ、またはその逆に並べる。色分けはせず、濃淡もつけない。

一般的に、パイチャートは5つのチャートフォームの中で最も実用性に欠けるものである。そして、最も誤用され乱用されているものでもある。

たとえば、49ページに示したものは疑似パイチャートのコレクションである。私が長い年月の間にプレゼンテーション、新聞、雑誌、年次報告書などで見つけたものの一部だ。どれも想像力に富み、工夫を凝らし、魅力的でさえあるという意見はもっともだが、チャート4は少し気味がわるい。だが、これらはすべて内容よりフォームのほうに重きを置いてしまったために、結果的に示したかったものを示せなかった例である。

どのようなチャートであれ、表を用いて行なうより迅速かつ明快に、それぞれの要素の関連を示すことをその主な目的としている点を強調しておきたい。内容よりもフォームが優先された（すなわちチャートデザインによってその要素の関連を把握するのが阻害される）場合には、強い印象を与えるものを判断の基準にする聞き手や読み手に被害を与えていると言える。

ここでこれらの例について、ビジュアル・**エイド**としての実用度をチェックする気分転換の演習に取り組んでみよう。次の実践練習を効果的に行なうためには、「**考えることをしない**」と約束してほしい。ビジュアルの第一印象を記録してほしい。各々の例について、上から下の順番またはあちこちに移動して、迅速にそれぞれの構成要素にふさわしいパーセンテージの値を記入し、合計を出す。最も重要なことは、決して**後戻りをしてはいけない**、**消去をしてもいけない**、ありがたいことに**考え直してもいけない**ということだ。そもそも考えてはいけないのだから。ではスタート！

▶ 演習③　何パーセントに見えますか？

次の6つの各チャートについて、それぞれの構成要素のパーセンテージを記入し、合計してみよう。

▶ 1

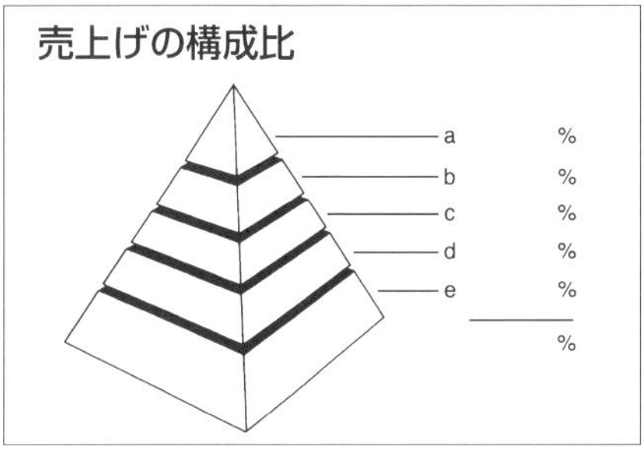

▶ 2

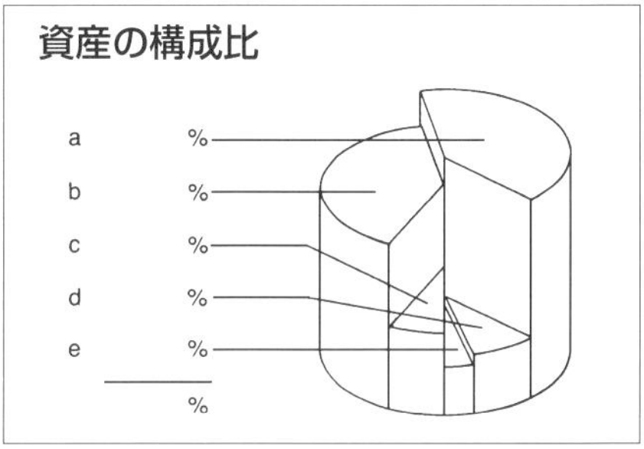

▶ 3

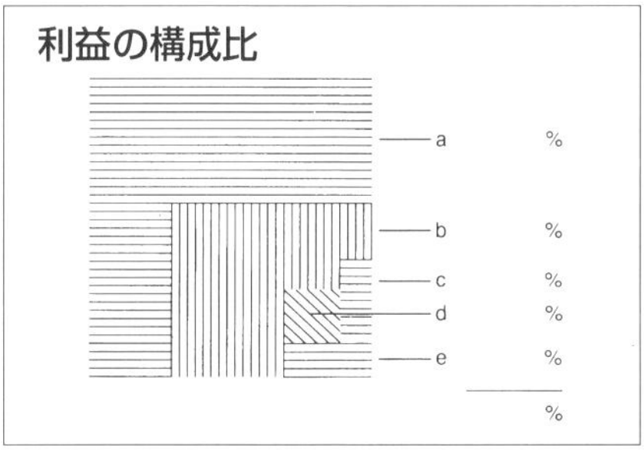

▶ 4

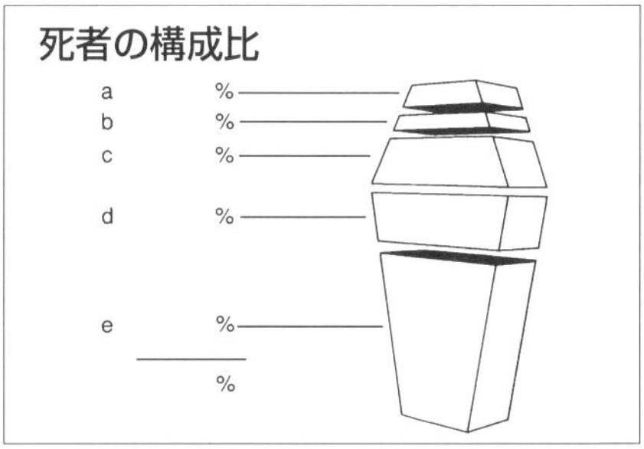

▶ 5

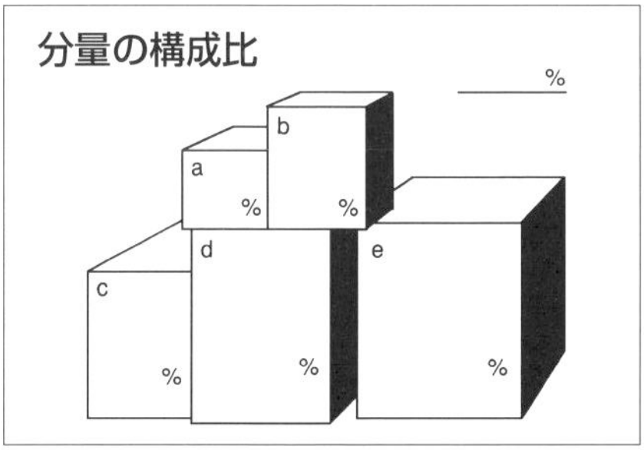

▶ 6

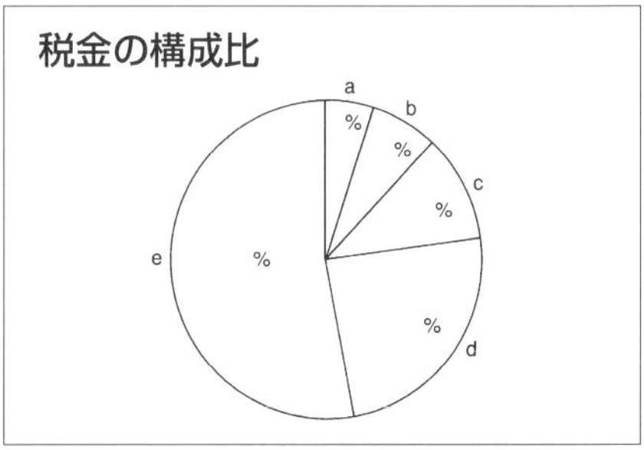

今度は、事例ごとに推測の数値と実際値を比較してみよう。

▶ 演習③の解答

	▶1 売上げの構成比	▶2 資産の構成比	▶3 利益の構成比	▶4 死者の構成比	▶5 分量の構成比	▶6 税金の構成比
a	5%	37%	58%	7%	7%	5%
b	7	31	32	6	15	7
c	11	10	3	17	18	11
d	24	14	4	16	25	24
e	53	8	3	54	35	53
	100%	100%	100%	100%	100%	100%

もしあなたが出した結果がこれらの数値と極端に違っているなら（少なくとも▶１から▶５について）、チャートが意図された役目を果たしていないのは明らかだ。なぜなら、そもそもチャートというものは、見る人に**正確な**関連性を印象づけるのが役目だからだ。私はこのテストをこれまでたくさんの同僚に出してきたが、あなたの出した結果もおそらく似たようなものだろう。100%ぴったりの数字になったことはほとんどなかった。むしろ、100%に満たない場合や、100%を超す場合が多かったのだ。極端なケースでは、合計が最も低くて45%にも満たないものや、最も高くて280%に達するものがあった。しかも、合計が同じでも、必ずしも数字の内訳まで同じというわけではなかった。

一方、▶６の税金の構成比を表す伝統的なパイチャートでは、ほぼ全員の推定値が正確だった。このチャートでは、*a* 部分はおよそ５%ぐらい、*d* 部分は25%ぐらい、*e* 部分は50%を少々超したくらいと即座に**推測がつく**。実は、▶６は▶１と同じデータに基づいていた。どうなるか調べようと思って、わざとタイトルを変えておいたのだ。試しにあなたが▶１で記入した数値を▶６の数値と比べてみよう。チャートフォームが異なるだけでいかに振り回されるものか、という点に注目してほしい。

□「独創的な」よりも「伝統的な」パイチャートを利用

このエクササイズをすると、明快な教訓が得られる。つまり、伝達したいものが正確な要素間の関連であるならば、独創性を発揮したい気持ちはここでは抑えて、代わりに伝統的なパイチャートに頼ろうということである。均整のとれたレイアウト、読みやすい字体、色彩や濃淡の意図的な活用という点で独創性を発揮して、魅力的なチャートを作成してもらいたい。

1つだけを対象にその構成比を示すためには、パイチャートが100%表示のバーチャートやコラムチャートより目的にかなっている。だが、2つ以上の対象について全体を100%として比較する場合は、パイチャートのことは躊躇せず即座に忘れよう。ただ100%表示のバーチャートやコラムチャートに乗り換えるだけでよい。理由は次の図で明快だ。

▽ 1-12　2つの対象をコンポーネント比較する場合

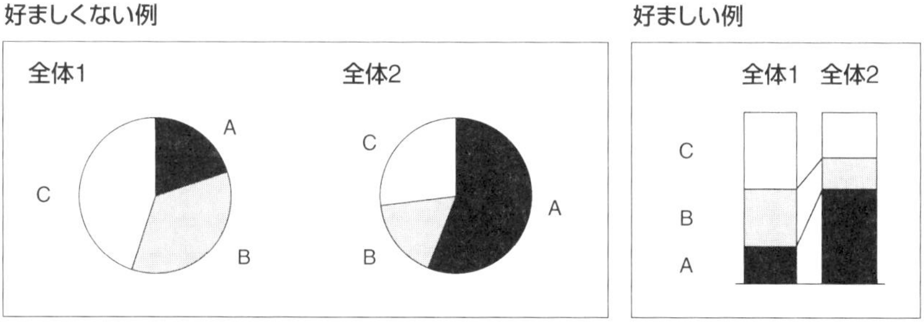

構成要素の名前をそれぞれのパイチャートに何度も繰り返しつけなければならないことに注目しよう。凡例（読み方や使い方を示したもの）を使うこともむろんできるが、チャートの読み手は、凡例のどれが構成要素のどれに

当たるのかを探すために、凡例と構成要素の間で視線を行ったり来たりせざるをえない。また、色彩や濃淡により3つの構成要素の識別を助けることはできるが、やはり関連を把握するにはパイからパイへと視線を行き来させる煩雑さから解放されない。

これに代わって2本の100％表示のコラムチャートを活用すれば、問題は解決する。繰り返しは省かれ、互いに対応する部分の関連性（今回は連結線で補強しているが）はより迅速に明確に読み取れるようになっている。

比較 2 アイテム（項目）比較法

□最適に表せるフォームはバーチャート

アイテム比較法を最適に表現できるのはバーチャートだ。

縦軸は目盛りではなく、比較対象となるアイテム（国名、産業名、会社名、営業部員名など）の名前を配置するのに使用される。それらのランキングが縦軸にくる場合には、あなたが強調したいと思う順位づけとして適切であれば、並べ方に特別な規則はない。たとえば、顧客企業1社のある一時期の売上高利益率を競合5社と比較するというチャートでは、バーにつける会社名をアルファベット順にすることもできる。また、業界への参入時期の順位、売上規模の順位、さらに利益率の順位を上から順、あるいは下から順（この例では最高から最低へ）に並べることができる。

バーチャートは、必ずバーの太さより隙間のほうを狭くする。重要アイテムを強調し、それによりメッセージタイトルを補強するには、最もコントラストの強い色（または最も濃い色）を重要アイテムに適用する。

数値を明確にするには、最上位にあるバーの上に目盛りを振る（最下位にあるバーの下に目盛りをつける場合もある）、または各々のバーの先端に数値をつける方法があるが、どちらか一方で十分だ。項目間の関連をざっと把握するには目盛りを、そしてメッセージの上で具体的数値が重要になっているならば数値を活用しよう。時には、目盛りプラス強調したい**数値1個**だけ、というのも気が利いている。ただし、目盛りと数値をすべてつけるのは、コラムチャートやラインチャートもそうだが、チャートが冗長で雑然としてしまうので避けたほうがよい。数値を示す場合の注意点としては、メッセージ

▽ 1-13

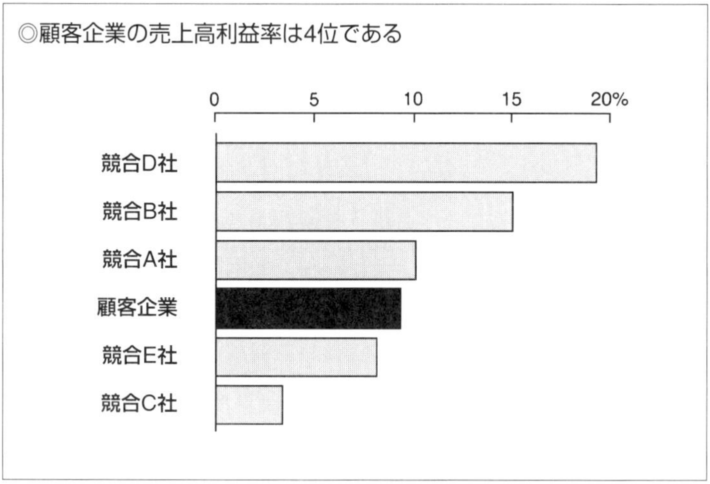

◎顧客企業の売上高利益率は4位である

にさほど影響がなければ小数点以下は切り上げるか切り捨てる。12.3%や12.347%などというより、12%のほうが記憶に残りやすい。

バーチャートの多様性を示すために、それぞれが追加の情報をもたらす6種類のバリエーションをご覧いただこう（▽1-14）。これらのバリエーションの適用例は、本章の後半部に図解してあるが、今、少しながめてみてもよいだろう。実践的に使うにあたってチャートに組み込めるような用語が見つかるかもしれない。

□コラムチャートの活用は10回に1回

アイテム比較法を行う際に、コラムチャートを活用してみたいのであれば、時にはバーチャートの代わりに活用してみるのもよいだろう（水平ではなく垂直にバーを並べる）。別にこれで重大な支障が生じるわけではない。ただし、次の2つの理由から、10回の内9回までは通常のバーチャートを選択するほうが賢明である。

まず、アイテムの比較を提示するためにバーチャートを用意することで、

▽ 1-14　バーチャートのバリエーション

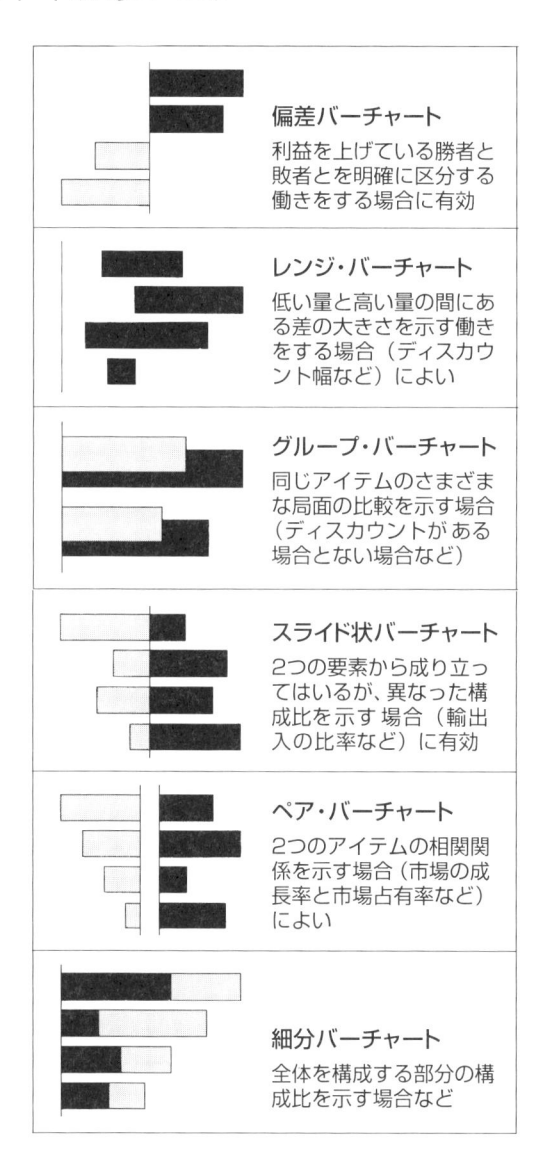

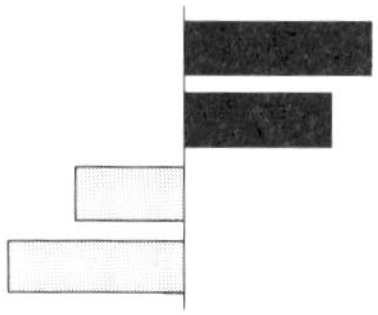

偏差バーチャート

利益を上げている勝者と敗者とを明確に区分する働きをする場合に有効

レンジ・バーチャート

低い量と高い量の間にある差の大きさを示す働きをする場合（ディスカウント幅など）によい

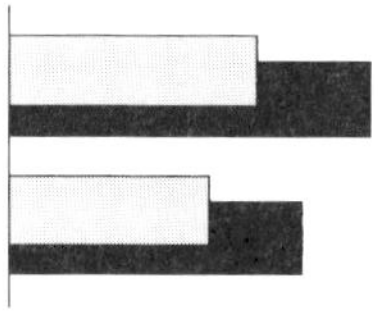

グループ・バーチャート

同じアイテムのさまざまな局面の比較を示す場合（ディスカウントが ある場合とない場合など）

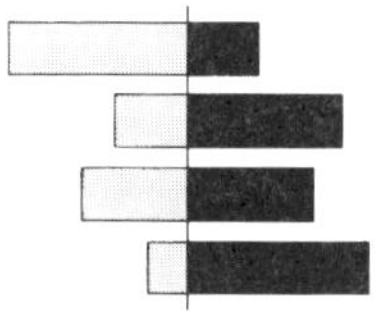

スライド状バーチャート

2つの要素から成り立ってはいるが、異なった構成比を示す 場合（輸出入の比率など）に有効

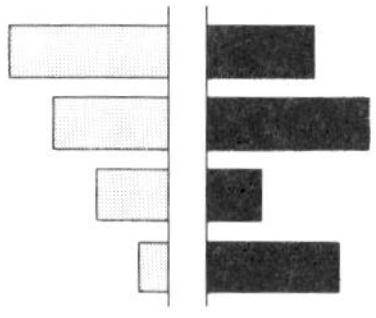

ペア・バーチャート

2つのアイテムの相関関係を示す場合（市場の成長率と市場占有率など）によい

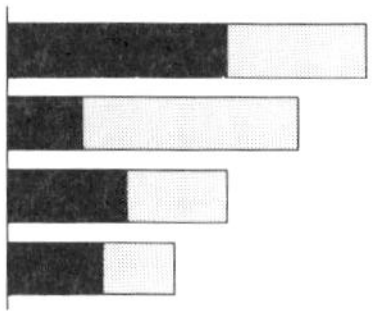

細分バーチャート

全体を構成する部分の構成比を示す場合など

時系列比較との混乱を避けることができる。時系列比較に最適なのはコラムチャートだ。したがって、この区別をはっきりさせる意味からも、時系列的な変化を提示する場合にバーチャートを用いることは避けよう。時間は上から下へ向かって流れるのではなく、左から右へと移行するという概念に私たちは慣れ親しんでいるのだから。

２番目はごく実用的な理由だ。一般に、アイテムの名前というものは冗長なものが多い。ノースイースト、サウスウェストなどの地域名、また、アグリカルチャー、マニュファクチャリングという産業名、営業担当者の氏名など。すべてスペースを要するものばかりだ。▽１−15に示した用例からわかるように、バーチャートで左側に設けた多様なアイテム用のスペースは、コラムチャートに置き換えると、通常はコラムの幅が狭いので歪ませないと入らない。語句を判読可能な程度の範囲で小さくするか、２行で折り返すか、体裁のわるい書き方を迫られる結果となる。

▽ 1-15 **コラムチャートの欠点**

好ましい例（バーチャート）　　**好ましくない例（コラムチャート）**

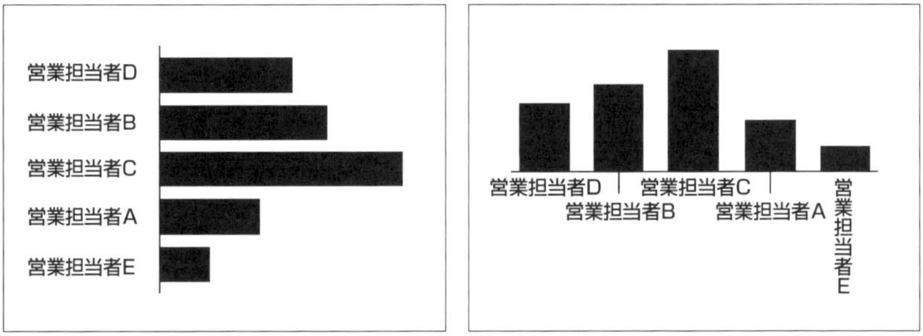

比較 3

時系列比較法

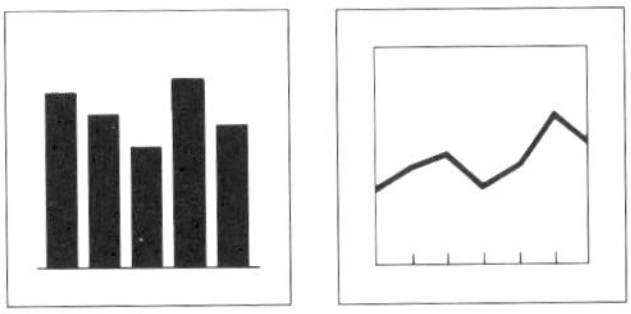

□コラムチャートか、ラインチャートかを選択

コンポーネント比較法やアイテム比較法がある一時点における関連性を示すのに対して、時系列比較法は一定期間にわたる変化を示している。

時系列比較法を示す最適な方式は、コラムチャートまたはラインチャートだが、どちらを選択するかは簡単だ。ひとまとまりの時間の経過内で、等間隔の時点におけるせいぜい7～8件までのデータを比較する場合にはコラムチャートがよいが、四半期単位で20年間以上の傾向を示す必要があるような場合にはラインチャートを選ぶほうがはるかに賢明であろう。

コラムチャートか、ラインチャートかを選ぶ際には、データの性質も目安となる。コラムチャートは、レベルやインパクトの大きさに焦点を絞るので、ひとまとまりの時間内に発生・完結する活動データを描くのに適している。つまり、そのひとまとまりの時間は常に新規スタートするような時間枠ということができる。生産データなどはこのカテゴリーに入る。また、ラインチャートのほうは、変化の動きや角度に焦点を当てていることから、ある時点から次の時点へと「持ち越す」性質のあるデータを表す場合に最適だ。在庫データなどがよい例だ。

□コラムチャートを選択する場合

さらに、コラムチャートとラインチャートは、独自の特徴とバリエーションをそれぞれ備えている。そこで個別に調べていくことにしよう。

▽ 1-16

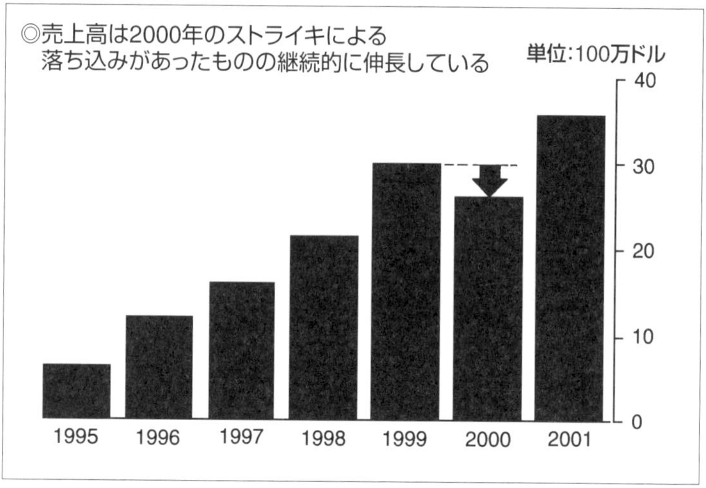

コラムチャートの場合にも、バーチャートを作成する場合と同じアドバイスが当てはまる。コラムとコラムの隙間は、コラムの幅よりも狭く。予測値と実際値の区別のように、一時点を他より強調、ないしは識別する目的で色や濃淡を活用する。

また、バーチャートと同様にコラムチャートにも、工夫に富んだ価値の高いツールとして活用できるバリエーションがある。これらのバリエーションの詳細は Section 2 で解説する。

▽ 1-17

コラムチャートのバリエーション

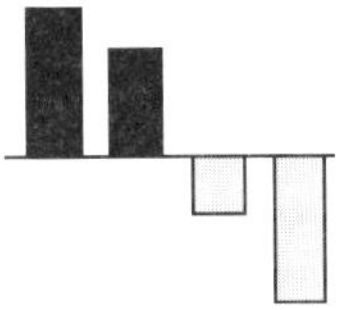	**偏差コラムチャート** たとえば、利益を上げた年と損失を出した年を明確に区別する場合
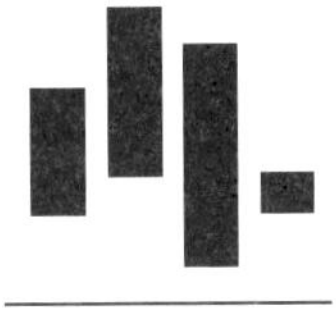	**レンジ・コラムチャート** 株式市場の株価チャートのように、低い数値と高い数値の間の幅を表す場合
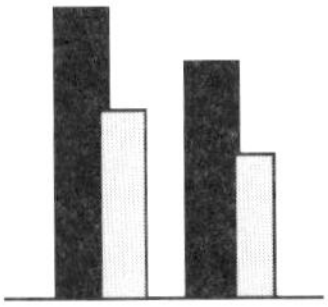	**グループ・コラムチャート** コラムを接合または重ねることにより、同時期にある2つのアイテムを比較し、長期間でその関連性がどう変化しているかを表現する方法。たとえば、実質価格と名目価格の差を表す場合など
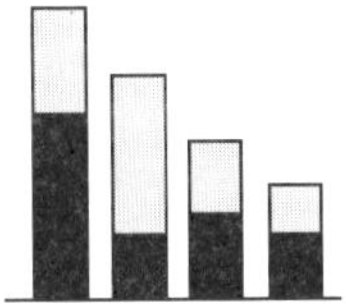	**細分コラムチャート** 全体に対してその構成要素が一定期間にどう変化するかを示す方法。たとえば、賃金総額が基本給と諸手当の合計から成る場合など
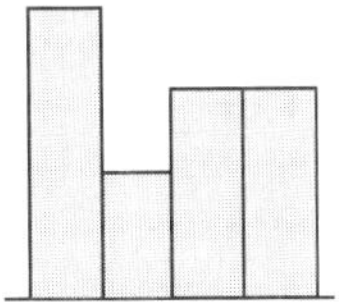	**ステップ・コラムチャート** コラムとコラムの間に隙間を設けない。不規則的な間隔で、突然に変化するようなデータを表現する場合に最適。給与の上限や稼働率など

□ラインチャートを選択する場合

おそらく、ラインチャートは5つのチャートの中で最も頻繁に活用されるチャートだろう。作成しやすく、コンパクトにまとまり、増加か減少か、変動があるか安定しているか、その動向を見分けるのが最も明快だからである（▽1－18）。

▽ 1-18

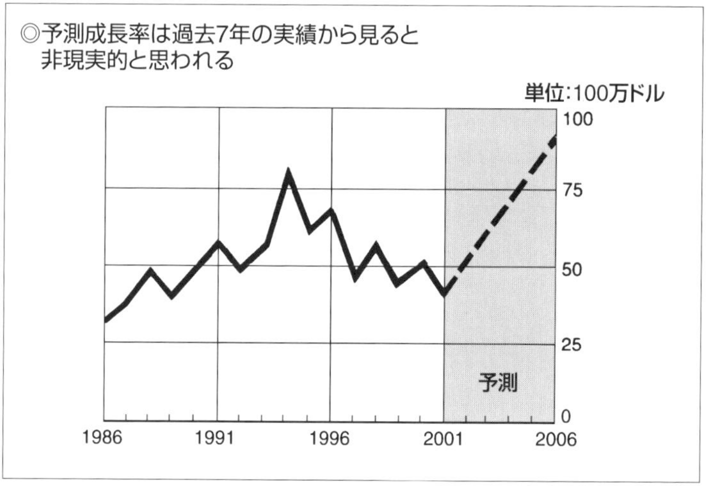

ラインチャートを作成するときには、基準線よりもトレンドライン（データを表現する線）を確実に太くしよう。また、縦線と横線でつくる基準格子よりはトレンドラインを少々太くしよう。

縦線と横線については、スポーツの試合の審判だと思えばよい。つまり参考にするために存在するのであって、決して試合そのもの（この場合はトレンドライン）より目立ってはいけないのだ。言い換えれば、縦線は予想値と実績値を区別する目的、四半期を目立たせる目的、5年ごとを区切るなどの目的で活用する。同様に、横線は読み手に相対価値を見分けやすくする。要するに、横線を多くするか、全く入れないかの選択はあなたの判断次第なのである。

ラインチャートのバリエーションは2つだけだ。バーチャートやコラムチャートよりはるかに少ないが、重要なのでもっと議論の的になってよいと思う。

グループ・ラインチャート（▽1–19）では、2つ以上の複数のアイテムの実績推移を比較する。たとえば、あなたの会社の傾向を競合他社の傾向と区別するには、あなたの会社のトレンドラインには最もよく目立つ色や濃淡を使うか、太く堅固な線を使う。そして、他社には抑えた色または細線や図案的な線（長破線、短破線など）を使う。

▽1-19 **グループ・ラインチャート**

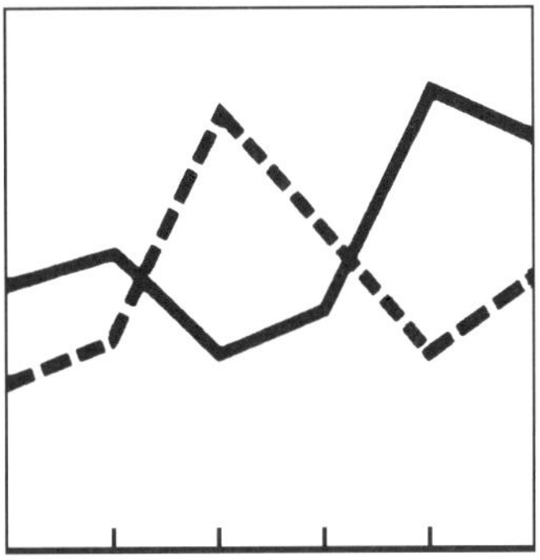

難しいのは、一度に示すトレンドラインの数を決める作業だ。チャートの中身がトレンドラインでなくスパゲッティに見えてきたら大変だ。現実的に考えよう。トレンドラインが8本あるチャートが4本のチャートより2倍も便利とは限らない。多分、2倍わかりにくくなるだろう。いずれにしても、2倍便利になることはない。

混乱状態をほぐすテクニックとしては、▽1–20のように小さ目のチャートをひと揃い用意し、あなたの会社とそれぞれの競合他社のトレンドラインをペアにして表すとよい。たしかにチャートが増えてしまうが、チャートごとにより比較がやりやすくなる。

▽ 1-20 グループ・ラインチャートを見やすくするための工夫

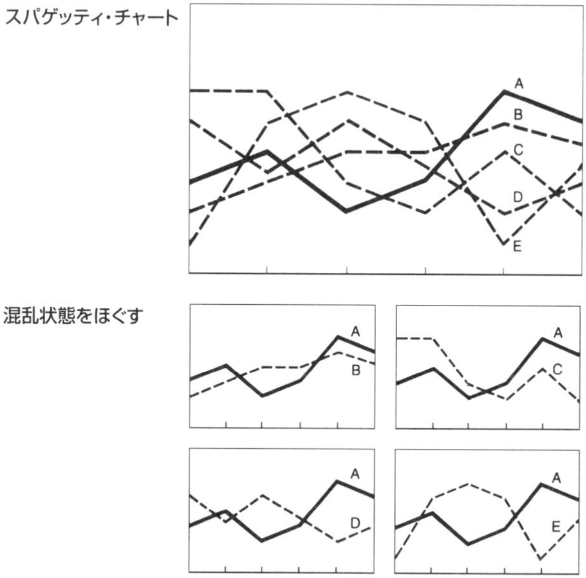

トレンドラインと基準線とで構成された面を着色または濃淡にすることにより、**面チャート**（▽ 1-21）ができる。その面を、時系列的な測定時点で構成要素ごとに細分すれば、**細分面チャート**をつくることができる。これも、細分バーチャート、細分コラムチャートと同様に、層の数は５つ以下にする。５つ以上のセグメントがある場合には、重要な４つに限定し、残りは「その他」としてまとめるとよい。

▽ 1-21 細分面チャート

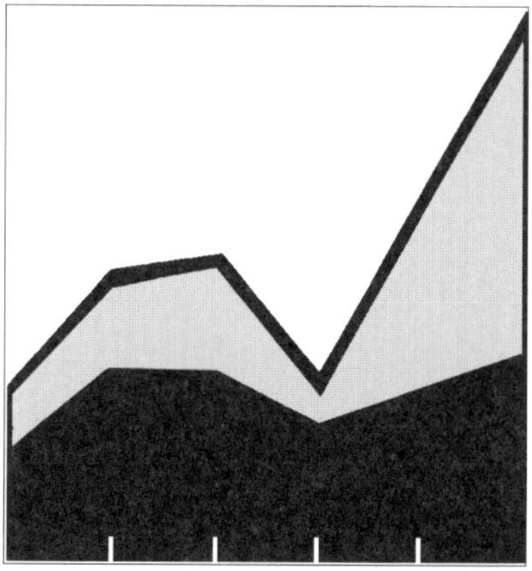

▽ 1-22

細分面チャートを見やすくするための工夫

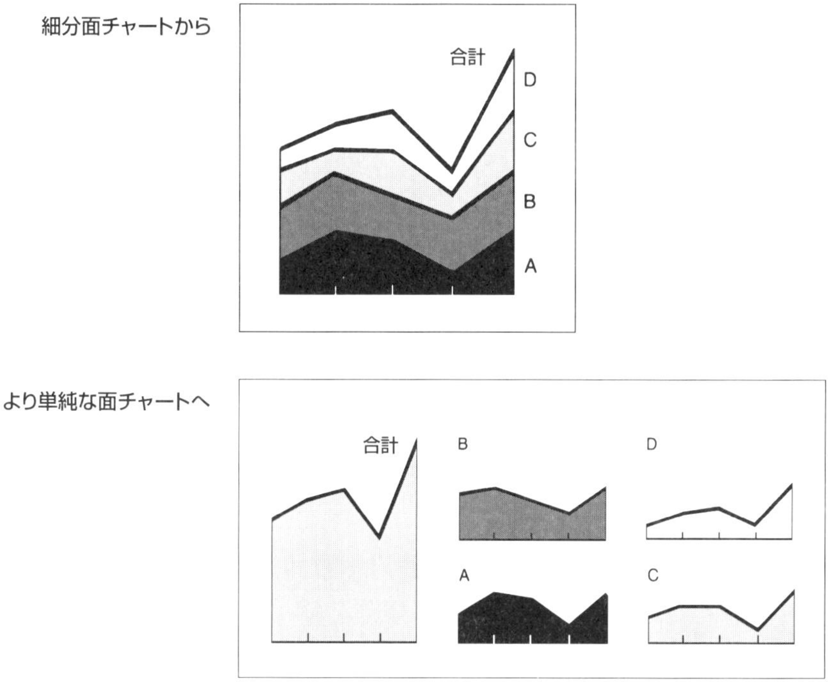

どの細分面チャートでも、最も重要なセグメントを基準線に対して配する（▽ 1 −22）。なぜなら、この部分のみが直線に面しているので、唯一測定可能なセグメントだからである。その他のすべてはその重要なセグメントの上下運動によって見え方が左右されてしまう。

先ほど解説したスパゲッティ・チャートのように、多くの層の意味を理解するテクニックがある。細分面チャートを単独の面チャートに分解し、そのひとつひとつを基準線上に表示するのだ。

比較
4

頻度分布比較法

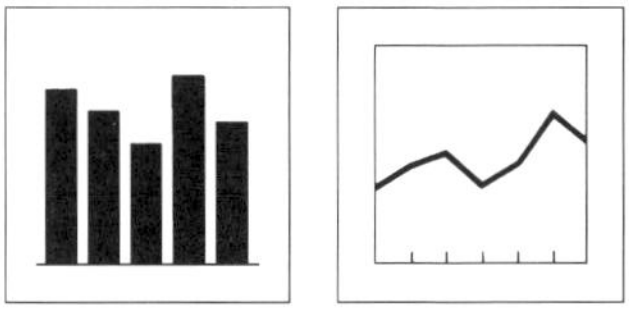

□ヒストグラムか、ヒストグラフかを選択する

頻度分布比較法は、いくつのアイテム（頻度）が連続的な数値レンジの中に収まるかどうか（分布）を示す。

この種の比較には、２つの主な適用法がある。第１の適用法は観察したサンプルに基づき、起きそうな事象を一般法則化することだ。ここでは、リスク、可能性、見込みなどを予測するために頻度分布比較法を活用する。たとえば、出荷品が５日以内に配送される確率が25%あるなどの使い方をする。他の例を挙げると、（不）確実性を表す場合がある。たとえば、クラップゲーム（２つのさいころの出目を当てるゲーム）のときに、２～12までの11通りの数字が出る可能性がある中で、出目が７で負ける確率を表すような場合だ（出目の確率は６分の１だ、お金は大切に）。

▽ 1-23　クラップゲームの出目

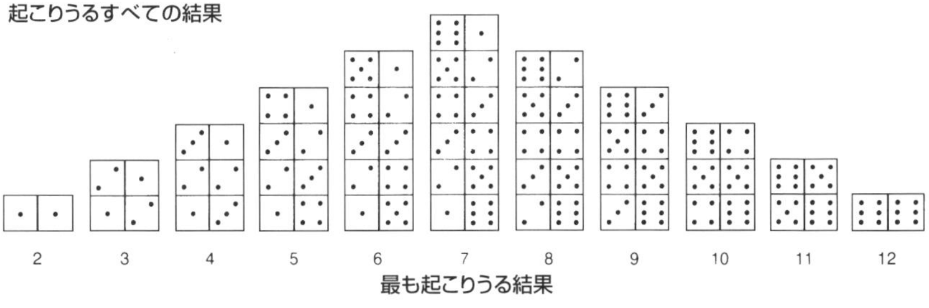

▽ 1-24

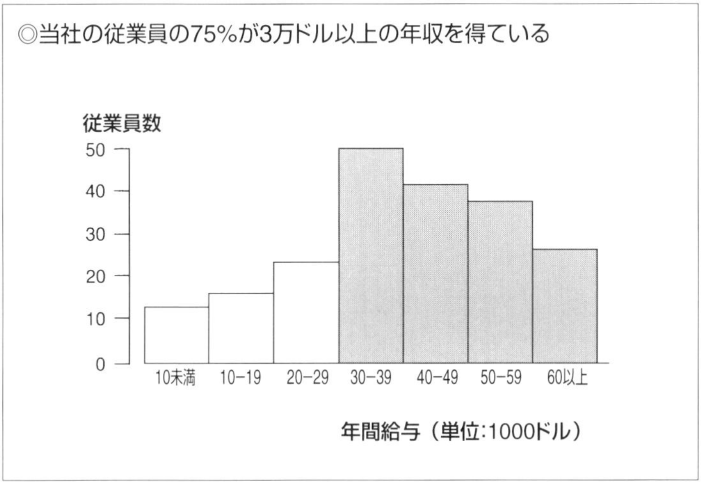
◎当社の従業員の75%が3万ドル以上の年収を得ている
従業員数
50
40
30
20
10
0
10未満
10−19
20−29
30−39
40−49
50−59
60以上
年間給与（単位:1000ドル）

▽ 1-25

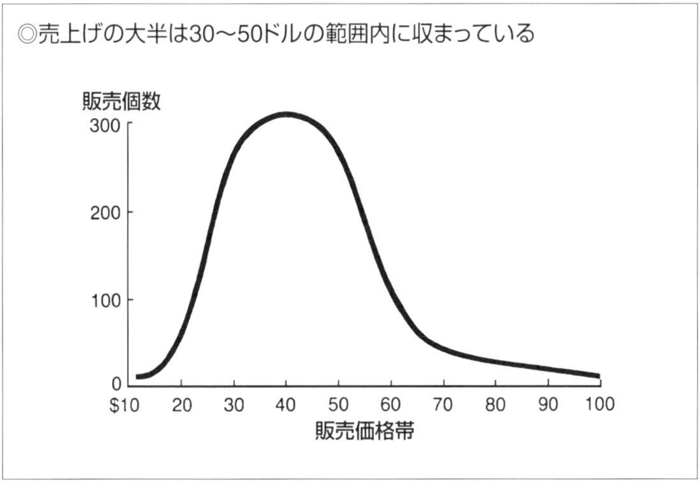
◎売上げの大半は30〜50ドルの範囲内に収まっている
販売個数
300
200
100
0
$10
20
30
40
50
60
70
80
90
100
販売価格帯

この第１の適用法に関連する「ベル型」カーブと頻度を表す多角形（いわば長方形の固まり）は、数学的な法則に支配されている。これを設計するのは統計学者に任せよう。この「カーブ」はもともと分析の目的で活用するものなので、本書の関心事の範囲ではない。

第２の適用法は、ビジネス・プレゼンテーションやレポートでよく見られるものだが、何らかの意味をもつ関連（たとえば「出荷の25％は５～６日で納品されている」など）を明示するために、膨大なデータを要約することだ。この適用法は、一定の給与レンジごとの従業員数、アメリカ合衆国の所得レベル別所帯数、年齢層別の投票傾向などの人口学的情報に特に便利だ。この頻度分布法は国勢調査が行なわれるたび、また大統領選挙に伴い４年ごとに人気が高まるわけだ。

役割として頻度分布を示すには**ステップ・コラムチャート**（**ヒストグラム**、▽１-24）や**ラインチャート**（**ヒストグラフ**、▽１-25）が最適だ。分布範囲が数個（５または７）であればコラムチャート、それより多ければラインチャートが好ましい。

これらのチャートには目盛りが２つある。縦軸の目盛り（頻度）はアイテムの数や発生数（パーセンテージの場合もある）、横軸目盛り（分布）は分布範囲を表している。分布目盛りの選択には特別な注意を要する。

□レンジの広さを調整する

レンジ（区切り）の広さ（結果的にはレンジの広さによりグループの数も決まる）の設定は、分布パターンを抽出する上で大切だ。グループ数が少な過ぎるとパターンが隠れて見えない。多過ぎるとパターンが壊れてしまう。原則として、使用するグループの数は５個以上20個以内にとどめてほしい。しかしあなたは、現実に今この許容範囲の中で、自分の意図するメッセージを明示してくれるグループ数を探しているとしよう。たとえば、アメリカ50州で公立学校教師に支給される平均年間給与の分布パターンを引き出したい場合にはどうなるだろうか（▽１-26）。

▽ 1-26

レンジを変える

◎500ドル区切りで範囲のグループ化をしても明確なパターンは現れない。

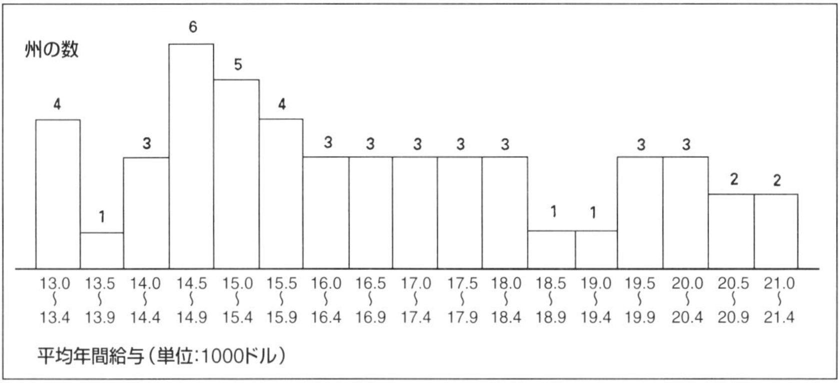

1000ドル区切りで範囲をグループ化すると、パターンが現れ始める。

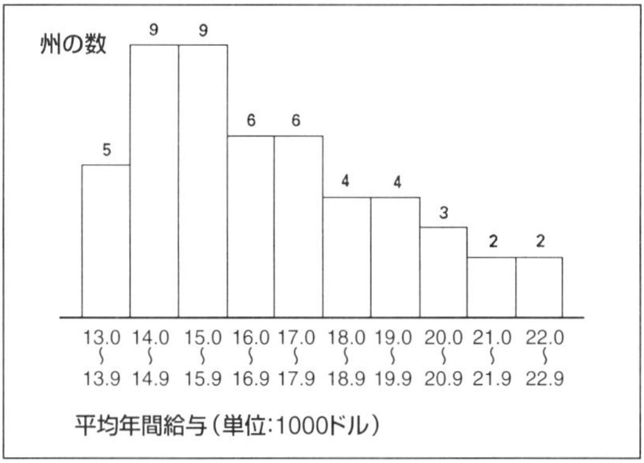

そして、2000ドル区切りまでレンジを広げてグループ化したときに初めて、一般に頻度分布を連想させる明確なベル型カーブが立ち現れてくる。この実例では、カーブは左側(つまり低額のほうの分布)に歪んでいるので、ほぼ半数の州(50州中23州)で教師に年間給与1万6000ドル未満しか支払っていないというメッセージを読み取ることができる。

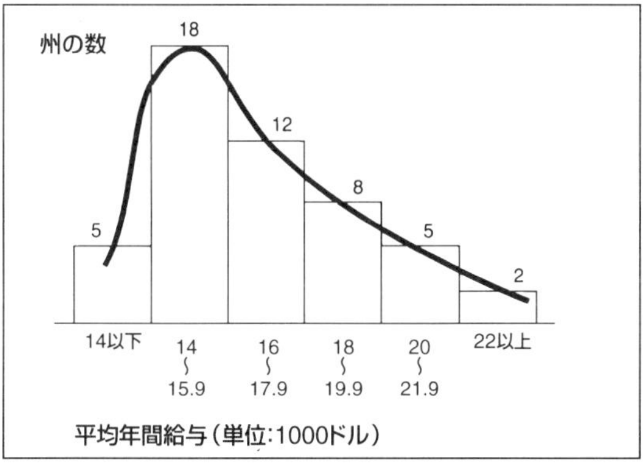

□グループの大きさを揃えるのが原則

サイズの等しいグループを使うのが最適。１つのグループが５ドルのレンジを表し、次のグループが20ドルのレンジを表すようにした場合には、分布の形状は歪んだものとなるだろう。例外的に、データが均一の段階を踏んで記録されていない場合（たとえば学歴など）、または、所得に基づく課税階層区分のように不均一なステップのほうが意味をよりもつ場合がある。所得のレンジが広過ぎ、また低所得層に近い人が多過ぎ、高所得層の人が少な過ぎる場合には、均等な間隔は役立たない。1000ドル間隔にすればチャート幅は数ヤードになり、４万ドル間隔にすればほとんど全員が最初のインターバルに入ることだろう。低所得層に小さ目のインターバル、そして大き目のインターバルを高所得層に置くことにより、チャートの情報量は増すことだろう。

□わかりやすいくくり

グループの規模は明確に説明されなければならない。０～10、10～20、20～30のように「重なりのある」くくりでは、どちらのグループが重複した数字を含んでいるのかを語れない。ドルベースの売上げのような連続的なデータに好ましい方法としては、10ドル未満、10.00～19.99ドル、20.00～29.99という表記。自動車の生産台数のような不連続データ（整数でのみ構成されるデータという意味）には、10台未満、10～19台、20～29台、という具合にするのが好ましい。

ヒストグラムもヒストグラフもグループ化することにより、たとえば、ある年の分布を他の年の分布に対比させて示すことができる（▽１-27）。または、従業員の年齢分布を競合他社のそれや業界内の平均値と比較することもできる。また、絶対数を使用する場合には、チャートの構成を分割することにより全体の内訳を示すことができる[1]。

注１　頻度をパーセンテージで表す場合に、頻度分布を分割することは誤解を招くおそれがある。たとえば、女性の60％が１時間に５～10ドル稼ぐとする。そして男性の50％も同額を稼ぐとしても、両者を組み合わせて、全体の110％が１時間に５～10ドルを稼ぐとは言えないからだ。

▽ 1-27

グループ化されたヒストグラムとヒストグラフ

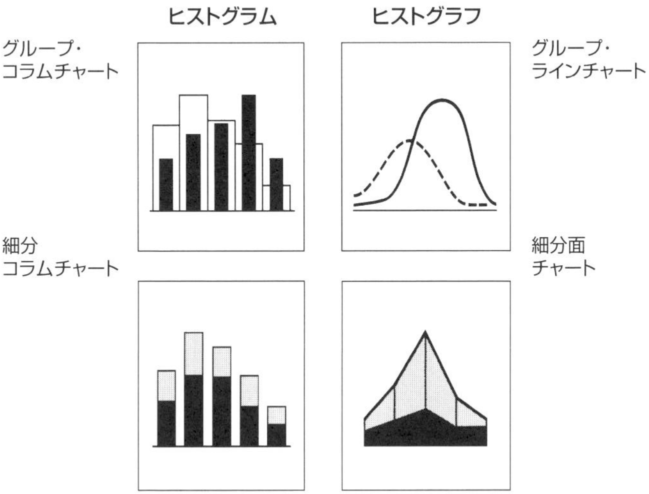

比較 5

相関比較法

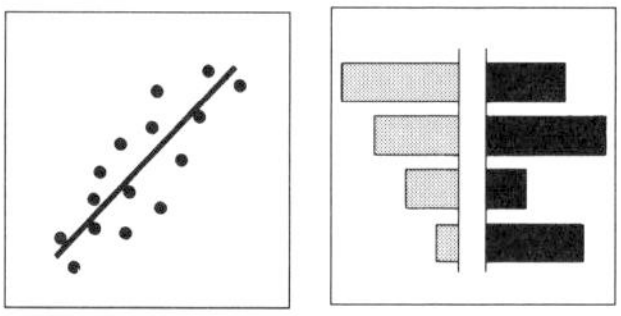

□ドットチャートか、バーチャートかを選ぶ

相関比較法は2つの変数の関係が、通常予測できるようなパターンにしたがっている（またはしたがっていない）ことを示している。たとえば、経験を積んだ営業マンは、経験の浅い営業マンより大きな売上げを上げるだろうと通常は予想する。また、より高学歴の社員はより高額の初任給をもらうであろうと通常は予想する。このような比較はドットチャート（スキャッター・ダイアグラム、ないしは散布図ともいう）またはペア・バーチャートで示すのが最適だ。両者を順に見てみよう。

□ドットチャートを選択する場合

▽1－28では実施されたディスカウント額と売れたユニットの数にかかわる16件の取引を示している。通常の予想では、ディスカウント額が大きいほどより多くのユニットを購入したいというインセンティブが増すと思えるだろう。しかし、この事例では、そうした相関関係は何ら存在しないという結果が浮き彫りとなっている。

たとえば、*A*、*B* と名づけられたドットを調べてみよう。これらは2人の営業担当者の取引を表しているが、2人とも20個（横目盛り）を販売している。しかし、営業担当 *A* は7ドルの値引きをしたのに対して、営業担当 *B* は4ドルの値引きしかしなかった（縦目盛り）。一方、営業担当 *C* と *D* は、同額の3ドルの値引きをした。しかし、*C* が30ユニット販売したのに対し、*D* はその2倍も販売した。明らかに、実施したディスカウント額は、購入

▽ 1-28

◎ディスカウント額と販売個数には相関がない

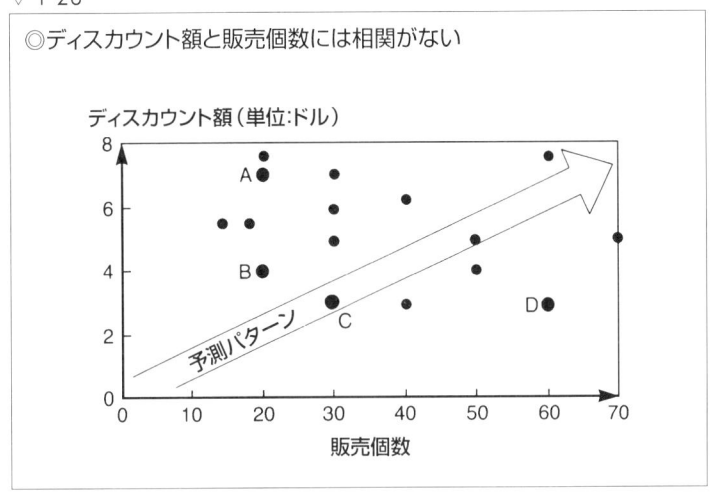

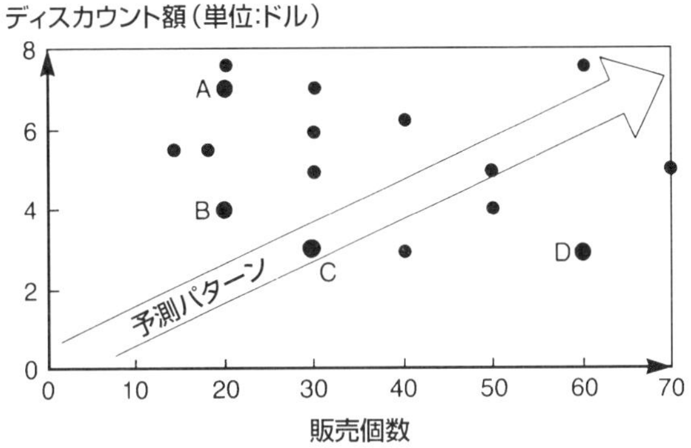

された量にほとんど影響を及ぼしていない。

もし、相関関係があるとしたならば、チャート左下から右上へ向かう対角線（図では矢印形の背景）の周辺にドットが散らばったはずである。このような矢印を描いて予想パターンを補強するアイデアは多くの場合有効だ。もちろん価格引下げとともに量が増えることを示す場合には、販売個数を横目盛りにとり、価格を縦目盛りにとり矢印を下向きにする。ありえないと思うが、この矢印を、数学的に算出した「最良適合ライン」と混同してはならない。そのラインは、ドットの間に沿った形のカーブで、プロットした数値のパターンを強調するためのものだ。

これらのドットチャートは、プレゼンテーションやレポート、ビジネス雑誌などでますます使われる頻度が増えている。活用するつもりがある場合には、聞き手や読み手に対して我慢強く構えてもらい、そのメッセージを明らかにする前に、まずチャートの読み方を説明しよう。

わかりづらそうな外見は別として、こうしたチャートにつきものの問題は、ドットの見分け方だ。営業担当の名前をドットに添えれば、混乱が増すだけでなく目を悪くしてしまいそうだ。ドットに文字や数字を付し、それに対応する名前を記入した凡例をチャート上のどこかに設けるのも1つの選択だ。必要に応じ、ペア・バーチャートを活用するのはさらによい選択となる。

□バーチャートを選択する場合

▽1-29を見ると、左右の一対のバーの中間に、プロットする数値に名称をつけるための隙間があることに気づくだろう。ペア・バーチャートでは、左側の独立変数とし、数値が小さいものから大きなものへ、またはその反対の順番でランクづけするのが通常だ。予想パターンと実際値の関係が不変ならば、右側の従属変数のバーは左側とミラー・イメージを成すはずだ。言い換えると、低いディスカウント額は低い販売個数を反映し、高いディスカウント額は高い販売個数とペアになる。関連性が予想どおりにならない場合には、この例のように2組のバーは互いにずれてしまう。

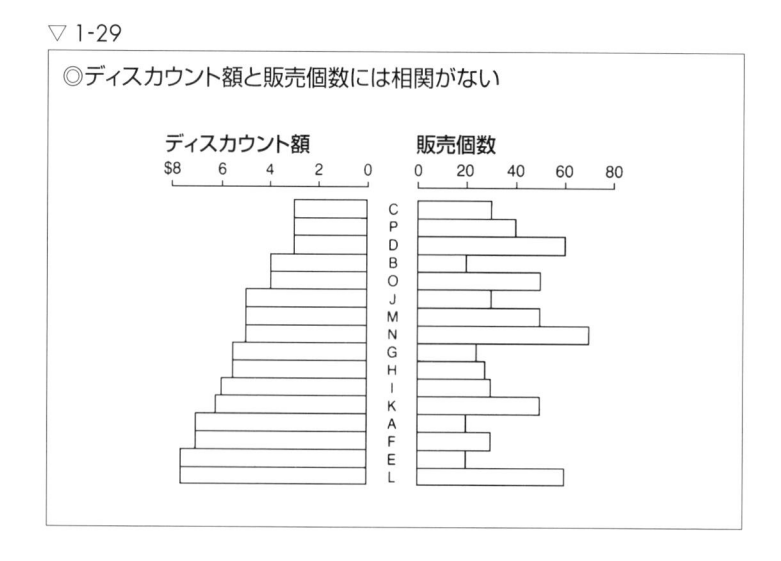

▽ 1-29

◎ディスカウント額と販売個数には相関がない

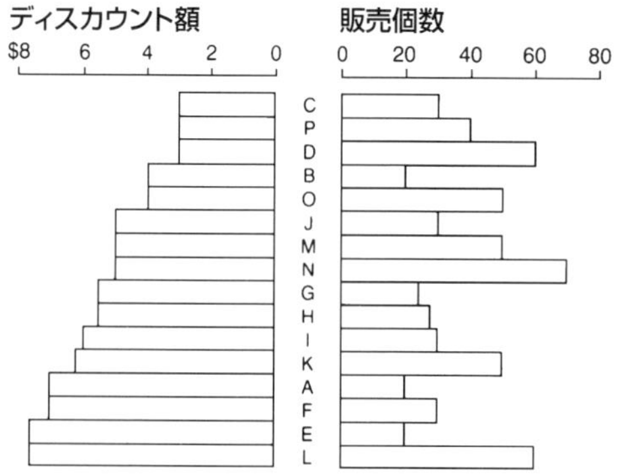

このようなペア・バーチャートを選択して効果を上げられるのは、プロットするデータの数が比較的少ない場合に限る。15以上のアイテムがある場合には、ずっとコンパクトな散布図を使うのが好ましい。おのおののドットに項目名をつけようとするのはあきらめよう。

ペア・バーチャートにはバリエーションがないが、ドットチャートには紹介する価値のあるバリエーションがいくつかある。

グループ・ドットチャートは、2つのアイテムの相関関係または同一アイテムの異なる時期の相関関係を表す。この図では白と黒のドットが用いられているが、ほかにもふさわしい記号がある。四角、三角、星型なども使用可能だ。

▽ 1-30　グループ・ドットチャート

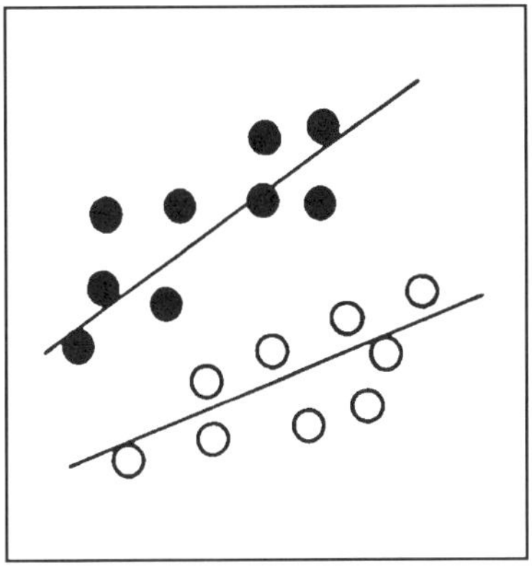

バブルチャートでは、大きさの違うドットを用いることで第3の変数が導入されている。たとえば、縦と横の2つの目盛りが売上げと利益を表すときには、業界内各社の相対的な資産規模をドットの大きさの違いで示す。

▽ 1-31　バブルチャート

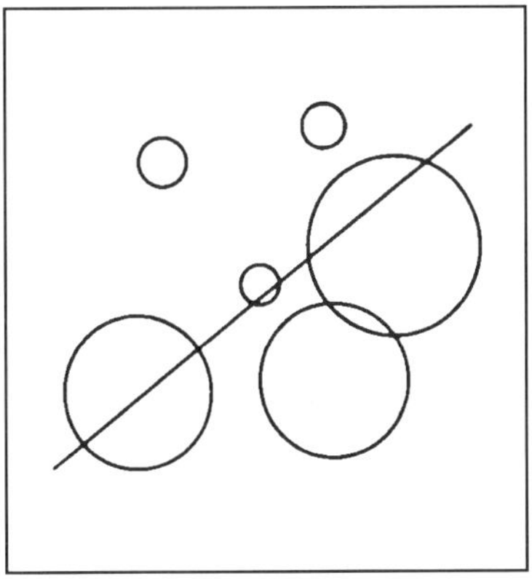

▽ 1-32　**タイム・ドットチャート**

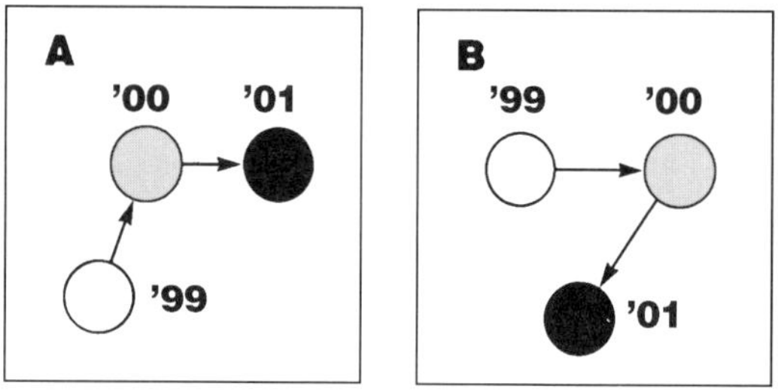

タイム・ドットチャートは、相関関係の一定期間の時系列的な変化を表す。このような動向のすべてを１つのマス目の中で見せようとしがちだが、それは避けて、各々を専用のチャートで表そう。

▽ 1-33　**チャートはシンプルに**

ドットチャートについて警告。くれぐれもドットチャートはシンプルに。さもないと、ミッキーマウスやスター・ウォーズの世界と見分けがつかなくなることに…。

ここで、メッセージが込められた5つの基本的な比較方法のすべてが出揃った。そのメッセージは何らかのデータ分析から引き出したものであった。そして、それらを表現するのに最適なチャートフォームも理解することができた。

技術を確実にするためには、実際に訓練のプロセスを踏んでみるとよい。次に紹介するA、Bの2つの演習問題で自分の応用力を試してみよう。第2章に掲載した実際のリストのチャートを復習し、必要になった場合には、いつでもそれを参照してもらいたい。

▶ 演習④　メッセージに見合ったチャートをつくってみよう

ステップB（比較方法の見極め）のしめくくりとして行なった比較方法を識別する演習問題を思い出してみよう。ここでは、12のメッセージのそれぞれにふさわしいチャートフォームを選択するという次のフェーズに進むことにしよう。

次ページ以降には、12のメッセージとあなたが識別した各々に該当する比較法を列記した。今度は、下の表を参考にしながら、各々のメッセージをサポートするために用いるべきチャートをスケッチしてみてほしい。

▽ 1-10（再掲）

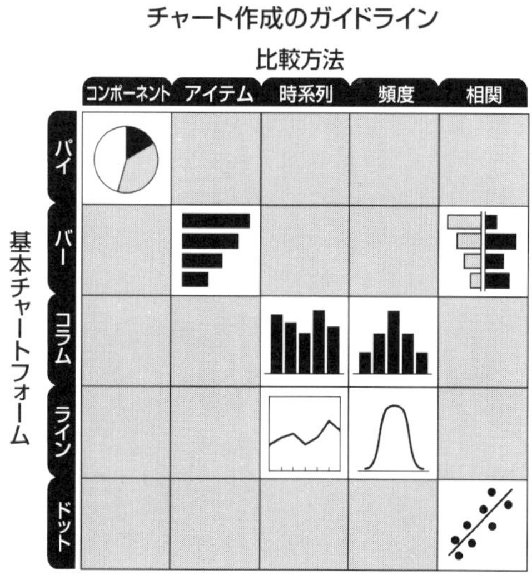

ただし、チャートをスケッチする際には、わたしたちが行なってきた次の2つの重要な観察結果に留意してほしい。

注意1 キーワードに注目

どのチャートを選択すべきかを決めるのはデータや量的尺度ではなく、あなたが何を言いたいかということだ。たとえば、例題4、6、7では、従業員の在職期間について記そうとしているのに、おのおの異なった比較法が採用されている点に注目。比較法が違えば、使われるチャートもおのずと変化する。つまり、きっかけとなるキーワード、メッセージに含まれている手がかりに注意を集中することが重要だ。演習問題に続く解答では、そうしたキーワードに下線をつけた。

注意2 チャートはタイトルをサポートしているか自問する

今回の演習のように、仮にデータが提供されていない状態でも、「混乱することのないメッセージのビジュアル化」のテクニックを用いれば、どのチャートを選択すべきかを決めることができる。

選択したチャートが適切だったかどうかをチェックする最も簡単なテスト方法としては、完成したばかりのチャートを前にして、これで「**メッセージ・タイトルが言おうとしていることが、見えているだろうか**」と自問してみることだ。言い換えれば、選んだチャートとタイトルが相乗効果を上げているか、チャートはタイトルをサポートしているか、そして、タイトルはチャートを補強しているだろうかと自問してみることだ。「販売が急激に伸びた」と**タイトルで言うのなら、チャートでも急角度で上昇しているトレンドラインが見たい**。もしそうでなく、トレンドラインと基準線とが平行線をたどっていたとしたら、抜本的な見直しが必要であることを即時に知る手がかりと考えてよい。

メッセージの下に、私の解答を示しておく。なお時系列比較法や頻度分布法を表すのに、あなたがコラムチャートを用いたのに対して、私がラインチャートを使ったり、また、相関比較法を表すのに、あなたがドットチャートを用いたのに対して、私がペア・バーチャートを使っていたからといって、間違えたと思わないでほしい。時系列比較法、頻度分布比較法、相関比較法に関しては、選択は2つのうちのどちらでも構わないのだから。

1 売上げは今後10年間伸び続けると予測される

時系列

2 大多数の従業員の年収は3万～3万5000ドルの間である

頻度分布

3 高価格ブランドのガソリンのほうが高性能とは限らない

相関

4 9月の6部門の離職率はほぼ同じであった

アイテム

5 当該セールスマネジャーが現場で過ごす時間は就業時間の15%に過ぎない

コンポーネント

6 成果報酬の大きさと在職期間とは相関がない

相関

7　昨年の離職者の大半は30〜35歳の年齢層が占めた 頻度分布	8　C地域の生産性は最下位である アイテム
9　当社の1株当たり利益は減少傾向にある 時系列	10　資金総額の最大部分を製造に割り当てている コンポーネント
11　利益率と報酬額とは正比例の関係にある 相関	12　8月には2工場の生産高が他の6工場を大きく引き離した アイテム

1　売上げは今後10年間伸び続けると予測される

＜時系列＞

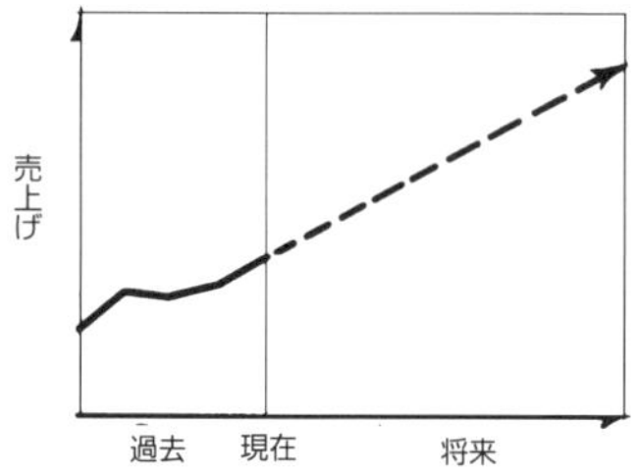

2　大多数の従業員の年収は3万〜3万5000ドルの間である

＜頻度分布＞

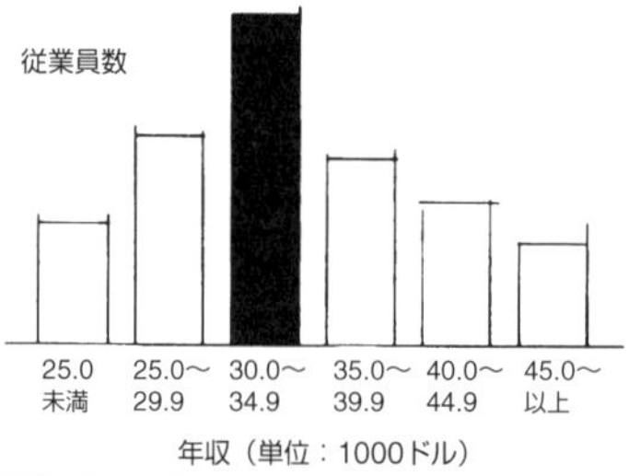

3　高価格ブランドのガソリンのほうが高性能とは限らない

＜相関＞

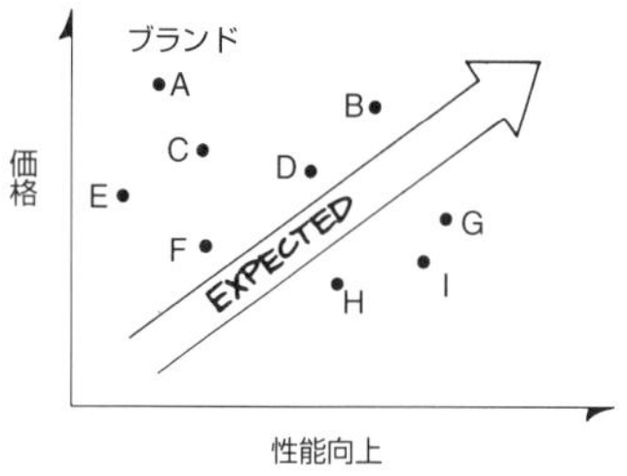

4　9月の6部門の離職率はほぼ同じであった

＜アイテム＞

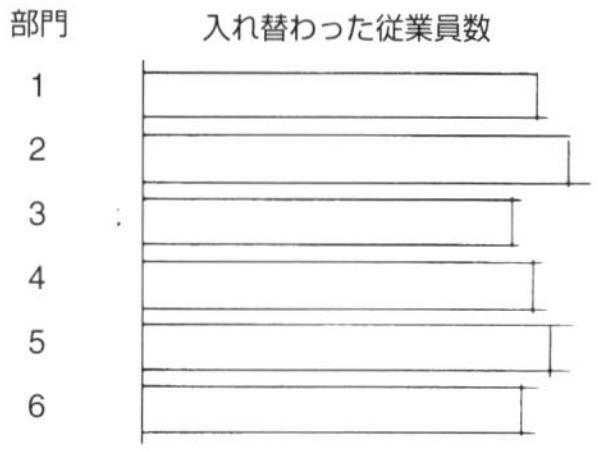

5　当該セールスマネジャーが現場で過ごす時間は就業時間の15%に過ぎない

＜コンポーネント＞

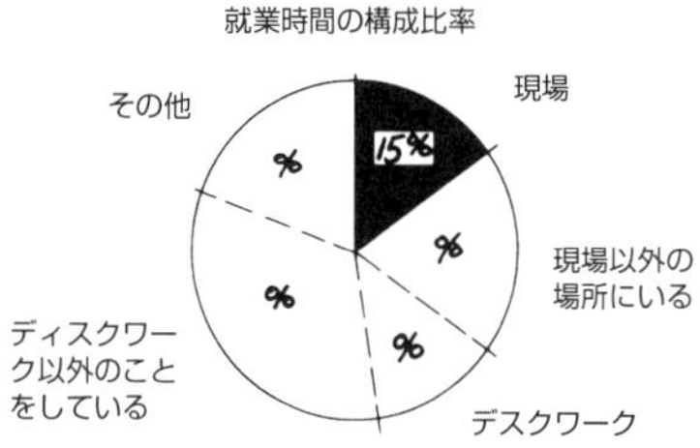

6　成果報酬の大きさと在職期間とは相関がない

＜相関＞

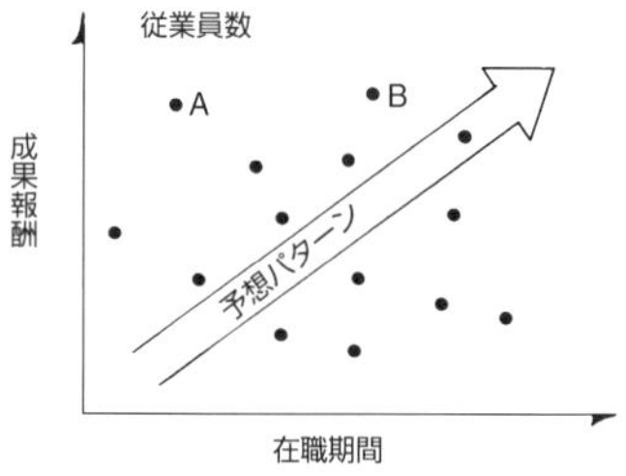

7　昨年の離職者の大半は30～35歳の年齢層が占めた

＜頻度分布＞

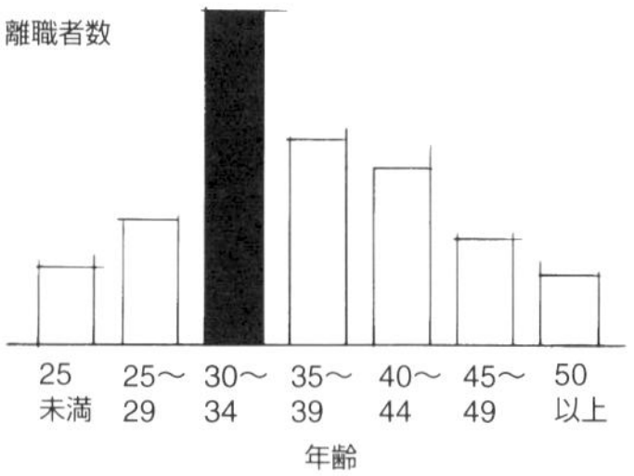

8　C地域の生産性は最下位である

＜アイテム＞

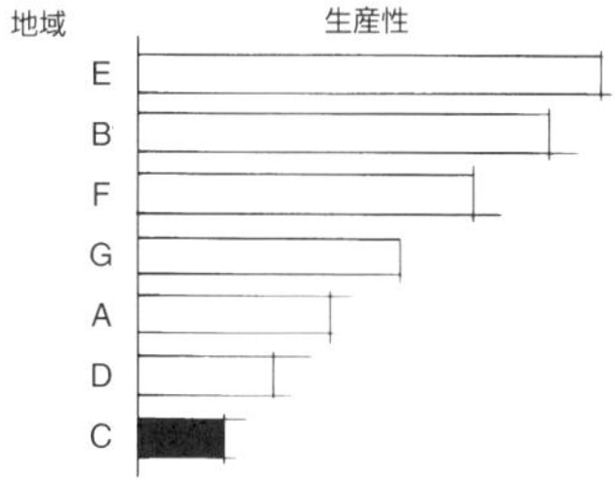

9　当社の1株当たり利益は減少傾向にある

＜時系列＞

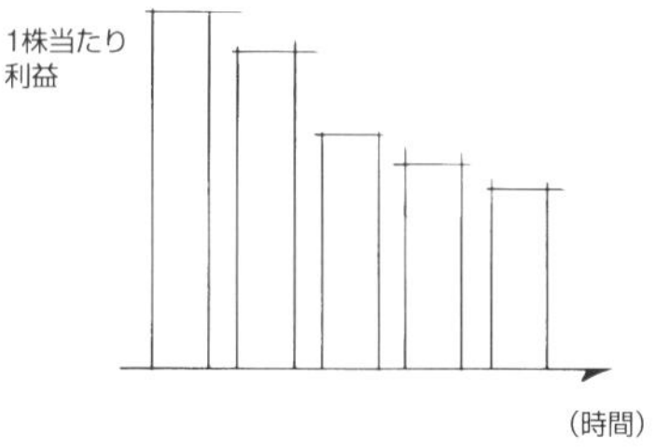

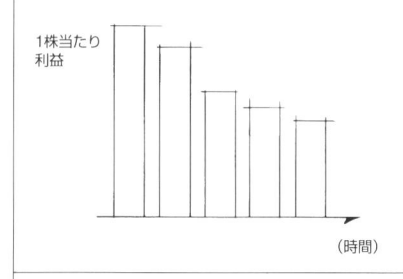

10　資金総額の最大部分を製造に割り当てている

＜コンポーネント＞

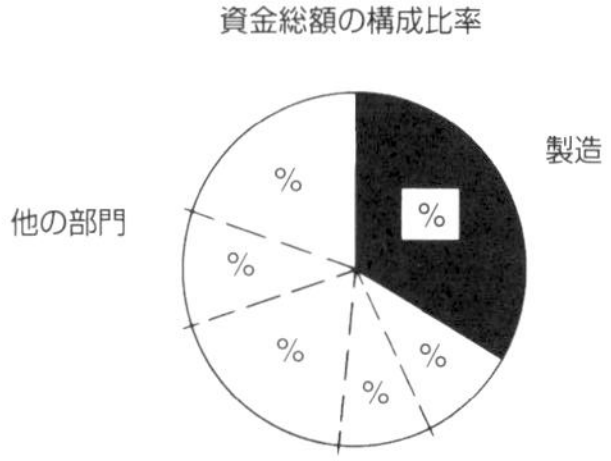

11　利益率と報酬額は正比例の関係にある

＜相関＞

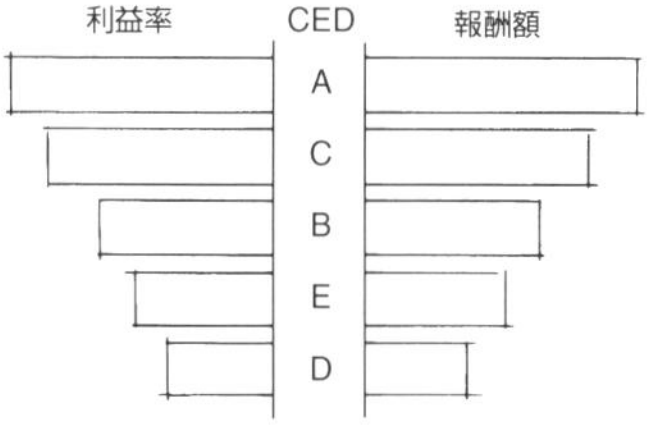

12　8月には2工場の生産高が他の6工場を大きく引き離した

＜アイテム＞

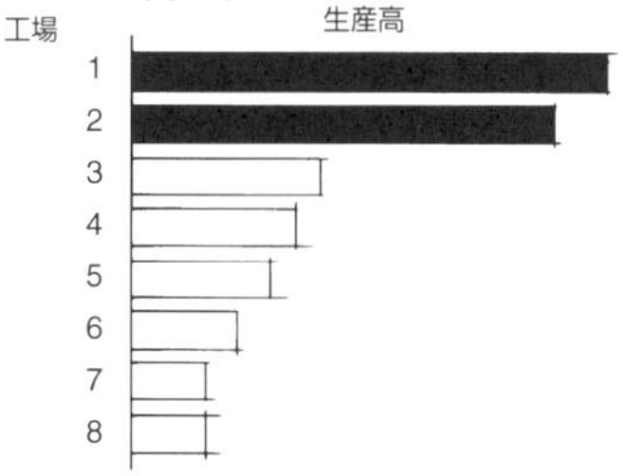

▶ 演習⑤　おもちゃ業界のデータからチャートをつくってみよう

さて、当然ビジネスの現場ではデータを駆使した業務遂行をしているのだから、今度はこれまでに説明した方法を表に基づく情報をチャートにする演習で応用して使ってみよう。83ページ以降は、おもちゃ業界の分析資料から引用したさまざまなデータである。この業界はST、GW、MB、OMR、そして不朽の人気があるFBなどのおもちゃ製品群を製造しているとしよう。業界は競合6社で構成されており、私たちはその内の1社であるK社としよう。提供されたデータと与えられた指示を元に、与えられたスペースの中に適切なチャートをスケッチしてみよう。

この作業の間には、次の2つのことを片時も忘れず心に刻んでほしい。

1　それぞれのメッセージが示唆する比較方法を探すこと

2　下記の表を活用して適切なチャートフォームを選択すること。また、各チャートには、私たちの会社について強調したい点をさらに補強するためのメッセージタイトルを書くこと

▽ 1-10（再掲）

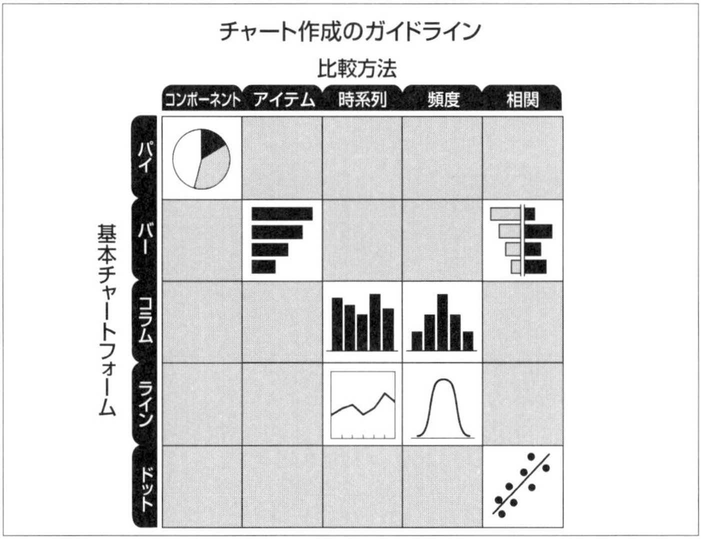

設問1

下記のデータを元に、K社の2001年におけるおもちゃ業界内売上シェアを、競合他社との比較において示すチャートをスケッチせよ。

業界内企業別売上シェア（2001年）

K社	19.3%
競合A社	10.1%
競合B社	16.6%
競合C社	12.4%
競合D社	31.8%
競合E社	9.8%
	100.0%

解答1

設問1では、「2001年」「業界内売上シェア」というフレーズがコンポーネント比較法を選択する手がかりになっている。各パーツのサイズは、全体のパーセンテージで示すことができる。私たちは1つのトータルについて話をしているので、パイチャートが要求される。

ここでは、構成要素は最大シェアの企業を筆頭に、最小シェア企業まで順に時計回りに配列されている。このため、K社が2番目に大きなシェアを占めていることがすぐにわかる。また、K社のシェアを強調するために、そのセグメントにのみ影をつけてある。

設問1の解答

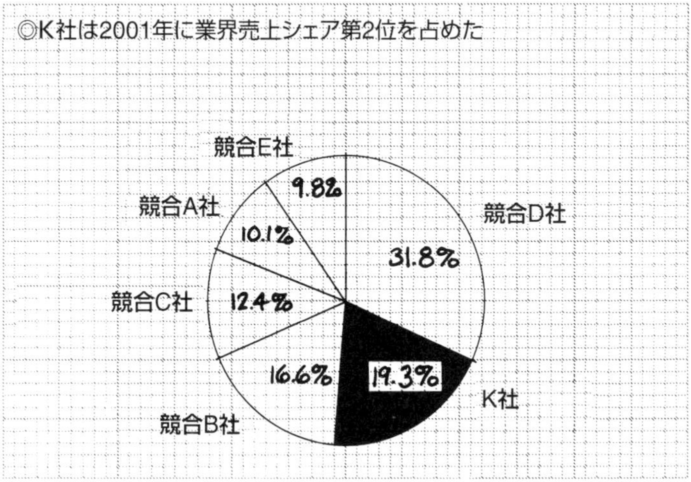

設問２

2001年に、業界内でのＫ社の総資産利益率（ROA）がどのあたりにランクづけされているかを示すチャートをスケッチせよ。

2001年総資産利益率

Ｋ社	8.3％
競合Ａ社	9.8％
競合Ｂ社	15.9％
競合Ｃ社	22.4％
競合Ｄ社	14.7％
競合Ｅ社	19.1％

解答2

設問2では「ランク」という語句がアイテム比較法をほのめかす手がかりになっている。ここで私たちが知りたいのは、どの競合他社の総資産利益率が一番高く、どこが最低だったかということだ。この場合には、K社が最低だったことがわかる。K社をリストの底辺に位置づけさらに濃い影で強調することで、バーチャートがいかに効果的にこのポイントを表現しているかということに注目してほしい。

設問2の解答

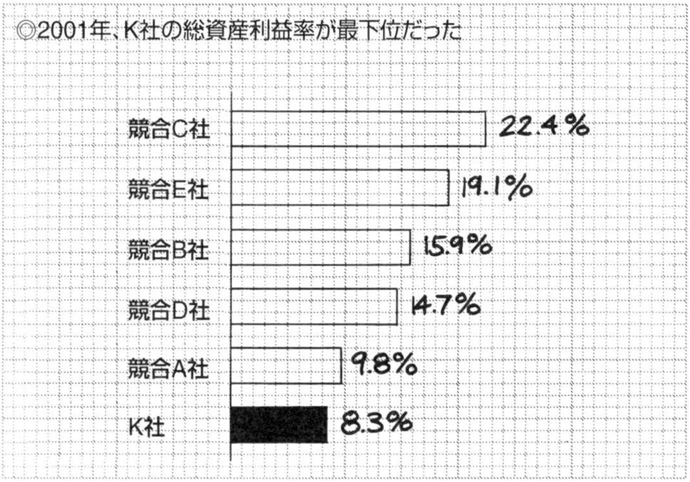

設問 3

2001年に、おもちゃ業界での売上高シェアと総資産利益率との間に一定の相関があるかどうかを示すチャートをスケッチせよ。

対業界売上高シェア（2001年）	
K社	19.3%
競合A社	10.1%
競合B社	16.6%
競合C社	12.4%
競合D社	31.8%
競合E社	9.8%

総資産利益率（2001年）	
K社	8.3%
競合A社	9.8%
競合B社	15.9%
競合C社	22.4%
競合D社	14.7%
競合E社	19.1%

（解答 3）

私たちは通常売上高シェアと総資産利益率との間には強い相関関係があると予想する。つまり、シェアが大きければリターンも大きいだろうと考える。しかし、ここではデータ上そうはなっていない。たとえば、K社は売上高シェアでは2位につけながらも、総資産利益率では、市場での売上高シェア4位のC社にはるかに及ばない。

この課題に対してはドットチャートを使ってもいいのだが、ペア・バーチャートを使えば、2つの指標に対して名前の配置も適切に行なえるという利点がある。

設問3の解答

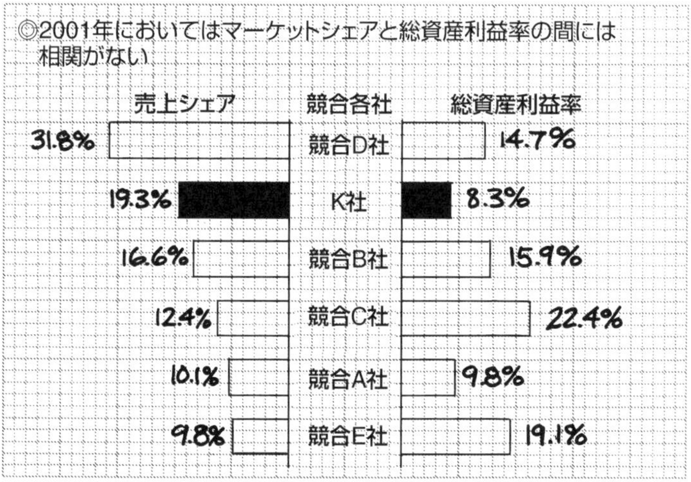

設問 4

1997年から2001年にかけてのＫ社の売上げと利益の推移を示すチャートをスケッチせよ。その場合には、1997年を基準年と設定し、それ以降の年を基準年とのパーセンテージで示すこと。

Ｋ社純売上高

	100万ドル	1997＝100
1997年	387	100
1998年	420	109
1999年	477	123
2000年	513	133
2001年	530	137

Ｋ社利益

	100万ドル	1997＝100
1997年	24	100
1998年	39	162
1999年	35	146
2000年	45	188
2001年	29	121

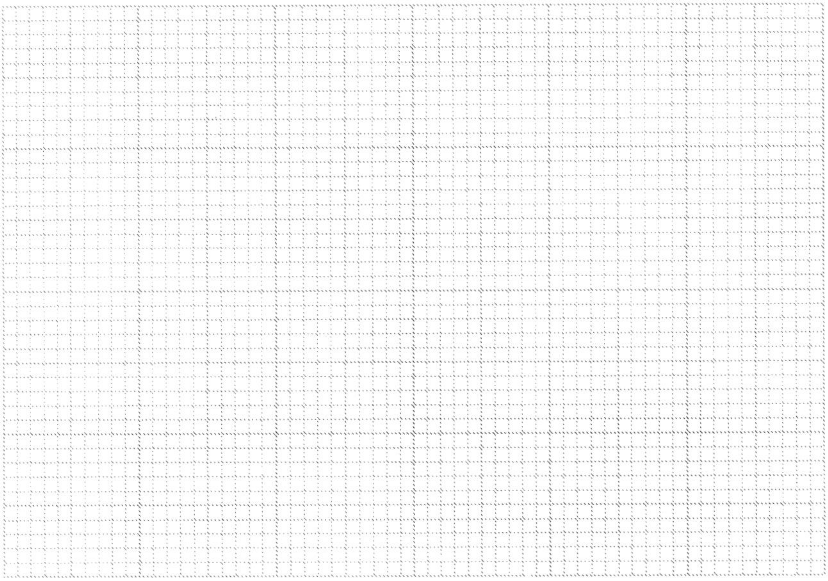

解答 4

設問 4 では、時間的な変化を表す時系列比較が要求されているが、その目的にはラインチャートがふさわしい。

私たちは、絶対値のデータを基準値（この場合は1997年の数値）に対するパーセンテージに置き換えた。それは、5 億3000万ドルと2900万ドルというかけ離れた数値を比較する上での、共通かつより明確な基準を提供するためである。

これは表で示したデータに対するチャートの価値の高さを示す絶好の例といえる。もし、表のままのデータだったら目立たなかったであろう不安定な利益の推移パターンを、チャートであればはっきりと表現できる。

設問4の解答

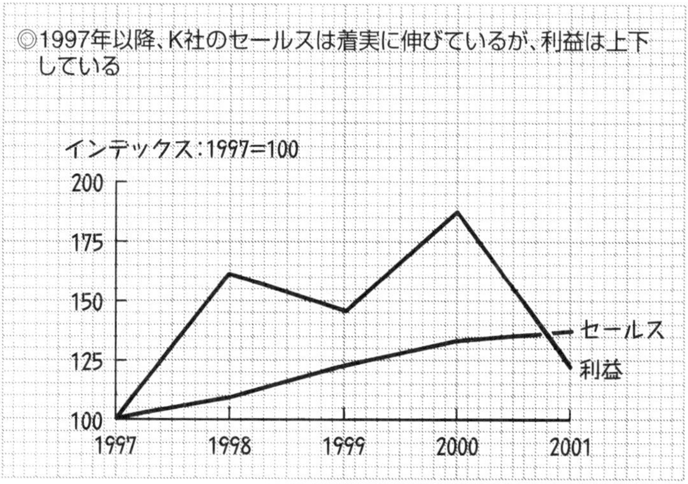

（設問5）

2001年のK社の売上げの大半は、競合D社のそれとは対照的に、単価の低いFBモデルに負うところが大きいということを示すようなチャートをスケッチせよ。

売上ユニット数（単位：1000個）

販売価格帯	**K社**	**競合D社**
5.00ドル未満	320	280
5.00～9.99ドル	770	340
10.00～14.99ドル	410	615
15.00～19.99ドル	260	890
20.00ドル以上	105	550

解答５

設問５は頻度分布比較法を必要としている。頻度分布比較法は、ある一定の価格レンジの中でいくつ売れたかを示している。この場合、私たちはＫ社を通常のコラムチャートで示し、一方競合Ｄ社を階段状コラムチャートで示している。重ね合わせた２本のラインで示すことも可能であったが、データポイントが少ない場合には、コラムチャートのほうが好ましいと思われる。

設問5の解答

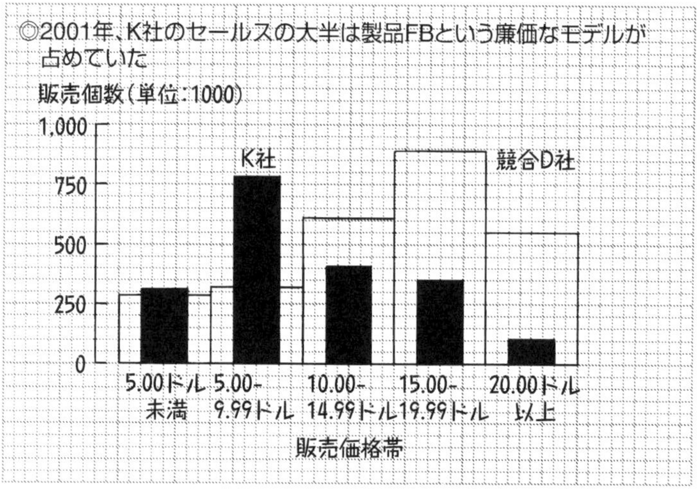

（設問 6）

2001年に、製品別の販売構成比が競合Ｄ社のそれとどのように異なるかを示すチャートをスケッチせよ。

製品別総売上高の構成比（2001年）

製品	K 社	競合 D 社
ST	15.0%	25.3%
GW	8.4%	21.3%
MB	20.6%	19.9%
OMR	16.2%	18.6%
FB	39.8%	14.9%
	100.0%	100.0%

解答 6

この最後の設問を考えるにあたっては、総売上高に対するパーセンテージを表示した最初のコンポーネント比較法に立ち戻ってみよう。表にあるようにパイチャートを使えるはずだ。ただし、今回はＫ社と競合先のＤ社という２つの別個のパーセント構成を見なくてはならない。こういう場合、全体を100としたパーセント表示のコラムチャートを使うほうがよいだろう。コラムチャートを用いれば、パイチャートを２つ並べた場合に起きる「構成要素への名前の重複表記」や、凡例を設けるのも回避できるので、１つのチャートでより迅速にセグメント間の関連について比較できる。

設問6の解答

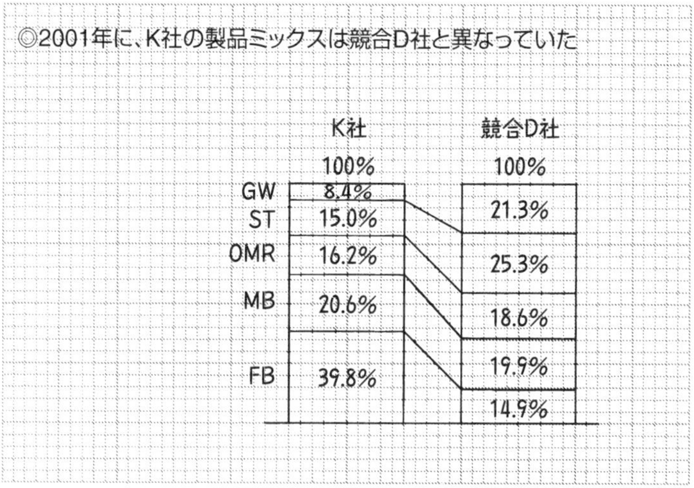

ここで、これまでに学んだ6つの設問から学べることを要約してみよう。

- チャートは重要な言語形態のひとつである。よく考えられ設計されたチャートというものは、表形式のデータより迅速で明確なメッセージを伝えるのに役立つ。

- どのチャートフォームを使うべきかを示唆するのは、データや目盛りではなく、それはまさしく**あなたが**伝えたいメッセージ、すなわち、**あなたが**何を表したいのか、どこの点を強調したいのかにある。

- チャートの数は少ないほどよい。あなたのメッセージを伝えるのに明らかに役立つと思われるときにのみ、チャートを用いる

- チャートはあくまで**補足的な資料**であって、あなたが意図して書きたいことや、言いたいことすべての代わりにはならない。だから、それらのチャートがあなたのメッセージを伝える「助け」となるように気をつけて作成してほしい。そうすれば、それらのチャートはきっと十分に役目を果たしてくれるに違いない。

Section 2

チャートを使う

Using Charts

解説 チャートを使う前に気をつけること

□この章の位置づけを押さえる

この章では実践的な80の事例を紹介しよう。これらのチャートは5つの基本的な比較方法——すなわち、コンポーネント比較法、アイテム比較法、時系列比較法、頻度分布比較法、相関比較法——に準拠して構成されている。

時系列比較法について解説するところでは、コラムチャート、ラインチャート、およびそれら2つを組み合わせたチャートなどの3つを順に並べている。それぞれの比較法についての解説では単純なチャートから複雑なものになっている。たとえば、1つのパイチャートから複数のパイチャートへという流れで構成されている。

なお、注意事項を1つ。この本で使用しているすべてのチャートは架空のデータに基づいている。それらはチャート作成の演習目的のみに使用されるべきもので、プレゼンテーション資料の基礎データにしてはならない。

□メッセージ・タイトルなしにチャートは決定できない

チャートを選ぶプロセスでは、ステップAを強化するために、とりあえず、80すべての例に**メッセージ・タイトル**を入れている。しかし、実践ではチャートから省く場合もあるだろう。

たとえば、スペースに限りのあるスクリーン上でビジュアルを見せる場合には、メッセージ・タイトルは手元資料だけに入れて、スクリーン上のビジュアルからは省くという判断をしてもかまわない。しかし、メッセージ・タイトルを省いたからといって、**あなたが**何を言いたいのか、**あなたが**どんな点を強調したいのかという、**あなたの**メッセージを明確にしなくてはならないことを確認し、プライオリティーづけを行ない、最重要と位置づけるという最優先課題を決定するプロセスを省くべきではない。なぜなら、そのことがはっきりしなければ、使うべきチャートフォームの決定はできないからだ。

□2つの比較法を含む「デュアル・コンパリスンチャート」

80の例のいくつかでは、他の比較手段のほうが適切ではないかと疑問に思われるようなものがあることに気づくだろう。なぜそのようなことが起きるのかというと、時として、あなたがデータ分析に基づいて決定した**メッセージ**そのものが、アイテム比較法とコンポーネント比較法、あるいは、時系列比較法とアイテム比較法というような**デュアル・コンパリスン**（2つの比較手段が対になったもの）を示唆するものになることがあるからだ。そのような場合は、あなた自身がどちらの比較方法を優先するか、どちらを二次的なものとするかを決めなくてはならない。

では、時系列比較法とアイテム比較法という2つの比較法が同居する例を使って考えてみよう。メッセージは「売上げは向こう10年間伸び続けるであろうと予想される」という時系列比較法と、「しかし、利益の伸びはそれに伴わないかもしれない」というアイテム比較法の2つを含んでいるとしよう。メッセージの初めの部分だけなら時系列比較法でよいのだが、そこに、「しかし、利益の伸びはそれに伴わないかもしれない」と言うためにアイテム比較法も必要になる。言い換えると、売上げが伸び続けるだろうという時系列の変化だけではなく、売上実績（アイテム1）と利益（アイテム2）の比較にも興味が湧いたということだ。しかし、この場合でも、時系列の変化のほうに主眼が置かれるので、時系列比較法のためのチャートフォームをベースとして用いるのが適切だろう。この場合では、2つのアイテムの各々に別々のラインを使ったラインチャートが最もよい選択だろう。本書のポートフォリオでは、デュアル・コンパリスンチャートは、私が主要と判断したほうの比較方法に入れている。

□スケール（尺度）の取り扱い方に注意

プロットされたデータの性質や大きさ（たとえば1000ドル単位の売上げ）はチャートの使い方を80の事例で紹介するという目的からすれば重要ではないために、本章ではスケール・バリュー（価値尺度）をあえて省いてある。

当然、実践ではスケール・バリューを決めるのだが、これを省いたからといって各々のチャートが表現しようとする関係性を曖昧にするわけではない。このことをぜひ理解してほしい。実際、スケール（尺度）なしでもメッセージがはっきりと伝わるかどうかを見れば、あなたのチャートがうまくできたかどうかをテストしたことになるのだ。

だからといって、チャートの設計に際してスケールを考慮することを軽視していいと言うつもりはない[2]。

むしろ逆で、不適当なスケールを用いれば、作成したチャートが誤解を生じさせ、さらにわるいことにはごまかすためのものにさえなりかねない。そうした極端な例をいくつか紹介しよう。

（誤用事例１）

▽2－1で、上のチャートは過去５年間の利益の推移を見栄えよく示している。一見すると、利益が下がり続けているような印象を受ける。ところがよく吟味してみると、スケーリング（尺度の取り方）の問題点が４つあることに気づく。

(1)年度の並べ方が通常と逆で、最新の年を左端に置き、右にいくほど過去にさかのぼっていく（これは年次報告書からそのまま引用してきたためだろう。年次報告書では一番注目されやすい左端に最新の年をもってくる慣行

注２　スケールの誤用、乱用の危険性について、さらにくわしく知りたい方はマネジメント・レビュー誌1975年10月号掲載の私の論文“Grappling with Graphics” *Management Review*, October 1975.を参照。この項で紹介した事例は同誌の版元の許可を得て復元している。MANAGEMENT REVIEW, OCTOBER 1975 ⓒ 1975 by AMACOM, a division of American Management Associations, New York. All rights reserved.

▽ 2-1 誤用事例①

誤解を招きやすい事例

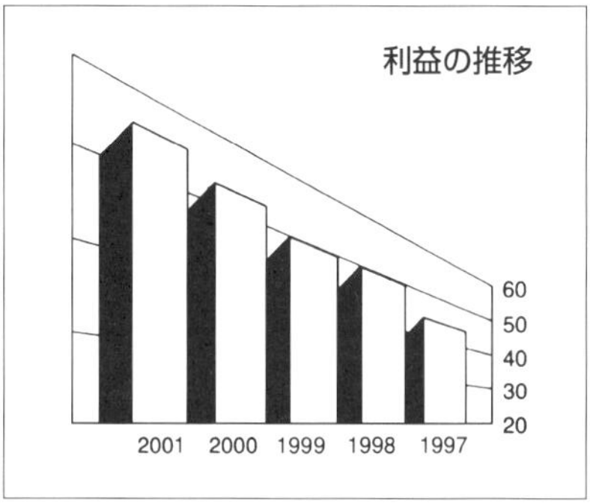

正しい事例

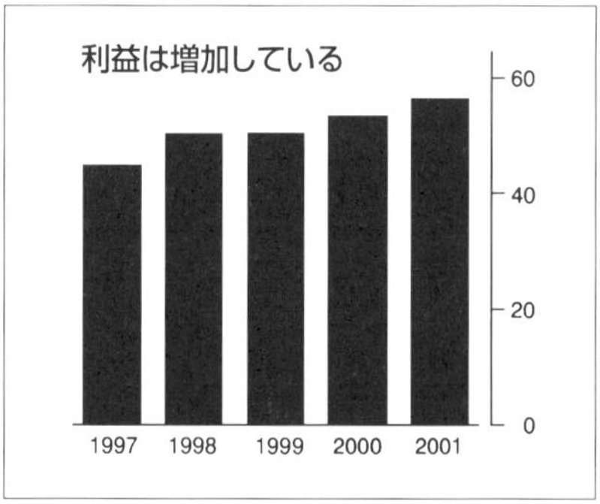

がある)。

(2)下部の20単位以下の利益がカットされている。

(3)コラムが立体的なので、高さを測る際に前の部分か後ろの部分かどちらで測るのかがわかりにくい。

(4)スケールライン(単位ごとの横の目盛り)が遠近法で描かれている。

この4つの問題が相乗作用を起こして、誤解を招くような下げ基調の業績を描き出している。株主にはまことにお気の毒なことだが。

対照的に、下の正しいチャートからは、瞬時にかつ明確に利益が増加していることが判断できる。

誤用事例２

▽２−２では、上のチャートの遠近法を使っているかのようなスケールライン（単位ごとの目盛り）が、売上が増加傾向にあるような印象を生み出している。これは下の正しいチャートから明白であるが、事実を反映していない。

▽ 2-2 **誤用事例②**

事実をねじまげてしまう事例

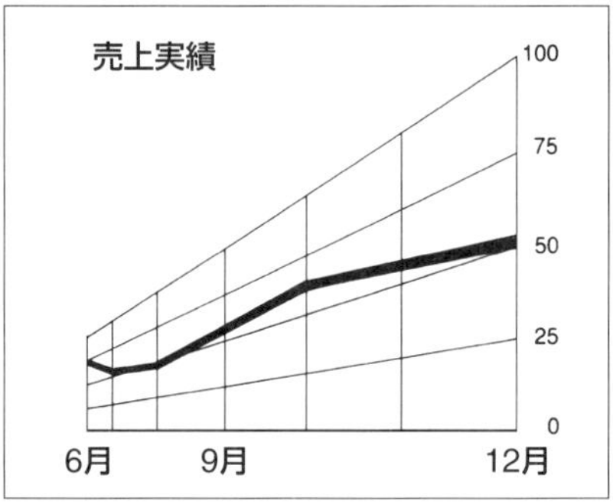

正確に表現した事例

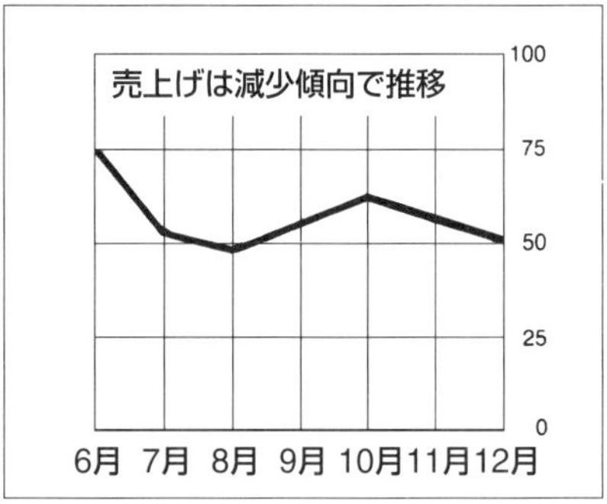

□スケールは印象を操作する

要点は１つ。チャートとは物事の関連を視覚化した絵であって、絵柄のみが意味をもつということだ。それ以外のすべて、すなわち、タイトル、項目や構成要素の名前、スケール・バリュー（価値尺度）などは単に識別させ、説明を加えるに過ぎない。絵柄の最も重要な特質はそこから受ける印象である。一方、スケーリングは印象を操作する重要な効果をもっている。では、スケールによって、いかに簡単にメッセージに対する強い印象をもってしまうかをお見せしよう。あなたは、AとBのどちらを選択するだろうか。

▽ 2-3 **スケールが印象を操作する①**

▶A

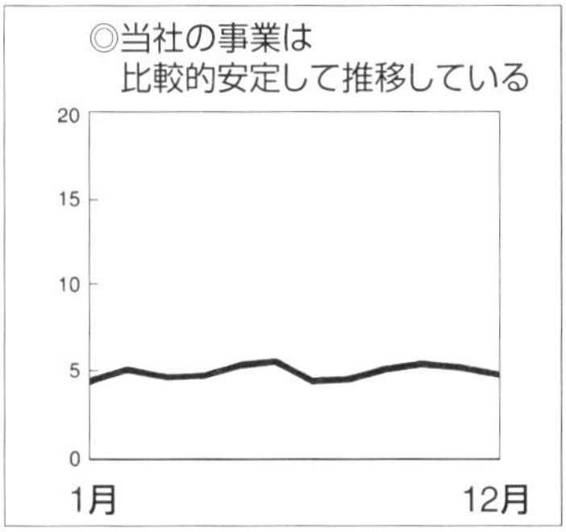

▶B

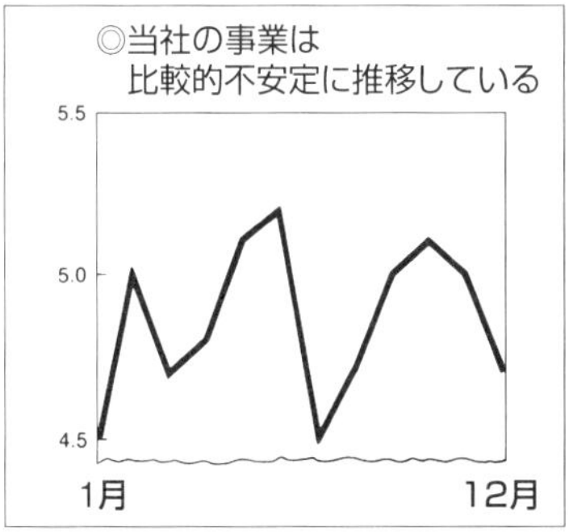

答えの選択はさほど難しくない。「どちらともいえない中間あたり」という答えに流されがちだが、それも適切とはいえない。この正しい判断ができるか否かは、あなたがさまざまな変化ひとつひとつの**影響力の大きさについて専門的な理解力をもっているか**どうかにかかっているのだ。

▽ 2-4 スケールが印象を操作する②

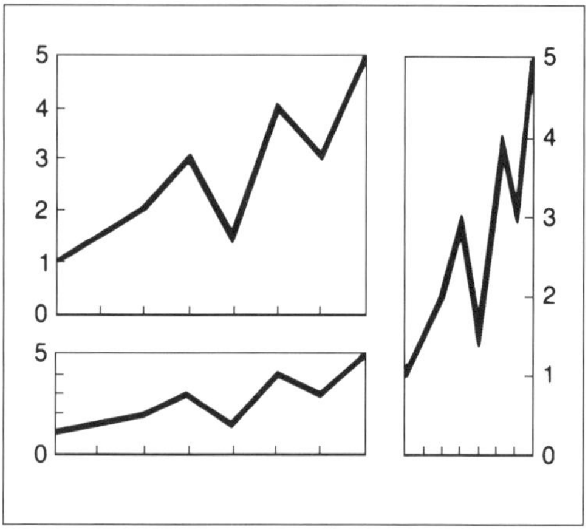

チャートの形状は背が低く幅広なものや、背が高いが細長いものなど。

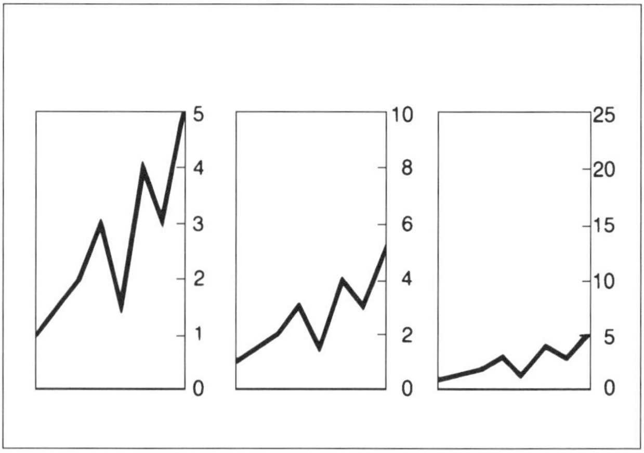

スケールのレンジはたとえば0～5、0～10、0～25など。

具体例を挙げれば、数百万ドルの契約にとって1000ドルほどの誤差は微々たるものかもしれないが、フロアタイルの価格にとって1セントの変化は無視できない。だから、あなたは変化の重要さへの理解を反映したスケールを選ぶだろう。その意味では、▽2-3の上の絵柄は契約に、下の絵柄はフロアタイルに向いているかもしれない。

あなたが変化の意味合いを正しく理解しているかどうかを判断するために、絵柄の印象を左右するような要因（縦軸横軸のスケールのとり方）を考慮しながら、さまざまなチャートをつくってみよう。

▽2-4をはじめとして、その他のスケーリング上の重要な考慮事項については、事例を紹介していく中でなされるチャート解説でも述べている。

COMPONENT COMPARISON

1 コンポーネント比較法を使う

コンポーネント（構成要素）比較法とは？
➲全体を100%とした場合の内訳で、各々の部分の大きさを示す

1

このチャートは最も シンプル（かつ、唯一本当に適切）なパイチャートの使用法、つまりいくつかの構成要素間の比較を行なうためのものだ。4種類の濃淡を使い、企業の業績の違いを際立たせている。最も濃い影は、タイトルで述べているデータの意味を強調するためにA社に対して使われている。

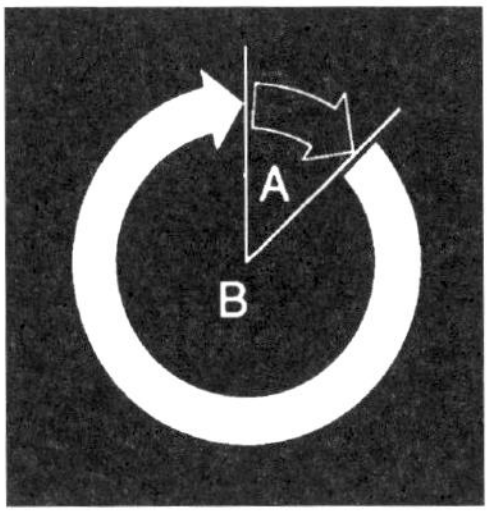

COMPONENT COMPARISON

Shows the size of each part as a percentage of the total

1 ◎A社は業界内の売上高シェアで最下位にある

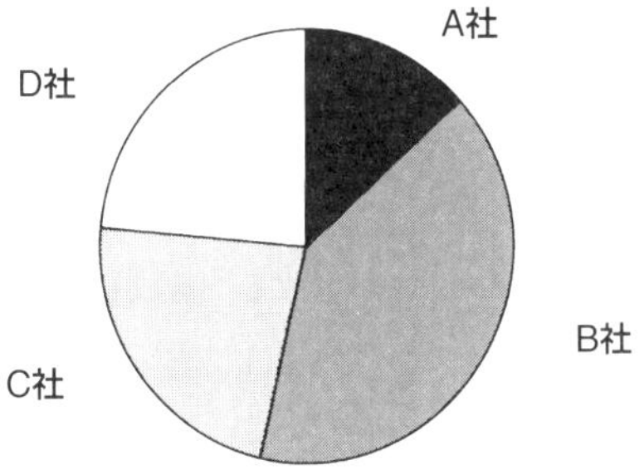

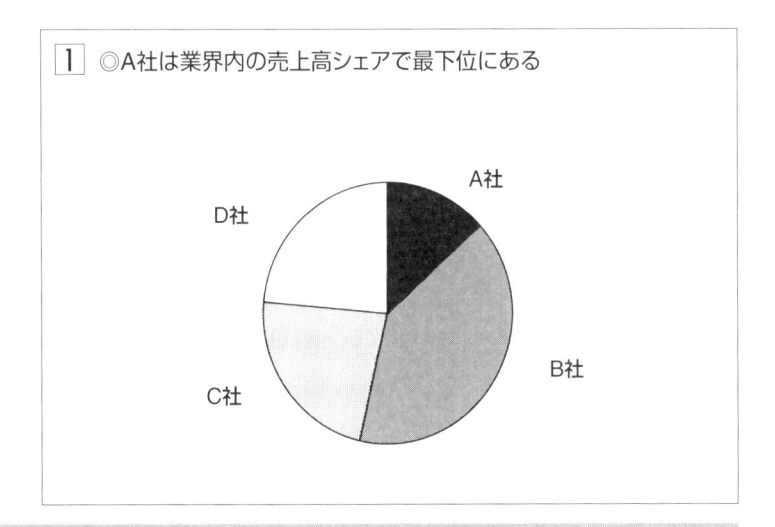

2

[2]では、特定の構成要素に焦点を当てる2つの手段を表している。

(1)最も濃い影をかける。
(2)さらにその部分を他のパイから少し離す。

この例では、各構成要素を、正午位置を起点に時計回りに、企業活動の自然な流れに沿って配列していることに注目。

3

人間の視覚は、一部分が欠けた円形を見た場合にそこを補正して円周を満たして見ようとする傾向があるので、[3]のように、わざと特定の部分を抜いておくことによって、欠けた構成要素への注意を喚起することができる。この場合には、新規顧客獲得の努力が足りないということを、その部分を省くことで暗示している。さらに、その部分に注意をうながす目的で矢印を添えている。

2 ◎設計コストは総コストの10%未満しか占めていない

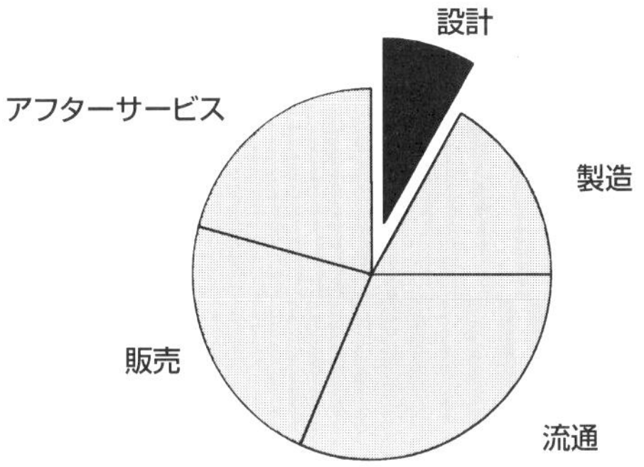

3 ◎代理店は日常業務に忙しく
新規顧客獲得に当てる時間がない

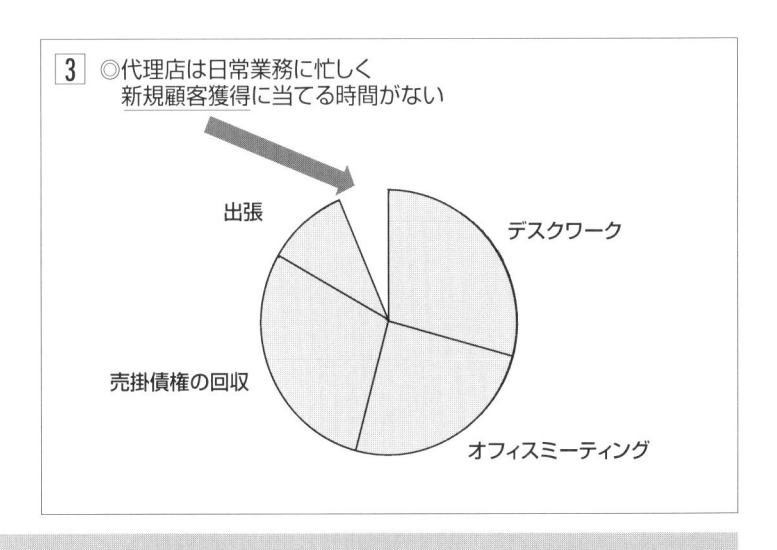

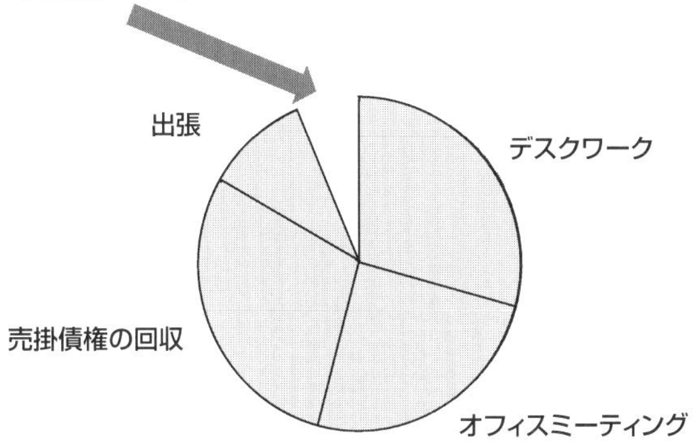

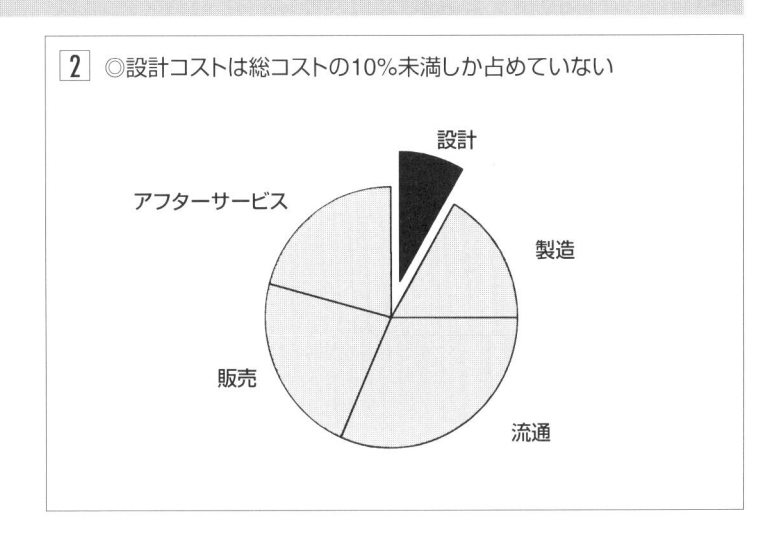

4

[4]はパイチャートを使う場合に構成要素を6つ以内に抑えるべきという鉄則には違反しているが、この場合には多岐にわたる代理店業務があるというメッセージを強調するためにあえて多数の構成要素を表示している。

ただし、それぞれの構成要素の相対的なサイズを測定することは現実的に不可能である。もし必要であれば、データを表の形式で表すか、またはバーチャートを用いるほうがよい結果をもたらすだろう（[12]、[13]を参照）。

5

[5]で示すように、一対のパイチャートの各々の構成要素を、互いに鏡に映すように配置すれば、名前の表示は一度で済ませることができる。これにより、パイチャートごとに構成要素の名前を表示する必要性がなくなり、あるいは凡例を設けて凡例から構成要素へと目を強制的に行き来させることも不要となる。このプロセスでは、

(1)正午位置からスタートする
(2)パイチャートの構成要素を同じ配列にする

この2つのガイドラインに準拠していないことも付記しておく。

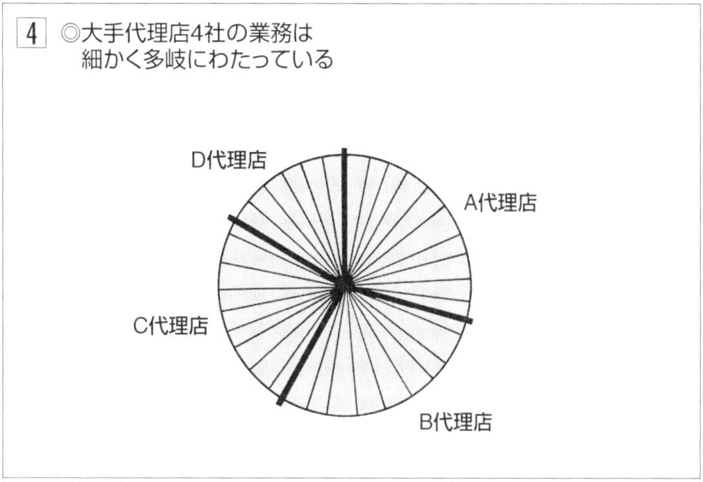
4
◎大手代理店4社の業務は
細かく多岐にわたっている
D代理店
A代理店
C代理店
B代理店

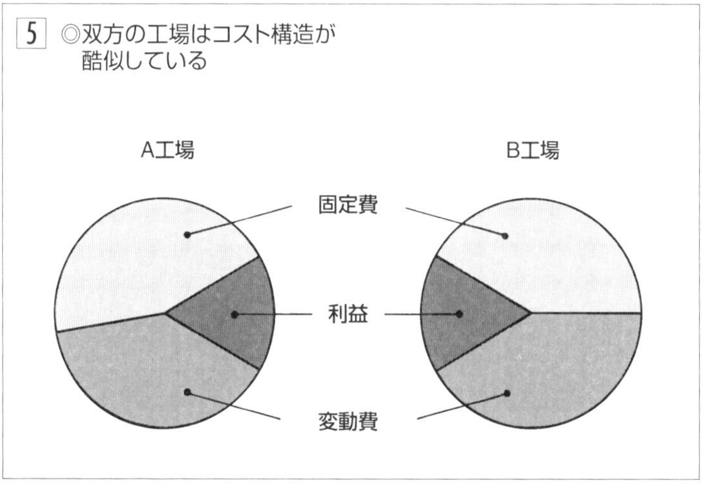
5
◎双方の工場はコスト構造が
酷似している
A工場
B工場
固定費
利益
変動費

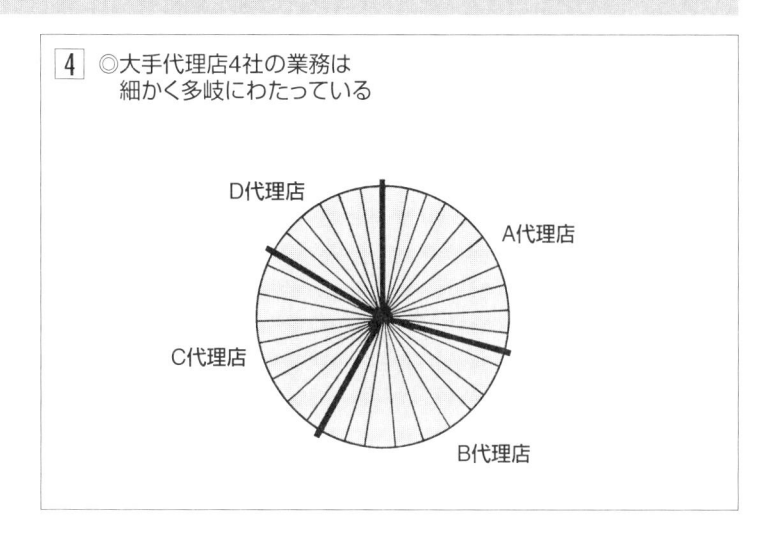

6

6では、異なるパイチャートの同じ構成要素の比率を比較している。このテクニックを活用する際には、シンプルを身上とする。構成要素は3つまで、パイチャートは2つまでにとどめること。パイチャートの数が3つを超す場合には、100%表示のコラムチャートを使うほうが得策だ（40を参照）。

7

7はこの事例集に入れるか否か迷っていたもの。なぜなら、このチャートは構成要素が2つの場合でしか機能しない上に、影をほどこすことも誤解を招きやすいからだ。しかしその反面、ここで紹介するようにシンプルさを維持できれば訴求可能だろう。不安が残る場合には、ためらうことなく、もっとありふれた一対の100%表示のコラムチャートを活用してほしい。

6 ◎都心への人口シフトが顕著である

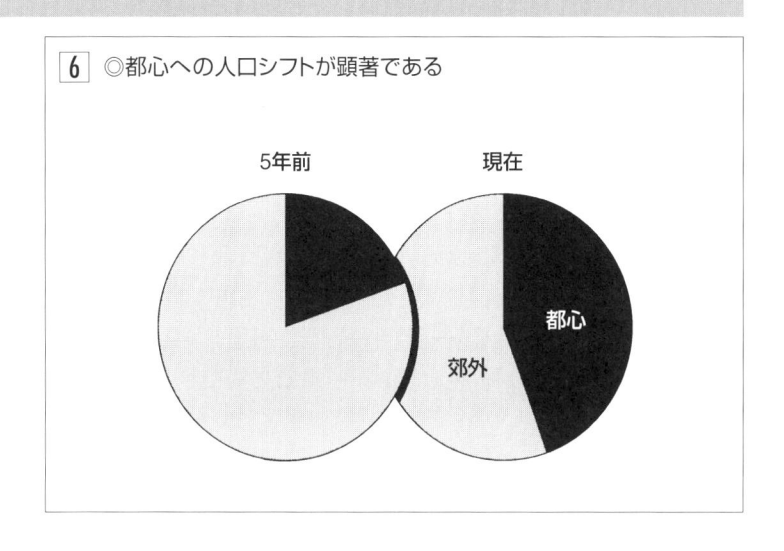

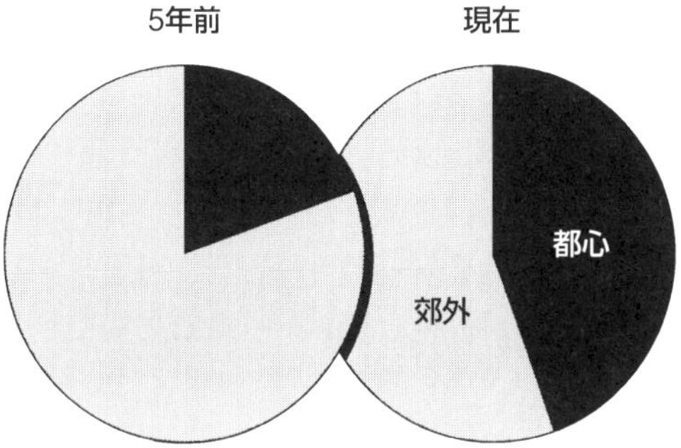

7

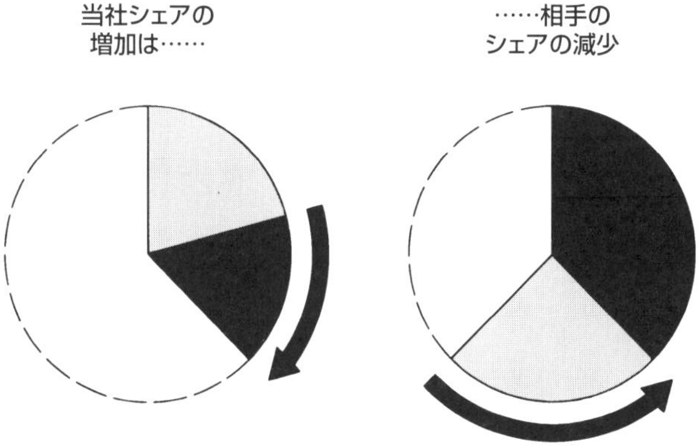

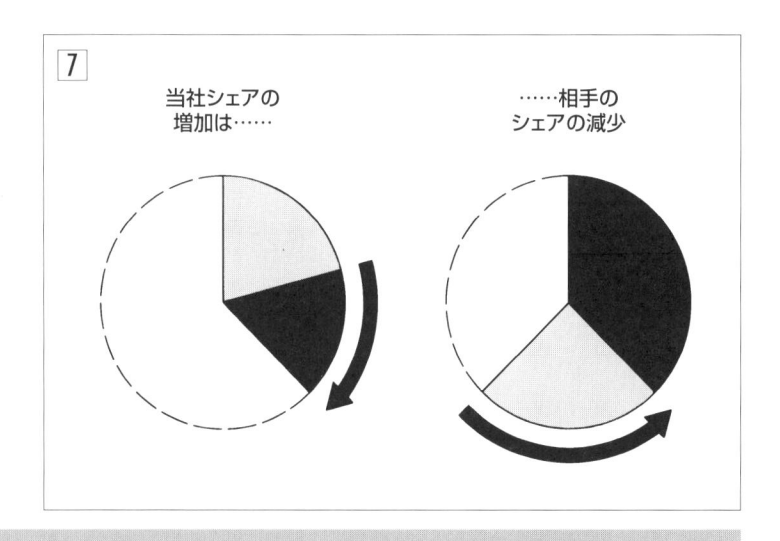

8

[8]のように、各地区ごとに別々のパイチャートを用いることによって、次のようなことがわかる。

第１はこの企業の地区別のシェアを一望できる。

第２には地区間のシェアの差異を対比することもできる。

100%表示のバーチャートも使用可能だが（[21]を参照)、パイチャートを使えば地理的な位置関係をうまく再現できるため、プレゼンテーションが一層効果的になるだろう。

9

[9]は２つ以上のものをそれぞれ100%として、それらの構成要素の関係を表す必要が生じた場合には、100%表示のバーチャートまたは100%表示のコラムチャートが好ましいということを示している。通常「20／80の法則」と呼ばれているように、より経験を積んだ代理店は売上構成比において非常に小さなシェアにとどまっているが、大きな利益率が稼げるところに顧客先を集中させているということをこのチャートで表現している。

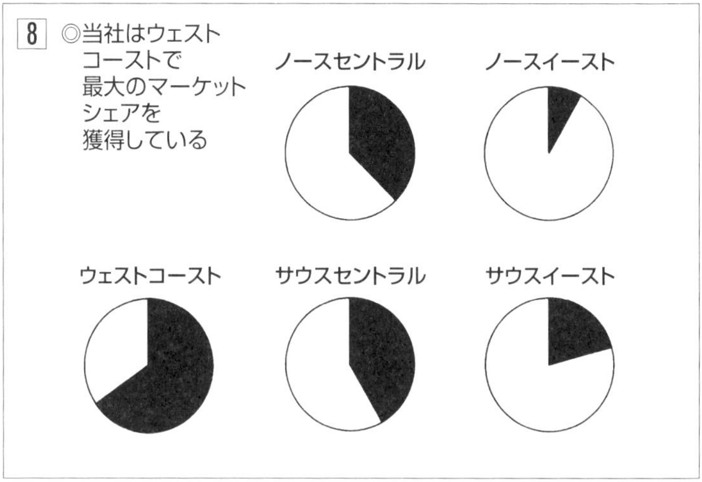
8
◎当社はウェスト
コーストで
最大のマーケット
シェアを
獲得している
ノースセントラル
ノースイースト
ウェストコースト
サウスセントラル
サウスイースト

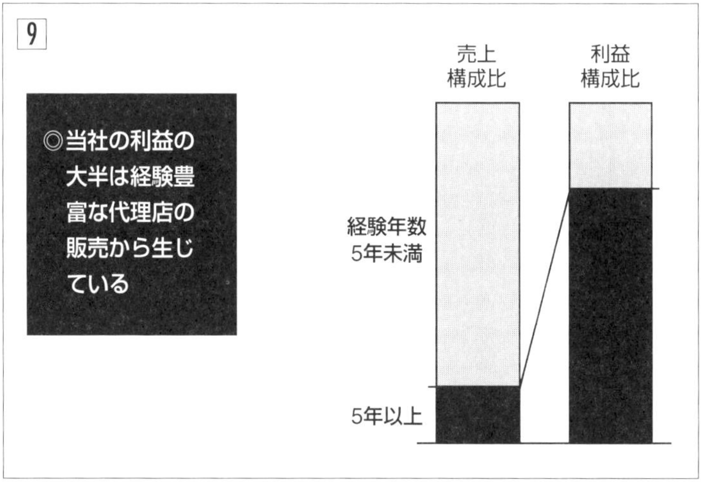
9
◎当社の利益の
大半は経験豊
富な代理店の
販売から生じ
ている
売上
構成比
利益
構成比
経験年数
5年未満
5年以上

10

[10]が示すように、比較するアイテムと各々のアイテムの構成要素の数がともに3つまでだったら、100%表示のコラムチャートが有効だが、それ以上の数になる場合には、この種の比較は混乱を招きやすいので使用しないほうがよいだろう。

[9]、[10]は縦より横向きのバーで表現することも可能。ただし、ここで示したような扱い方が一般に広く用いられている。

11

[11]は、パイチャートと100%表示のコラムチャートを組み合わせて使用する例である。こうすることによって、全体を100%とした場合の特定の構成要素を取り上げて、それを100%として、さらにコンポーネント比較を行なうことができる。つまり、

(1)まず、パイチャートのほうで、従業員全体を100%とした場合の30歳以下のパーセンテージを示す。
(2)次に30歳以下の学歴別の構成要素比率をコラムチャートで表示している。

この組み合わせを活用する場合には、必ずパイチャートからスタートし、次に100%表示のコラムチャートを使い、間違っても逆の順では行なわないこと。

10 ◎当社は最大の時間を最小の利益しか上がらない顧客に費やしている

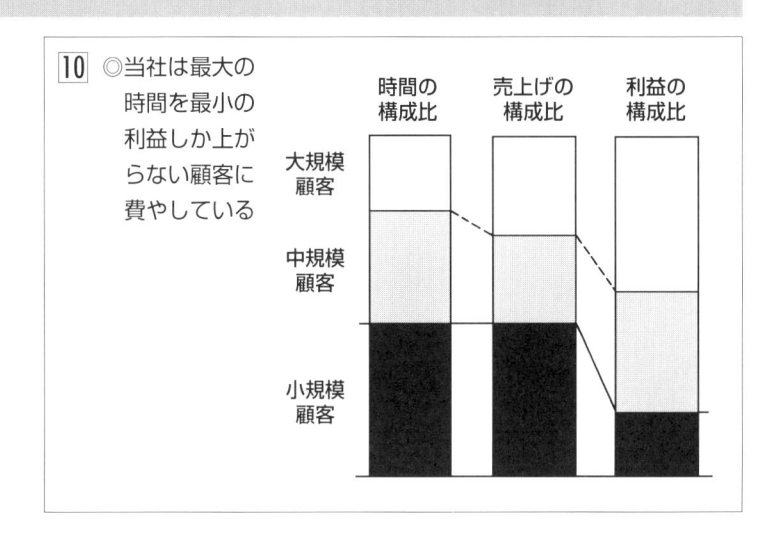

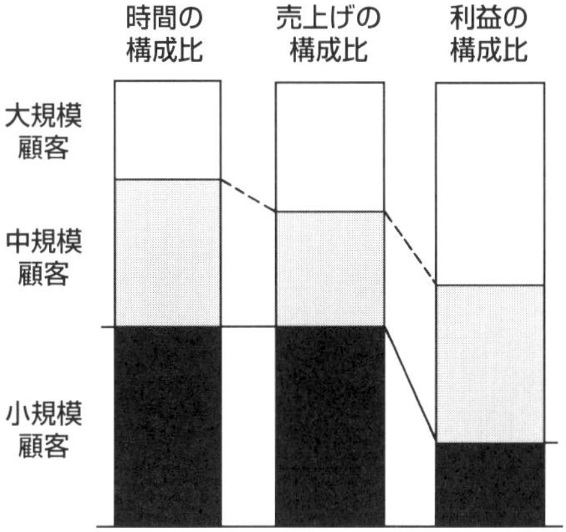

11 ◎30歳未満の従業員のうち10%が修士号をもっている

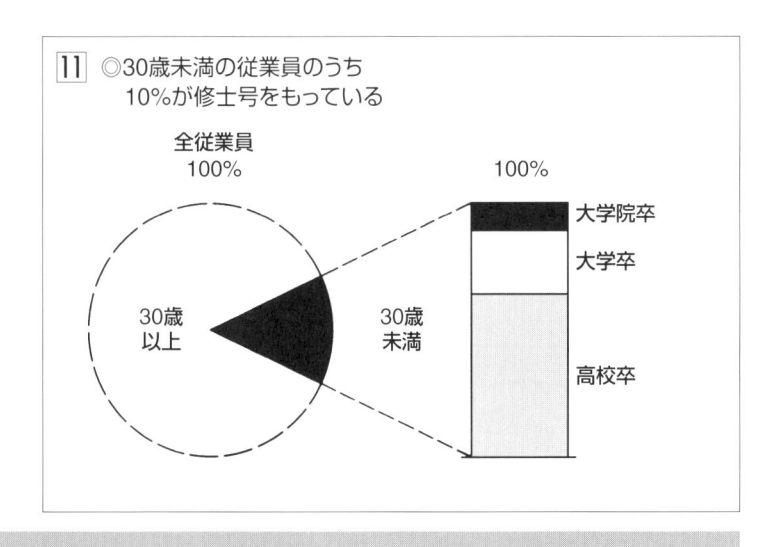

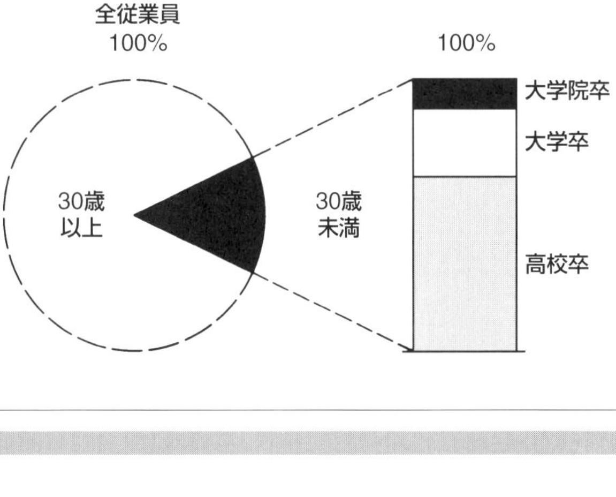

2 アイテム比較法を使う

アイテム（項目）比較方法とは？

➲アイテム（項目）間のランキングを示す

12

12のようなバーチャートでは、各アイテムの順序が時として重要な意味をもつことがある。このプレゼンテーションでは、各企業を上から下へ業績順に並べた上で、顧客企業がその中のどこに位置しているのかを明示している。

特に、その顧客企業の売上高利益率を際立たせるために、そのバーだけ濃い影をかけ、さらに、字体を変えてアイテムの名前を表示している。

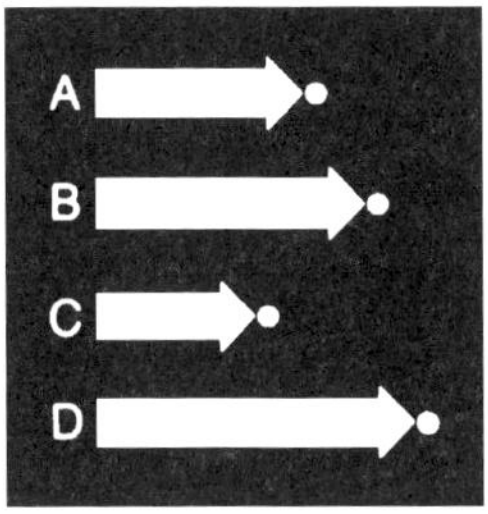

ITEM COMPARISON

shows ranking of items

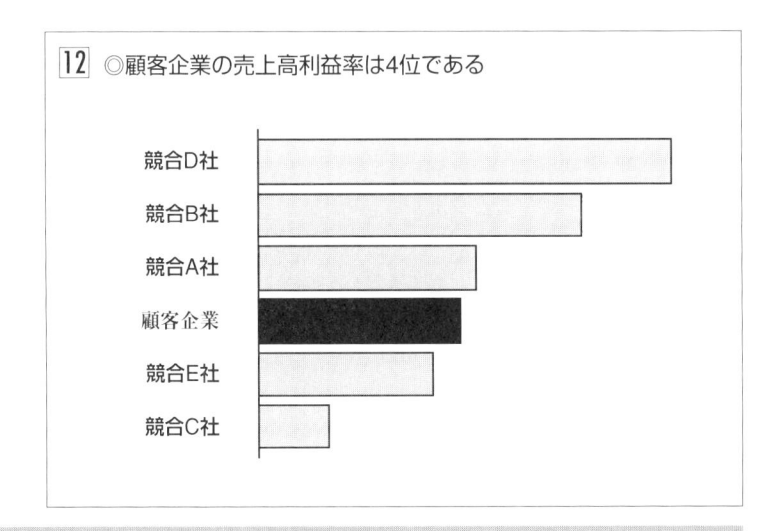

12 ◎顧客企業の売上高利益率は4位である

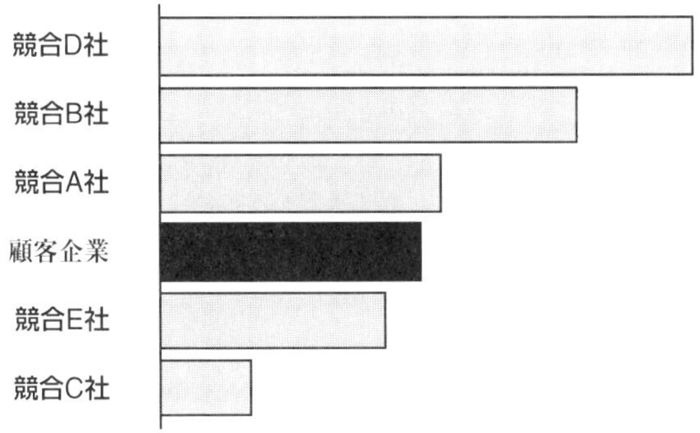

ITEM COMPARISON

13

13では、売上成績を高い順や低い順にはせず、あえて無秩序な並べ方をしている。これは、メッセージ・タイトルが表している営業担当者間の成績にばらつきがあることを強調するためにわざとそうしている。

14

14ではラベル表示を左脇ではなく、各バーの上部に行なっている。そうすることによって縦スペースがもっとゆったりととれるので見栄えがよくなり、全体のレイアウトもコンパクトになるのだ。

また、バーのために横幅が長くとれるようになったので、各部門間に離職率に顕著で重要な違いがあることが強調できるようになった。

13 ◎営業成績がばらついている

14 ◎離職率は部門間でばらつきがある

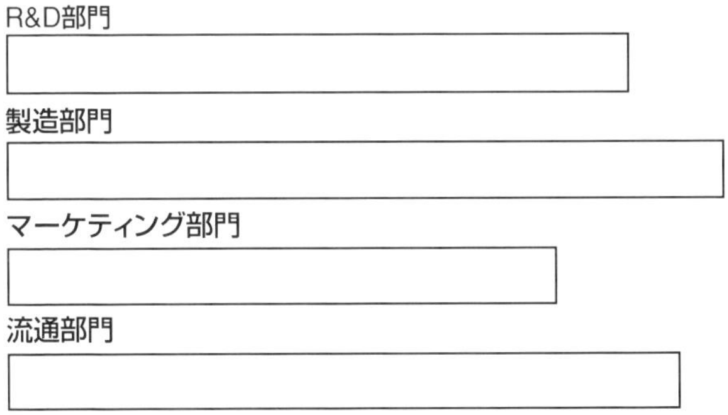

15

15は偏差バーチャートと呼ばれているが、縦の基準線から左向きのバーで良くない結果（赤字）を示している。これはコラムチャートでは基準線より下に表示するのと同様に、よくない状態を示している。つまり、縦の基準線が、利益を上げている部門と赤字部門とを分断表示している。

各アイテムは上から下へ最も利益が上がっている部門から最も赤字の多い部門へとランキングされている。チャートをコンパクトに収めるために、部門名は黒字部門では左の余白に置き、赤字部門では右の余白に置く工夫をしている。

16

16はレンジ・バーチャートで、単純に額ではなく、上限下限の幅があることを示したいときに使われる。レンジ・バーチャートは、各レンジの両端の値に関心があるときや、レンジ間の違いに関心がある場合に有効である。

15 ◎2部門は政府との契約が
キャンセルになったため赤字に転落した

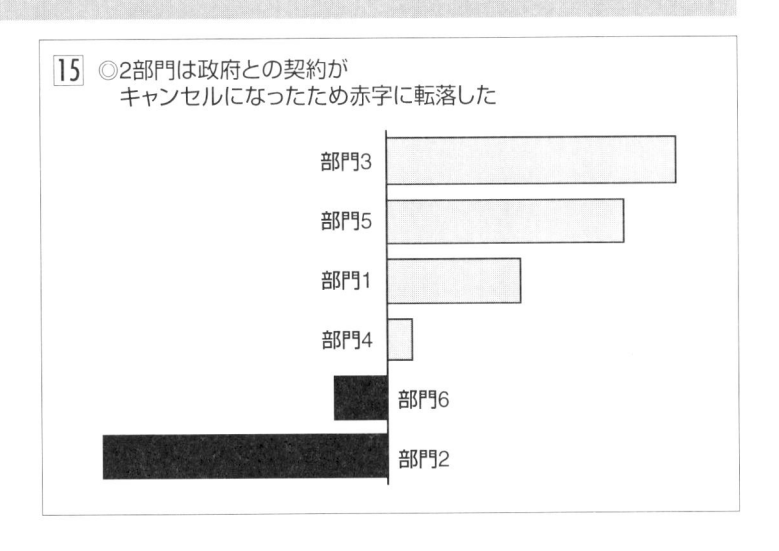

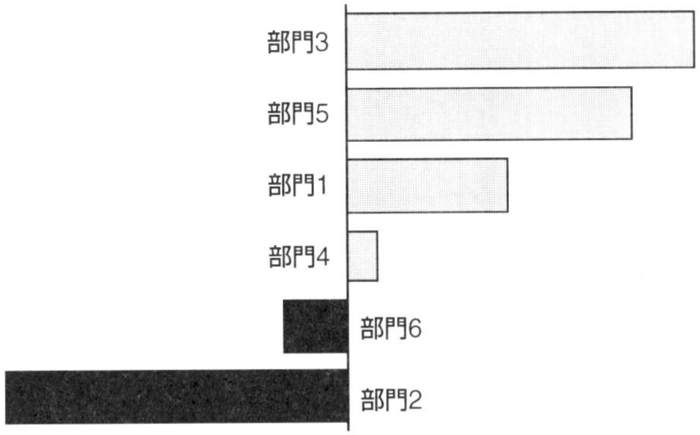

16 ◎ニューモデルへのディカウント額と幅は
エリアごとに大きく変動する

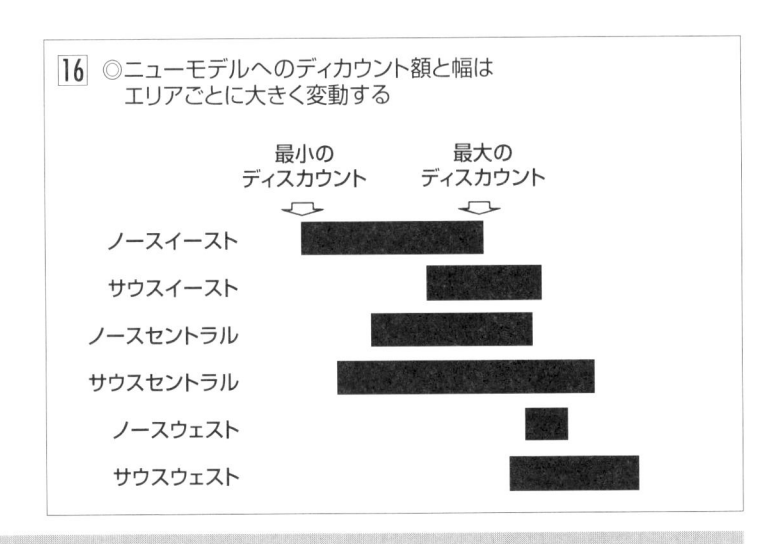

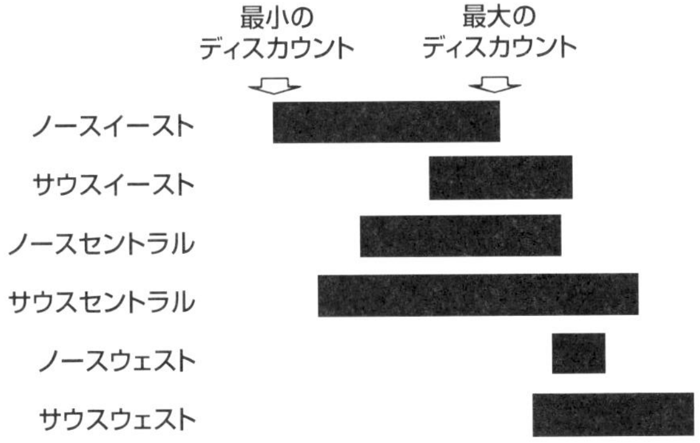

17

17は2つ以上のバーチャートを一枚、あるいは一画面で比較するもので、水平、垂直両方の比較が同時に行なえる。2つのうち、垂直の比較（カテゴリー内のアイテム比較）のほうは、共通の基準線から測れるのでよりダイレクトに行なえる。

一方、水平の比較（左右のアイテム比較）のほうは、共通の基準線の上では測れないので難しい。

カテゴリーAとカテゴリーB双方の平均値はそれぞれバーで表示することも可能なのだが、あえて縦に突っ切る破線を使って、企業ごとの業績を平均以上と平均以下の企業とに、明確に識別できるように表示している。

18

18はグループ・バーチャートだが、工場1から工場3というような複数のアイテム間で、しかも2つの時間軸での比較をするときに使われる。それぞれの時間軸を区別するために、異なった濃淡の影が使われている。破線と矢印は必ず必要というわけではないが、異なった時間軸での生産性の向上と低下と、その変化の量を強調する手助けになる。

17 ◎当社はA、B両方のカテゴリーにおいて
平均以上の販売実績を上げている

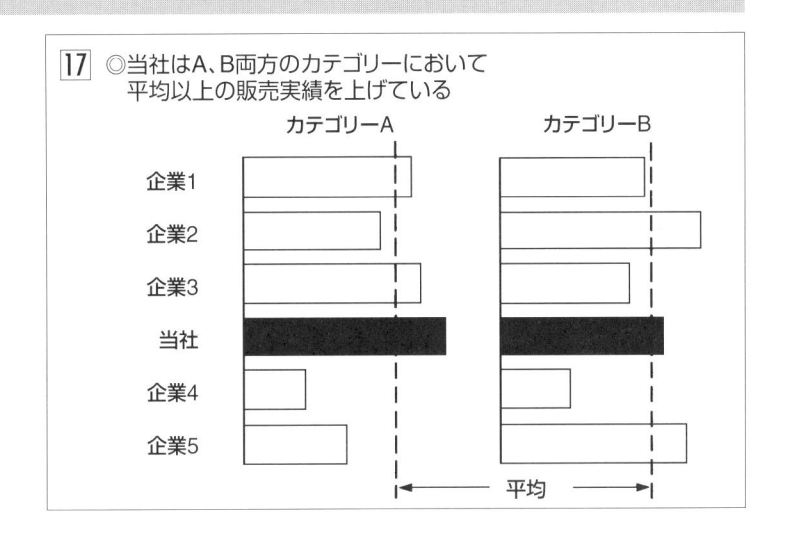

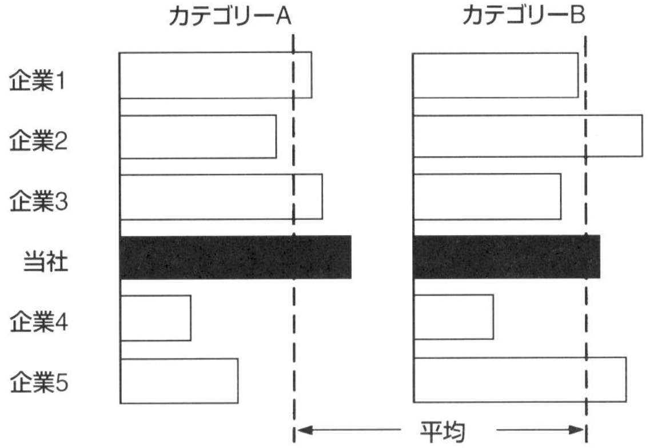

18 ◎2001年のボーナスプランの導入は
第3工場では生産性の向上に結びついていない

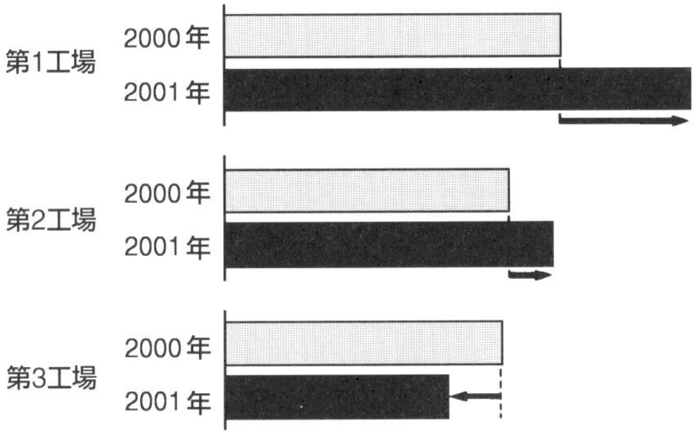

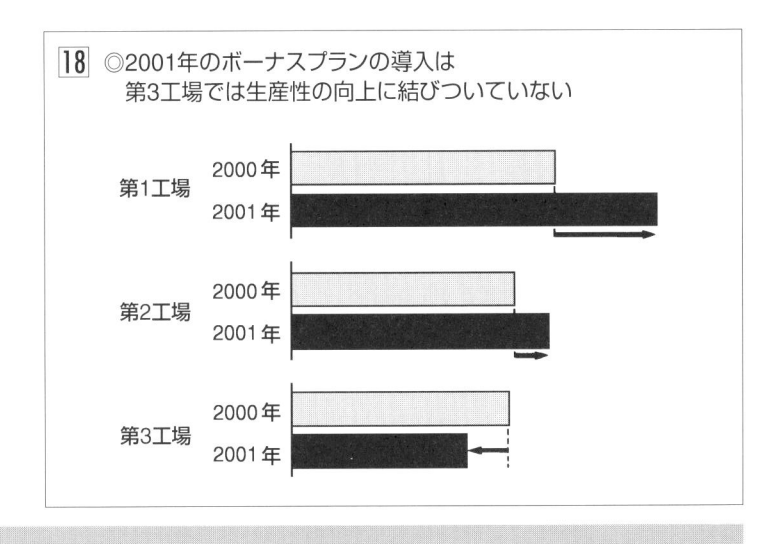

19

19はグループ・バーチャートの変形バージョン（オーバー・ラッピング・バーチャート）であり、時として有効である。バー同士をややずらして重ね合わせることによって、縦向きのスペースを節約できる。

また、より新しい月の業績を目立たせることができ、その結果、両期間の成果の開きについて焦点を当てることができる。19では、成果の開きが大きい順で、企業の各活動を並べているが、通常の企業活動の流れ、たとえば、設計から製造、流通、販売などのように並べることもできる。

注意してほしいのは、このテクニックが有効なのは重なって下にあるバーのほうが常に重なりの上にあるバーより長いときのみ有効だということ。そうではない場合には、下にあるバーが上のバーより細く見えてしまい、見る人を混乱させる原因になりかねない。

18と19はともに、バーチャートは時系列的な変化を示すためには使わないことというガイドラインに反している。しかし、これらは２つの時間軸の間でのみ有効なのであって、それ以上の場合にはコラムチャートを使うこと。

19 ◎新システムの日程計画により
すべての業務でオーバータイムが減少した

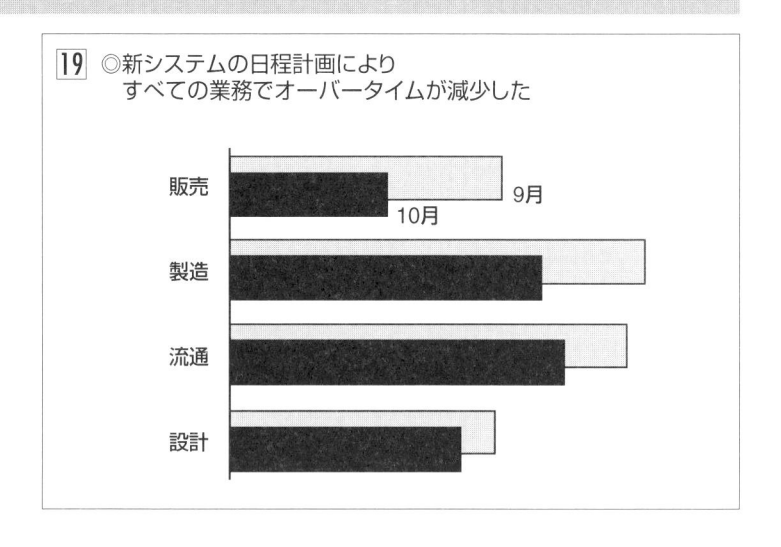

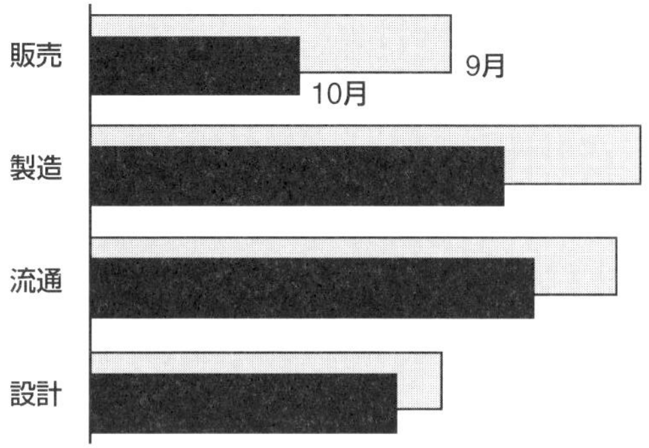

20

20は細分バーチャートで、各々のバーが2つの構成要素で構成されている。各バー自身の長さも、また、それを構成する各構成要素の幅も、ともに絶対値（全体を100%とした相対値でなく）で表示されている。この場合、絶対値とは、パーセントではなくて、ドルやトン、顧客数、その他の直接的な数値の単位のことを指していることはいうまでもない。

このように複数の構成要素に細分されたバーやコラム、あるいはラインを用いる場合は、最も重要と考えられる構成要素を基準線に接するように配置することだ。なぜなら、基準線に接している構成要素同士のみが、正確に比較できるからだ。

21

21は、各バーの長さを統一し、それらを構成する複数の構成要素の全体を100%とした相対価値に基づいて表示した細分バーチャートである。

この場合、バーの長さで表示すべき絶対値は無視している。このタイプのチャートでは、構成要素が接するべき基準線を2本とり、1本は左側におき、それぞれのバーを実線でつなげるとともに、もう1本は右におき、他のバーとは線でつなげないで表示するのが常である。

20 ◎業界間の福利厚生の総額には開きがあるものの、
利益配分がその大半を占めている点が共通している

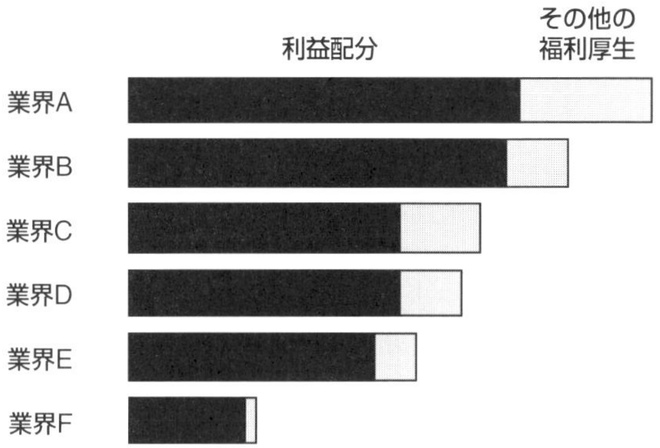

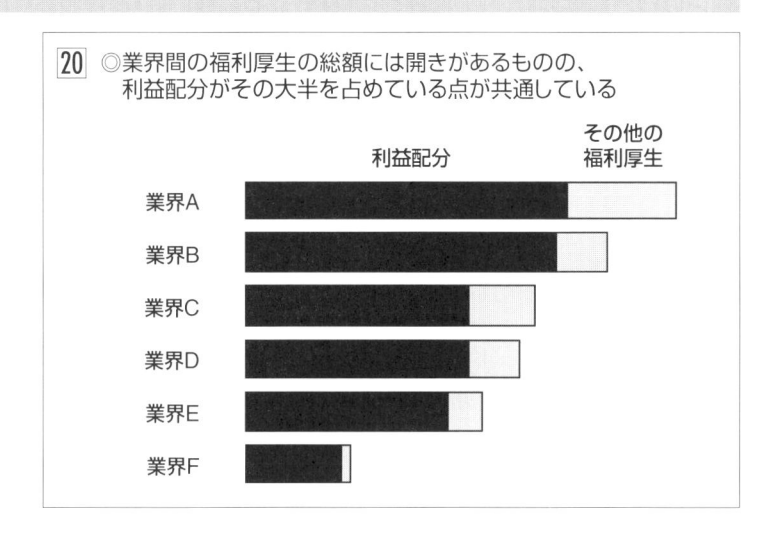

21 ◎プロダクトミックスは地区ごとにばらついている

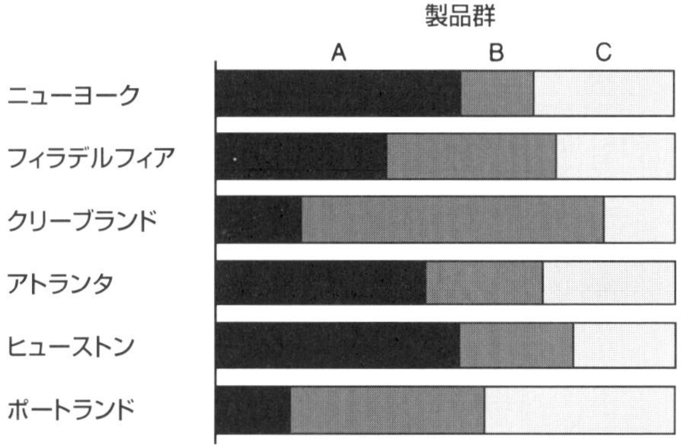

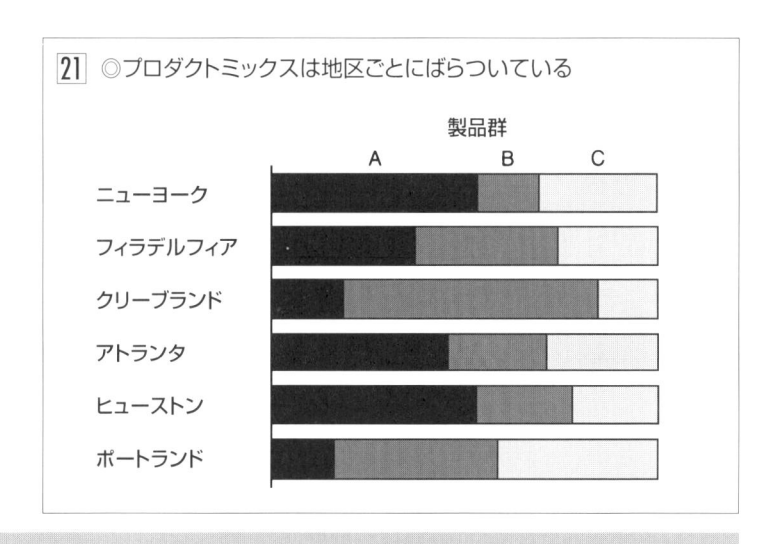

22

22はスライド状細分バーチャートの例で、2つの構成要素だけ（あるいは、2つの有力な構成要素のグループだけ）の場合に有用である。

図のように、2つのセグメント間の分岐線がそのまま基準線になっているので、左右の構成要素がともに正確に比較できる。ここでは、全体を100%としてバーの長さをアイテム間で統一しているが、絶対値で表示することも可能である。

23

23から27では矢印を使ったバーチャートを紹介している。矢印は必ず必要というものではないが、メッセージ・タイトルを強化することができる方向性や動きの感覚が加わる。

23は、21と同様100%表示の細分バーチャートだが、PVC（ポリ塩化ビニール）のシェアを示すのに矢印を使うことで、タイトルでいわんとする浸透という考え方を強調できるのだ。

22 ◎国内と海外投資の構成比率は
業界各社とも酷似している

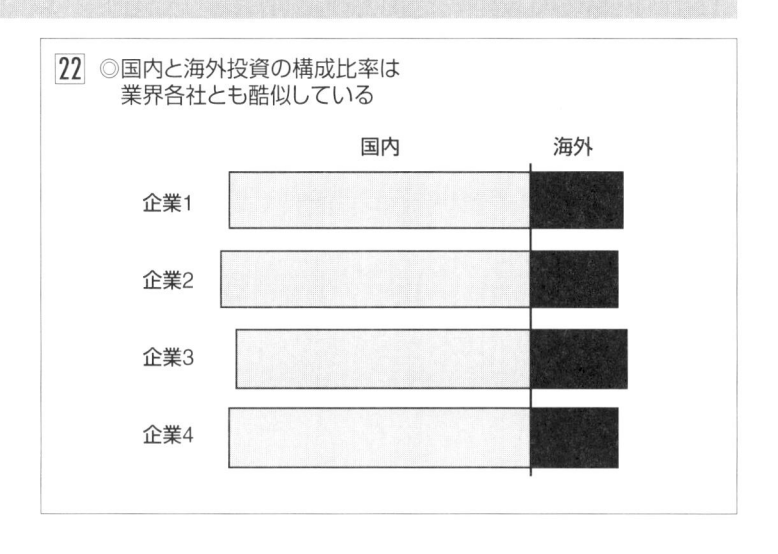

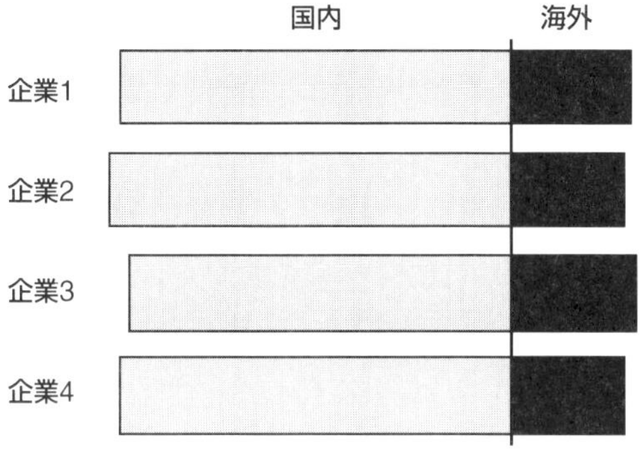

23 ◎PVCはマーケットに浸透してきた

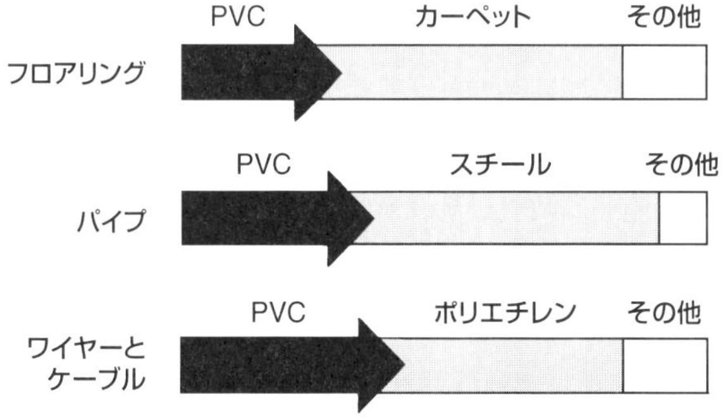

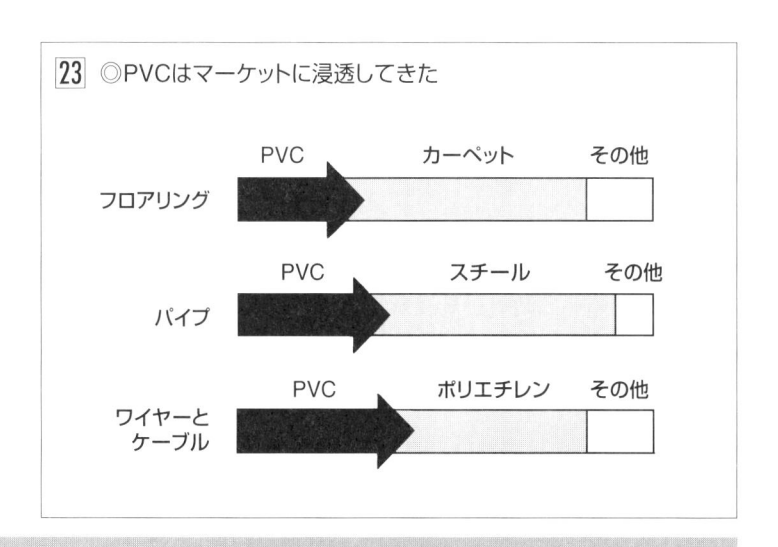

24

24はバランスシート（貸借対照表）の特徴をビジュアル化したという点で貴重な存在といえる。

資産に属する構成要素は積算されて累積トータルとなる一方で、負債の構成要素と株主資本の積算でバランスする。当然、バーは水平でなく垂直表示も可能だが、水平表示したのは、バーの左脇に各構成要素の名前を表示するスペースが十分にとれるからである。

25

25は「変化の源チャート（a source of change chart）」として知られるものである。黒塗りの矢印は、企業活動の主要な活動の流れに沿って各ステージで加わったコストを表している。薄い影のほうは、その前のステージから継承したコストを表している。

24 ◎当社のバランスシート

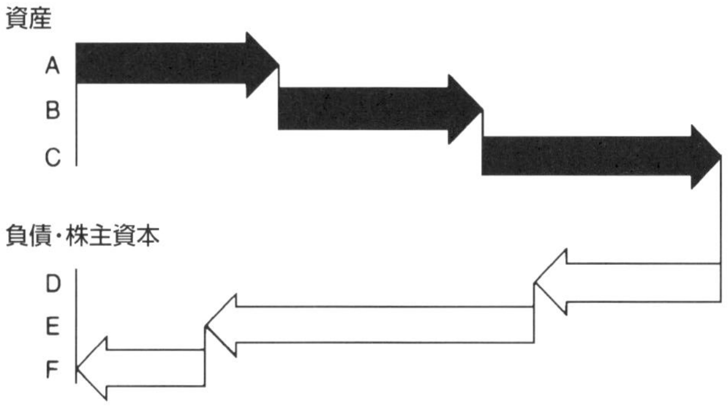

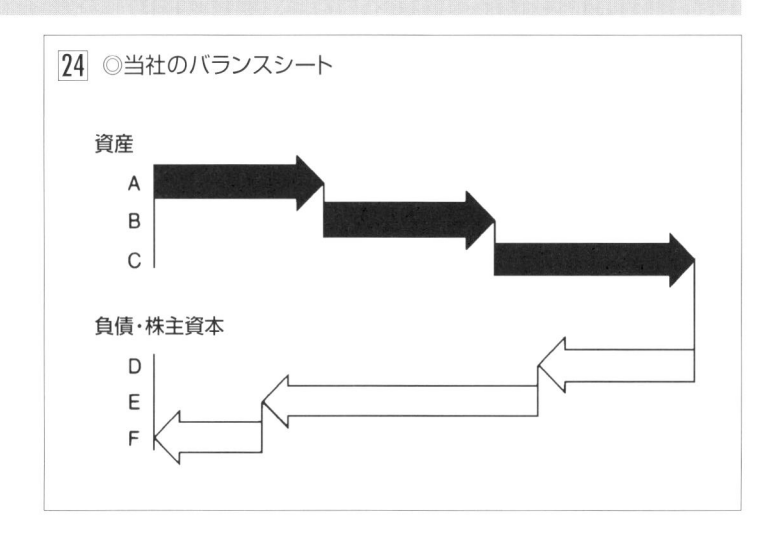

25 ◎製造が最も大幅にコストを
押し上げる要因になっている

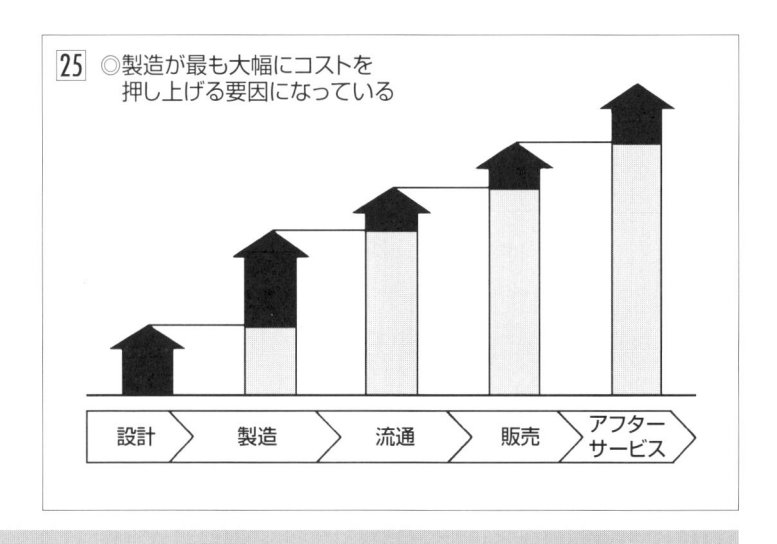

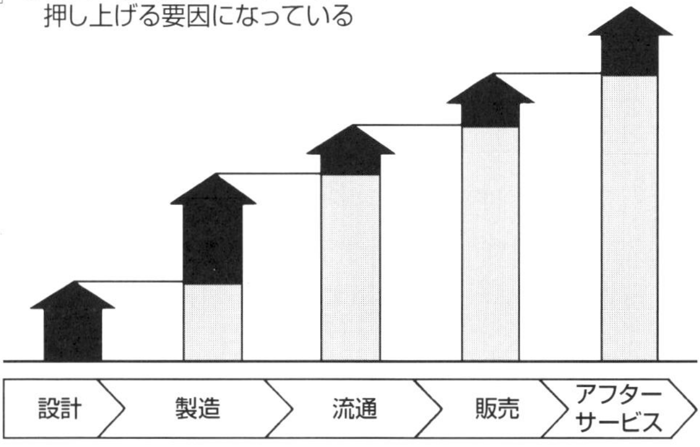

26

感度分析（ある要因の変化がプロジェクトにどのような影響を与えるか調べること）の結果を紹介する際には、26に示したような方法がよく用いられる。この偏差チャートは、1つ、または複数の関連するアイテムのさまざまな変化が、利益にインパクトを与えるのだという事実を強調するためのものだ。

ここでは、通常のコラムではなくダイナミックな矢印つきのコラムが、正負いずれの方向にかかわらず、変化するという性格を強調するために使われている。

27

27は、スケールの変則的な取り扱い方をしているにもかかわらず、いやむしろ、おそらくそのような扱い方をしているからこそ、うまく機能しているチャートといえる。

このチャートではトップの0％からスタートし、ボトムの100％に向かって降りてくる形をとっている。ここでは、水不足の深刻さを、矢印の長さで渇水準を示しながら強調している。

各アイテムは、最も水不足が深刻な地域から、あまり深刻でない地域に向けてランキングされている。

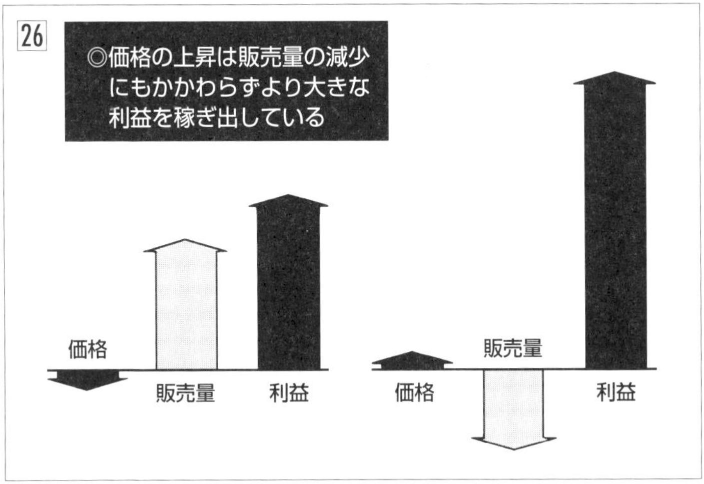
26
◎価格の上昇は販売量の減少
にもかかわらずより大きな
利益を稼ぎ出している
価格
販売量
利益
価格
販売量
利益

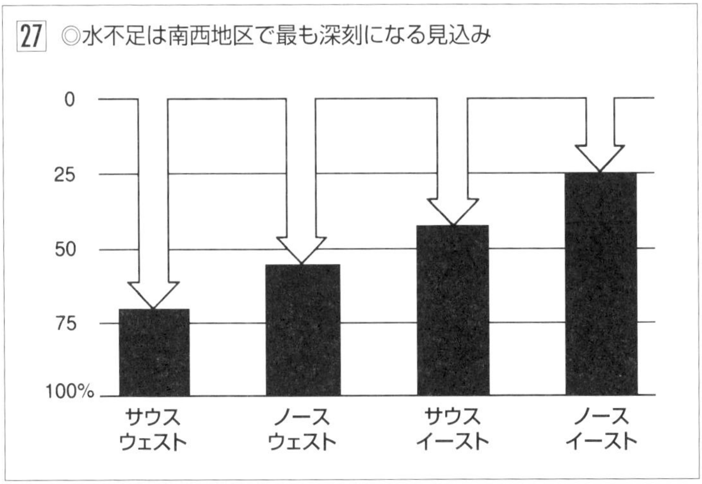
27
◎水不足は南西地区で最も深刻になる見込み
0
25
50
75
100%
サウス
ウェスト
ノース
ウェスト
サウス
イースト
ノース
イースト

ITEM COMPARISON

28

28は、パイチャートと組み合わせた使い方で、まず、パイチャートで全体像をつかみ、次にバーチャートで営業担当者が自社を離職する複数の理由を示している。

一番下の黒塗りのバーは、離職した営業担当者の大半が他社で同等のポストに転職したという事実に注意を向けさせ、この企業の処遇に問題があることを表している。

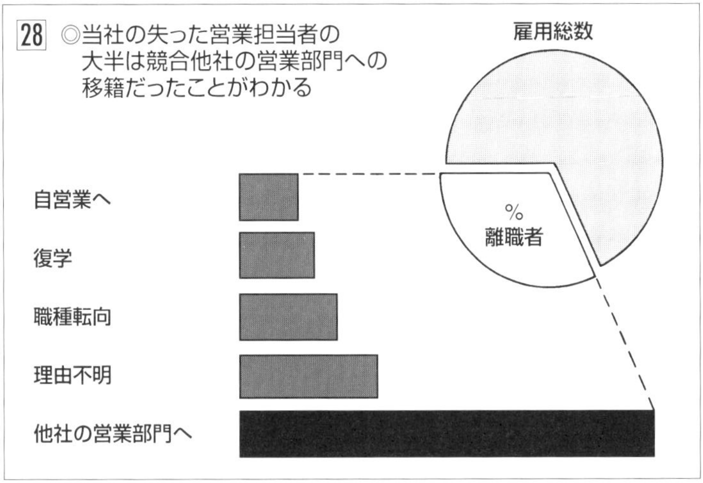
28
◎当社の失った営業担当者の
大半は競合他社の営業部門への
移籍だったことがわかる
雇用総数
%
離職者
自営業へ
復学
職種転向
理由不明
他社の営業部門へ

3 時系列比較法を使う

時系列比較法とは？

➲一定期間にわたる変化を示す

29

[29]は時間の経過による水準の変化を示すのに適した、単純なコラムチャートである。コラムチャートは8つより少ない時系列データを表示するのに適切である。[29]〜[32]のチャートで示しているように、データのあるポイントを強調したいときは矢印や線、濃淡といった図表の視覚効果を使ってみよう。このチャートで矢印は2000年の売上高に注目させるのと同時に、業績が悪化したことの2点に焦点を当てている。

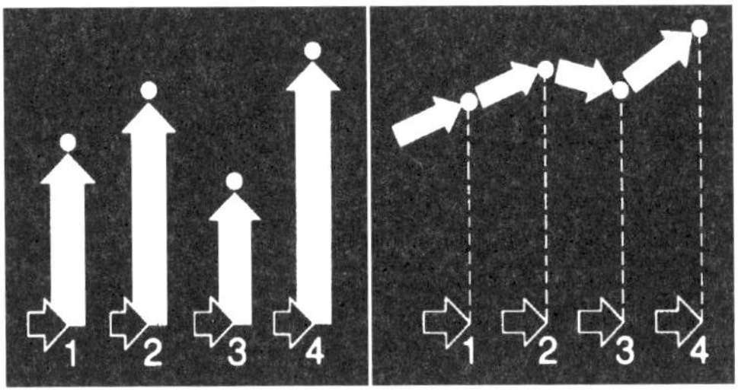

TIME SERIES COMPARISON

shows changes over time

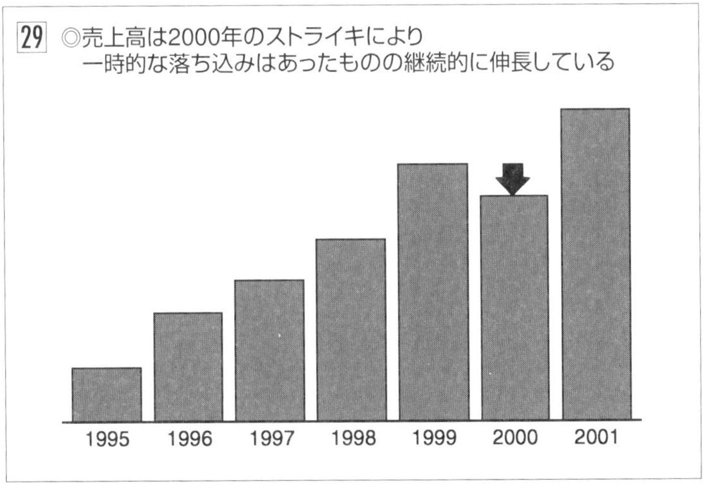

30

30では、矢印は1995年から2001年にかけての売上げの伸びを強調している。

31

31は淡い影を2000年に使うことで他の年から際立たせている。これによって1999年より2000年の売上げがどのくらい少なかったかということよりは、むしろ、2000年の売上げがどれくらいだったのかということを強調している。このように影を上手に使うことで確定した実績値と予測値の区別や、過去データと見積値の区別を表すこともできる。

30 ◎売上げは1995年より6倍増加した

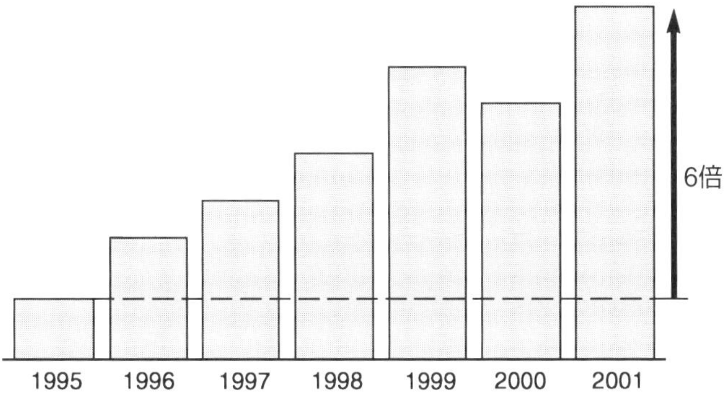

31 ◎2000年のストライキで
一時的に売上げが落ち込んだ

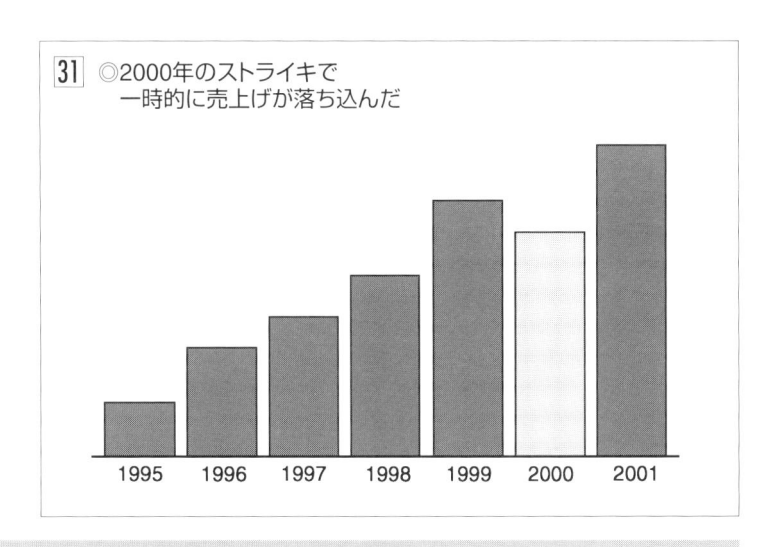

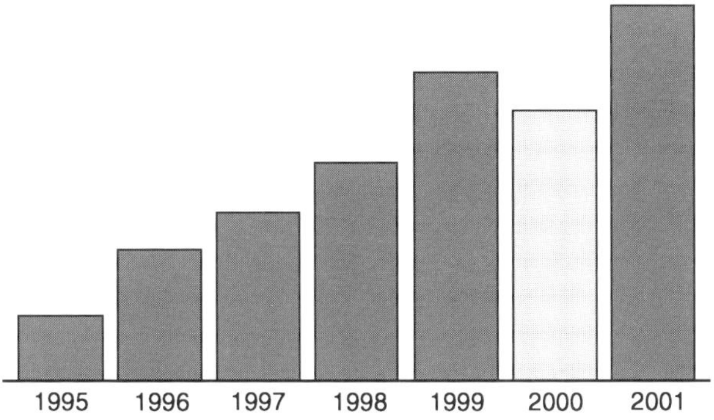

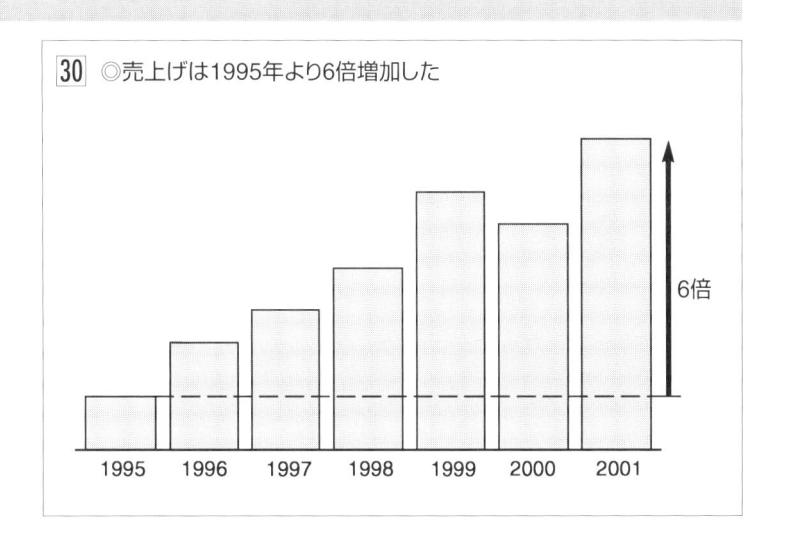

32

32は上積み分を濃い色で色分けすることと矢印という図表表現の技法を組み合わせることで、年ごとの売上げの変化を際立たせ、増収時期（黒塗り）と減収時期（白の矢印）とを明確に区別している。

33

33はプラスの数字とマイナスの数字を際立たせるためにいくつかのテクニックを用いている。

(1)コラムを基準線から下に伸ばすことで損失や問題のある状況を示している。
(2)バーの濃淡を使い分けてプラスとマイナスを区別する。
(3)コラムの名前（年号）の表示位置を変えて際立たせている。

32 ◎1995年以来、1年の例外を
除いて毎年売上げは伸びてきた

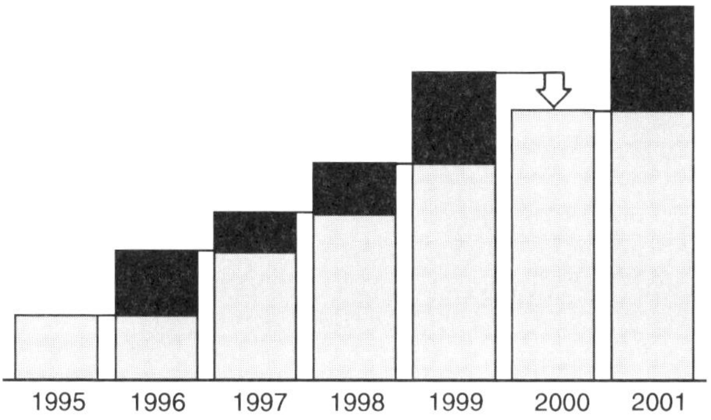

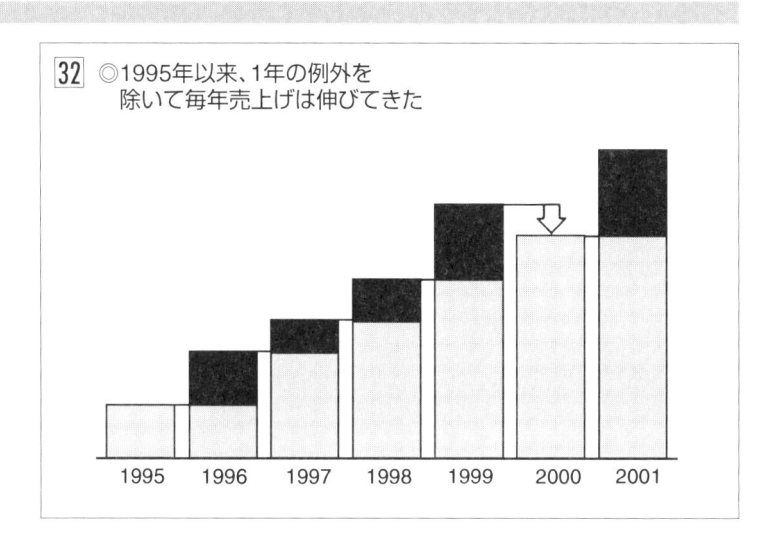

33 ◎新経営者チームは首尾よく赤字を黒字に転換した

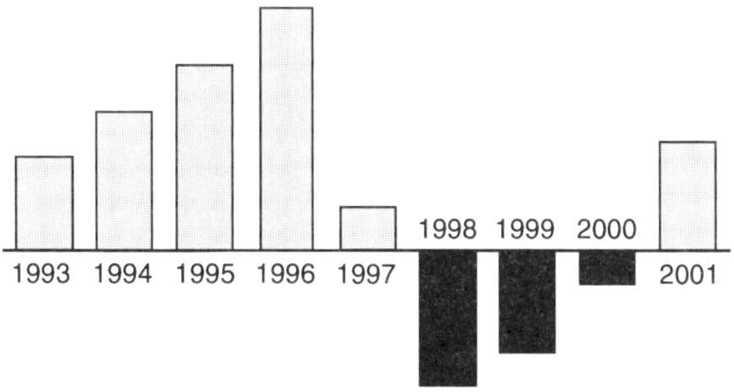

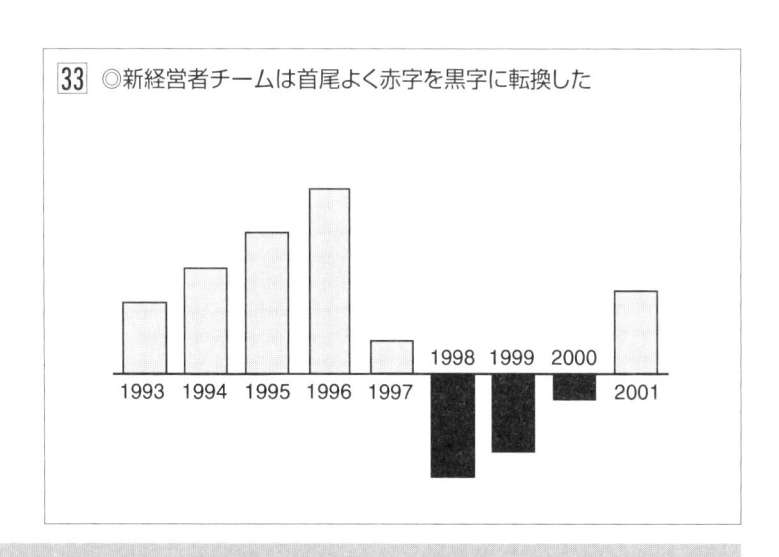

34

34は毎日、新聞で株価を調べるときによく見かける図だ。これは一定の幅を示すレンジ・コラムチャートで、この場合、単に株価を示しているというよりは１日の高値と底値という２つの値の幅を強調している。中間の横線は通常、上限値と下限値の平均値を示すために使用されるが、ここでは日々の終値を示している。

35

35は基準線から２種類のコラムチャートが上下両方に突き出している。上のコラムは増加する掘削機器の数を示し、下のコラムは掘削の平均深度を表している。この例では下のコラムは欠損や問題のある状況を示唆しているのではなく、ドリルで掘られる深度というイメージを補強していると同時にドリルの先を想像させるためにバーを狭くしている。

34 ◎上がったものは……必ず下がる

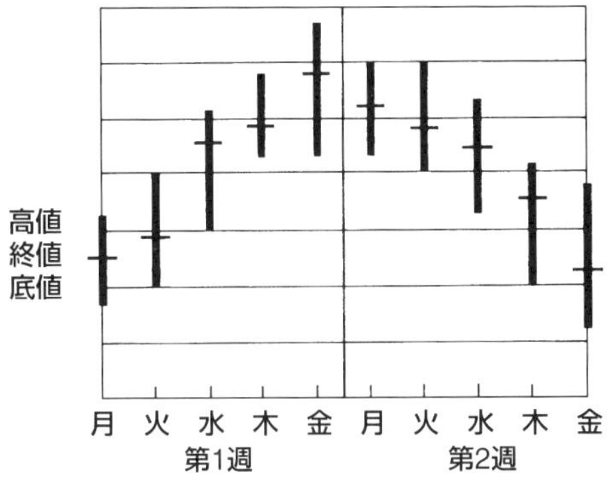

35 ◎今後掘削リグの深度について変化はないものの、
掘削機器の数は年々増加する予定

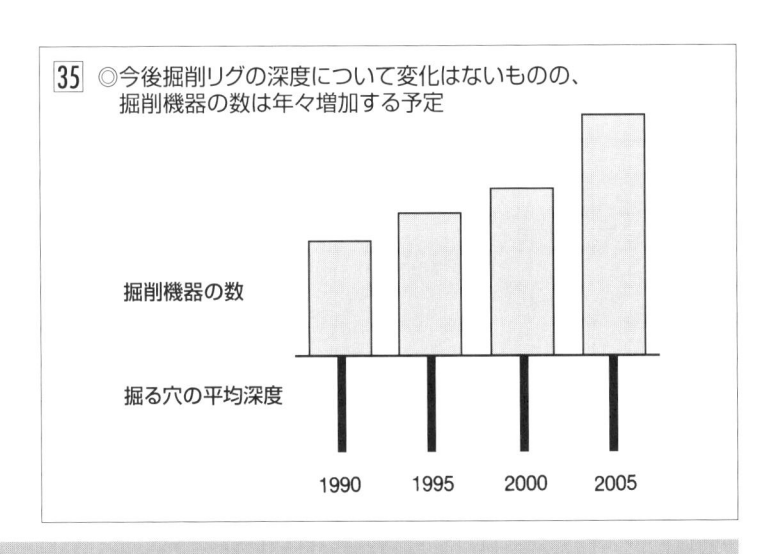

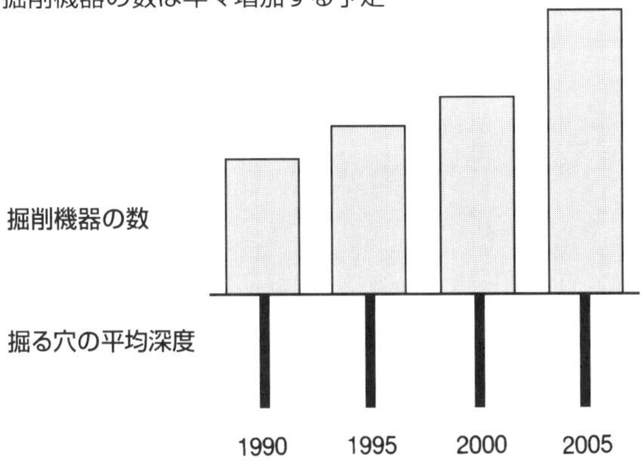

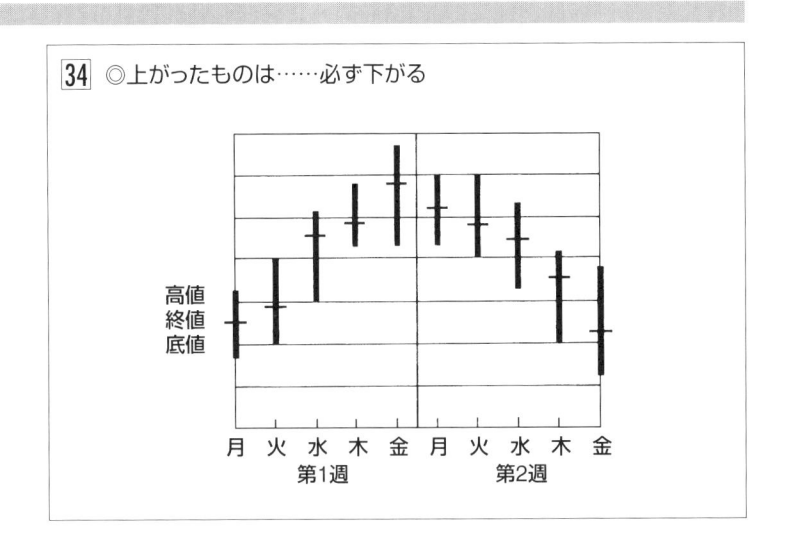

36

36は店舗数や金額という異なる単位を扱い、しかも売上げは億ドル単位、利益は1000万ドル単位という異なるサイズのものを３つのセットにして描いたグループ・コラムチャートである。

共通に比較できる基準を設定するために、絶対値を基準値のパーセンテージ（または指数）に変換した。この場合、2006年の各数値を2001年の数値で割り、2001年の基準値をそれぞれのコラムで同じ高さにした。

言い換えれば、2001年の店舗数、売上げ、利益を同等に扱っているのである。2006年の数値はそれぞれのパーセンテージの増加にしたがって表示される。

結果として、これは非常にわかりやすい指数表示のチャートとなり、それぞれの実数を表示するだけでなく、それぞれの割合の変化をも表示することができるのである。

37

37のような重ね合わせコラムチャート（オーバーラッピング・コラムチャート）は関連し合う２つのアイテムを同じ基準で測るときに有効である。この場合、生産計画値と生産実績値という２つの数値は同じく製造に関係したもの。ここでは１つの項目がもう１つの項目より常に大きくないと、前面のバーが裏面のバーを隠してしまうので注意しよう。

36 ◎5カ年経営目標では店舗数、売上げ、
利益の大幅な増加が要求されている

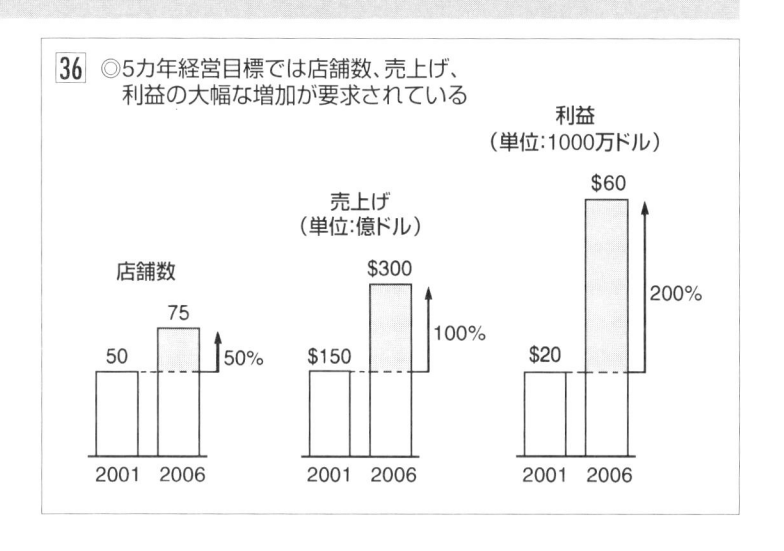

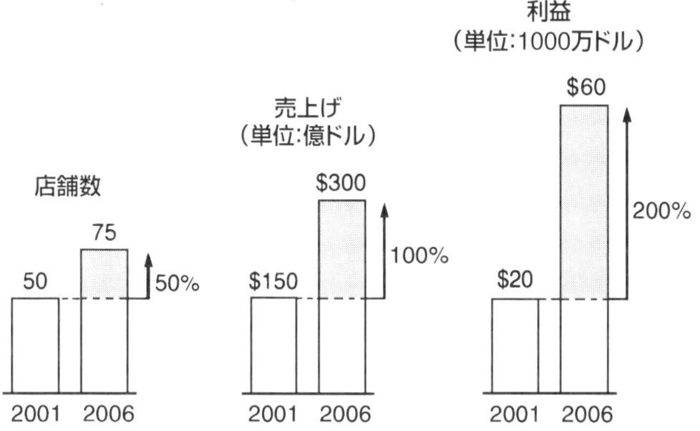

37 ◎新工場の立上げにより、非現実とされてきた
生産目標に実態がようやく追いついた

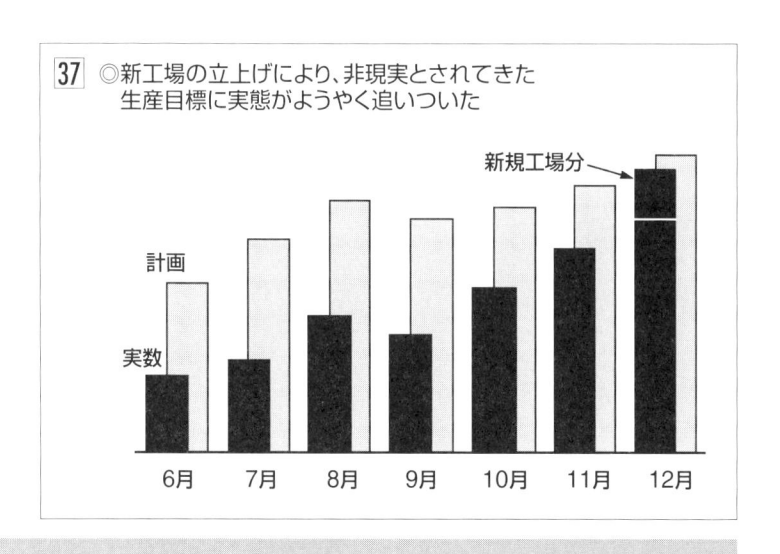

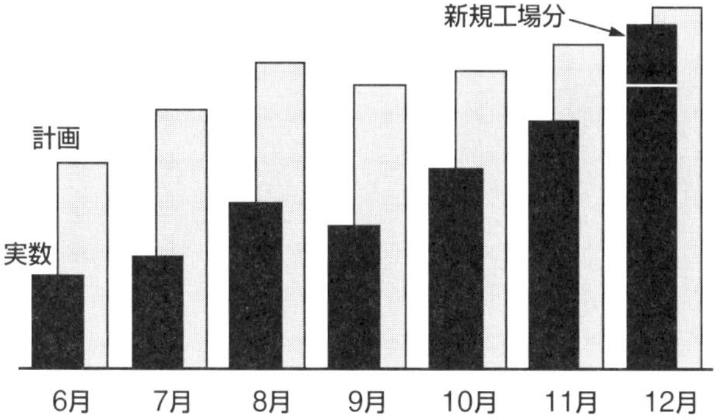

38

38は細分コラムチャートで、いかに売上総額が長期間にわたって変化し、それぞれの構成要素がその変化に貢献したかを示している。

こういった細分コラムチャートで、あまりに多くの構成要素を表示しようとすると、個々のセグメントを見分けたり、他と比較したりすることが困難になりがちだ。5つ以上の構成要素を用いることは避けること。

もし、それぞれの構成要素をしっかりととらえる必要があるなら、39のようなアプローチをとるべきである。

39

39は38と同じデータを使用しているが、全体の動きとそれぞれの構成要素、ここでは各企業の売上推移が、それぞれの基準線上で描かれることで正確に読み取れるようになっている。

38ではチャートの焦点が個々の構成要素が時系列的に全体にいかに影響を与えているかということだったのに対し、ここでは個々のアイテムが時系列でいかに変化しているかということに焦点を変えている。

38 ◎市場全体が大きく振れる中で、当社の顧客企業の販売業績は影響を受けていない

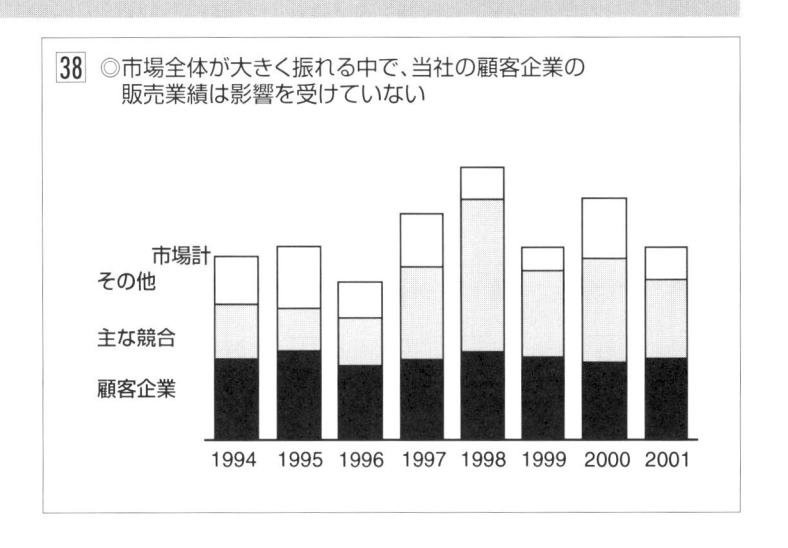

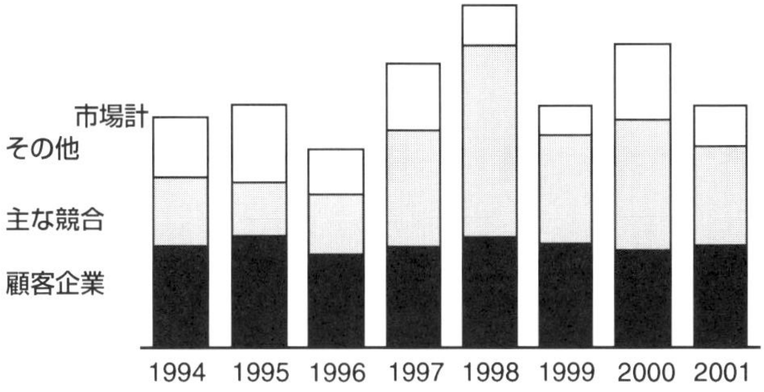

39 ◎市場の動きが激しいのは競合の売上増減による

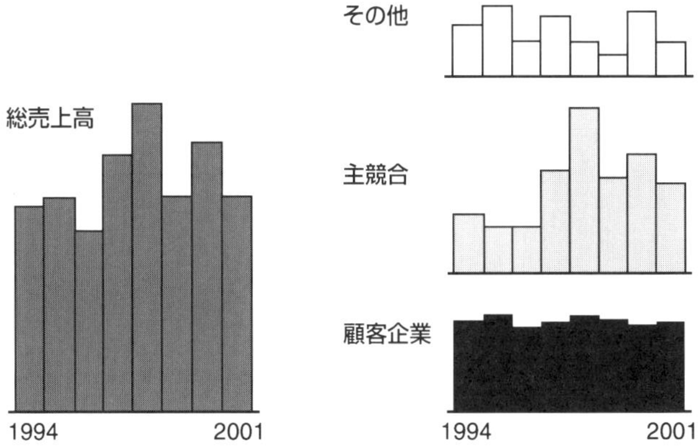

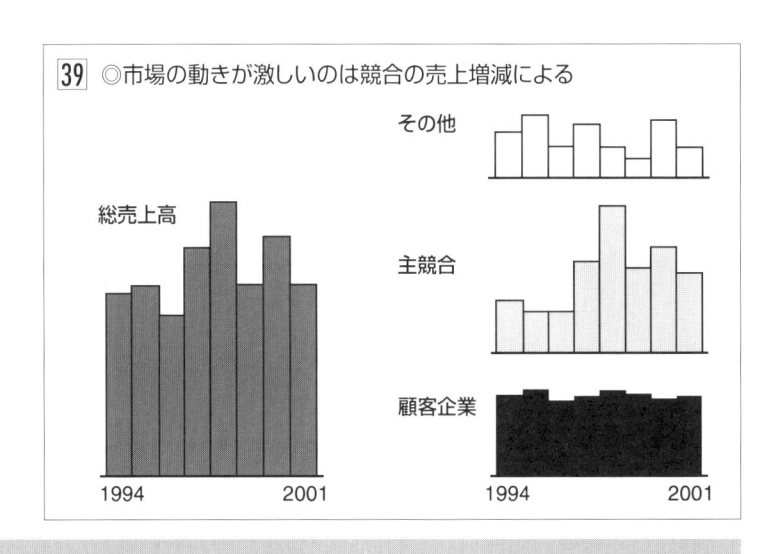

40

40は100%表示の細分コラムチャート。目線はページを追うときに上から下に流れるのが普通だが、細分化された場合、コラムチャートでは基準線から上にかけて読むようになっている。そのために、一番重要な構成要素が通常基準線に合わせて下に並べられている。

コラムチャートの要素ごとに影の濃淡を変えることで、各期おける構成要素の比率の違いを明確にすることと、それぞれの構成要素全体を通した変化パターンを読み取りやすくすることができる。

41

41のコラムチャートは開始期の数量と終了時の数量の変化が何によってもたらされたかを示している。ここでは矢印がプラス、マイナスといった変化を強調するとともに、それぞれの顧客が生み出した数量の変化を表している。

40 ◎他の商品の売上貢献度は変化しているが、
モデル3の貢献度は安定している

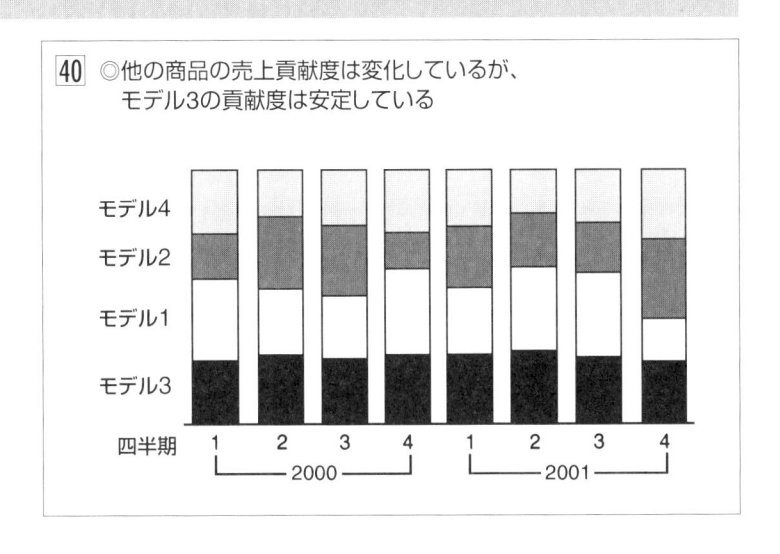

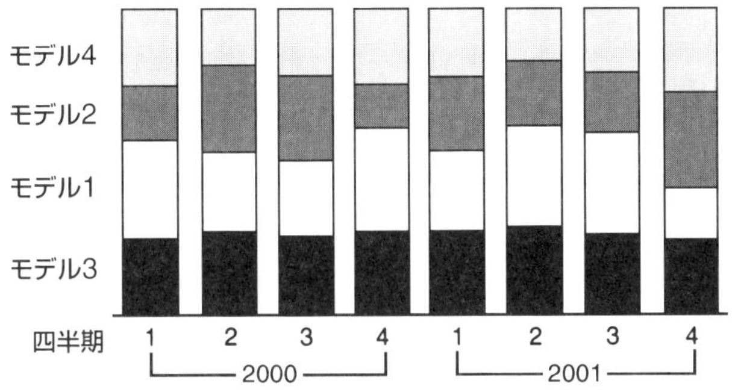

41 ◎顧客AとBに対する販売量の増加は顧客Cに
対する落ち込みを補うまでには至らなかった

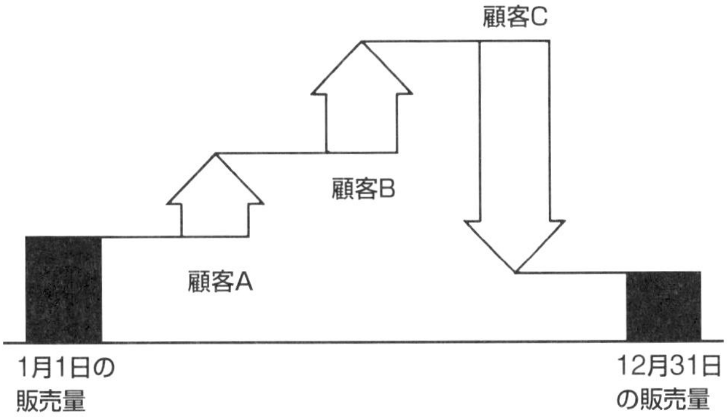

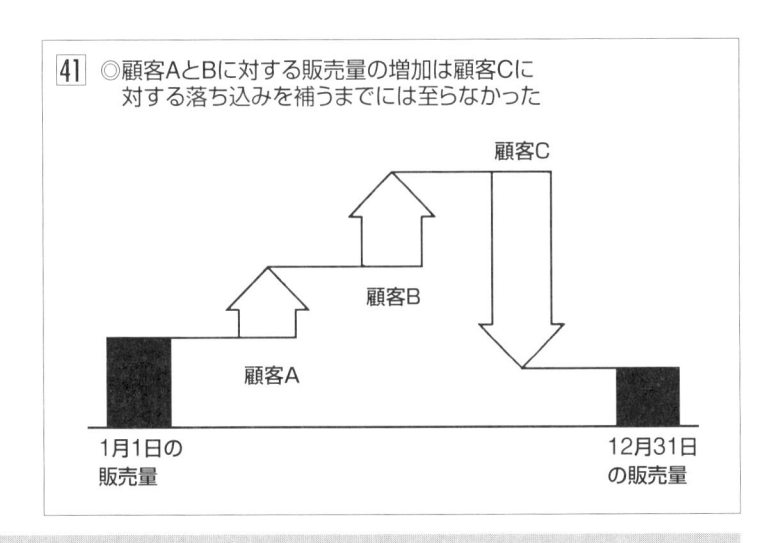

42

42はステップ・コラムチャートだが、これはすき間のないコラムチャートともいえるし、線とその下部の影で構成された面チャートとも考えられる。影がなければただのラインチャートだ。従業員数のように突然不規則に変化が起こるデータを表現するのに最適。

43

43は長期間の時間の経過に伴う変化を示した単純なラインチャート。２つのグラフィックテクニックを使用している。

⑴実績を実線で表し、計画を破線で表すことで区別する。
⑵矢印が変化の方向と量を強調している。

42 ◎2001年初めに新設備が導入されて以来、一段階高いレベルの生産高が安定的に確保できるようになった

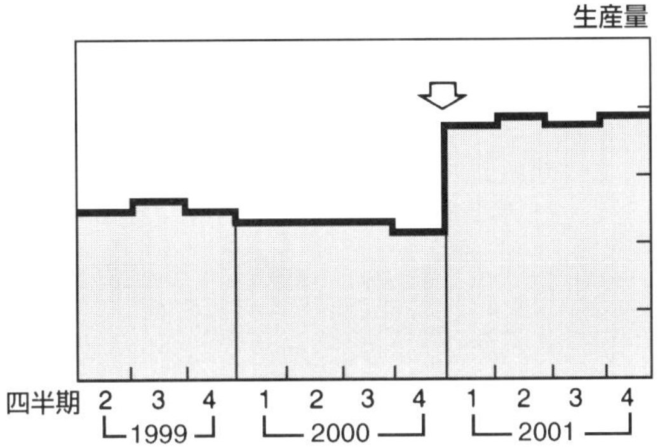

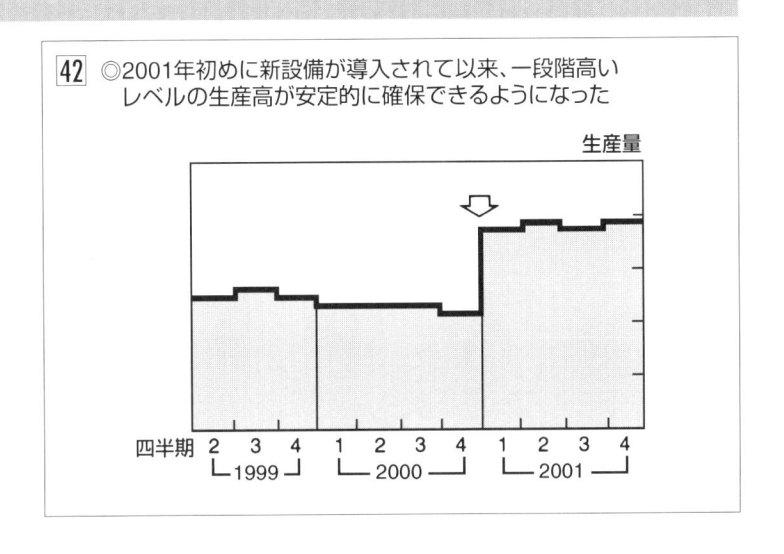

43 ◎最近の実績からすると計画値を達成することは困難と思われる

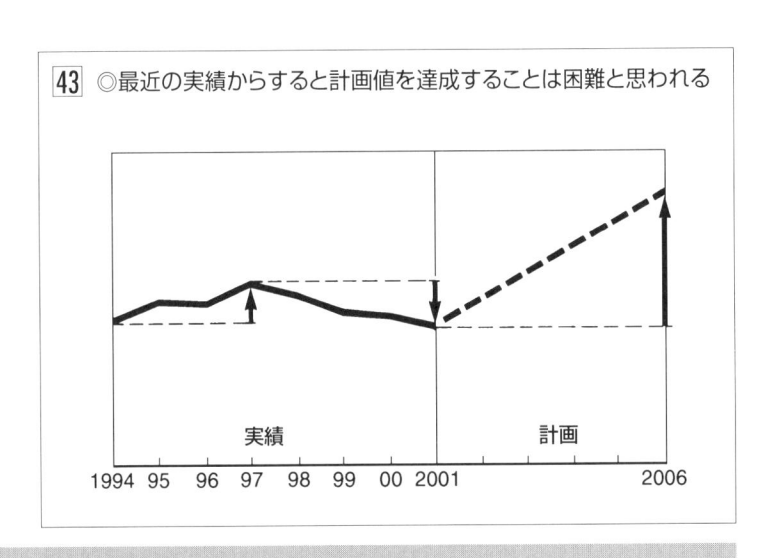

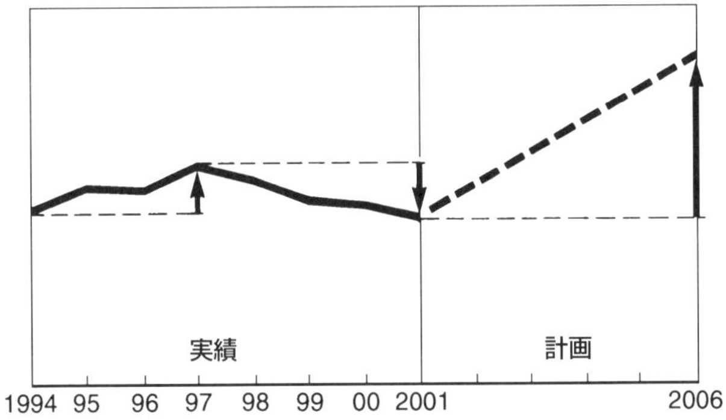

44

44から53はグループ・ラインチャートもしくは複数ラインチャートである。

44で示しているように、線が交差する場合には破線、点線、実線、太線、細線などの異なる線を使用して混乱を避けるようにしよう。交差していなければ使い分ける必要はない。どんな場合でも太線は一番重要なアイテムを表現するために残しておこう。

45

45の下部の波線は、縦の目盛りの基準線が切り取られていることを示している。このような場合は実際の売上げと支出のレベルを問題にしているのではなく、その2つの差を問題にしている。もし売上げや支出の数値の水準に焦点を当てるならばゼロの基準線から描くべきである。ここでは黒字と赤字を際立たせるために2つの異なる色調を用いている。

44 ◎実際の業績は目標の達成が不可能であることを示唆している

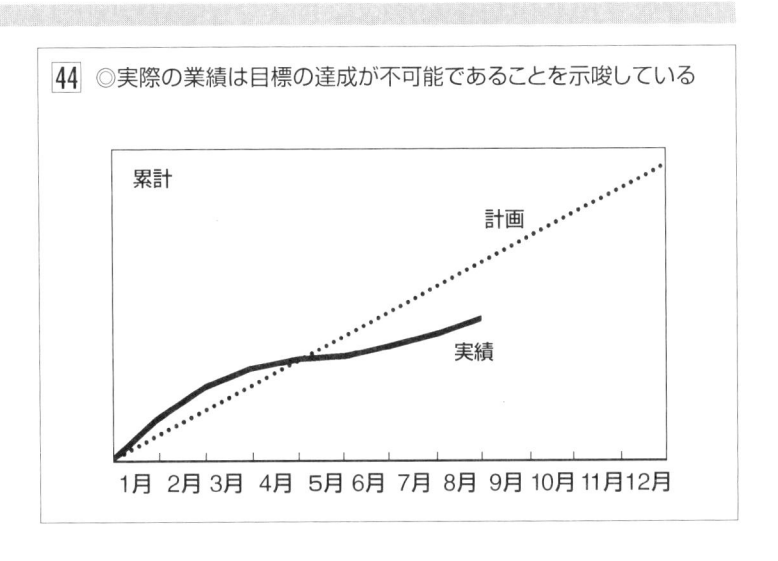

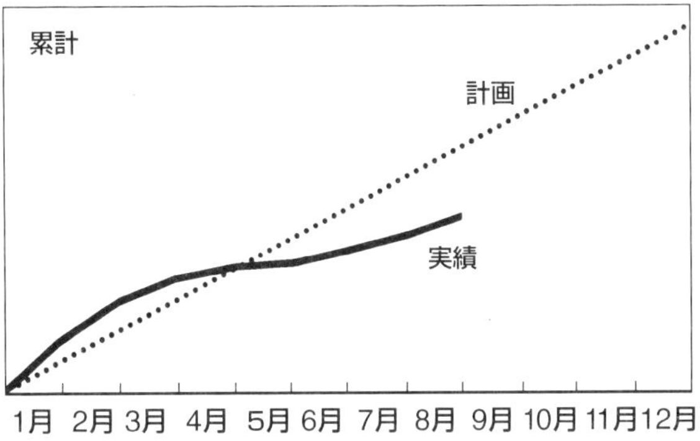

45 ◎赤字が増え続けている

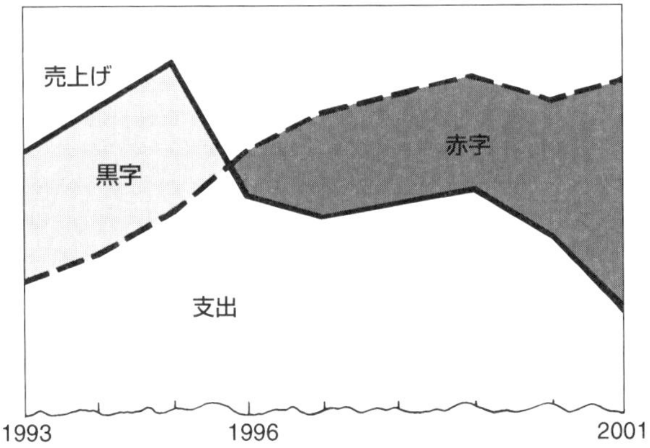

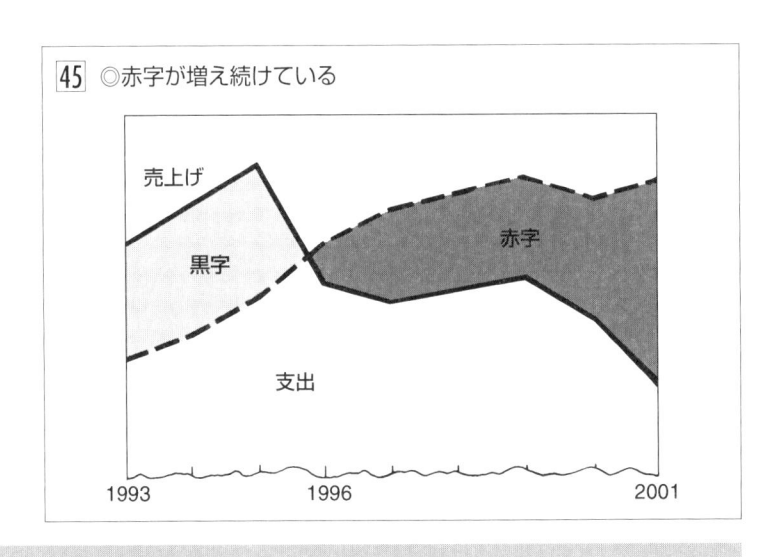

46

46は予測値を示す場合の安全策として1つの方法を示している。考えうるだけ現実的な予測値推移の上下に楽観値と悲観値を重ねることで、その予測の根拠となる仮定がどうであれ、根拠希薄なものに説明責任を問われるリスクを低減することができる。この場合、2本の破線でその幅を表しているが、色調をつけることも効果的である。

47

47は右と左の表現している物差しが異なる、複合スケールチャートである。これにより、異なる計量単位をもつ場合や、もしくはあまりにサイズがかけ離れていて本来比較が困難な場合でも複数の曲線を正確に比較することができる。

もし変化や伸びを比較したいのならゼロの基準線をそれぞれの目盛りに合わせ、目盛りの間隔を一致させることで2曲線が意味のあるポイントで交差するようにしよう。

もっとよい方法としては、できれば指数に換算する、あるいは、パーセンテージを使用するなどして、複数の要素を1つの目盛りにまとめることだ。

46 ◎予想損益計画上では、ここ12カ月から
18カ月のうちに損益分岐点に到達する

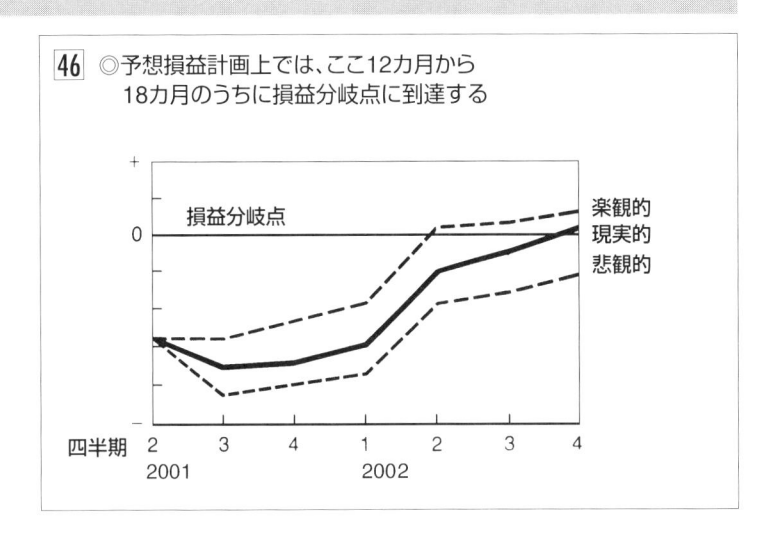

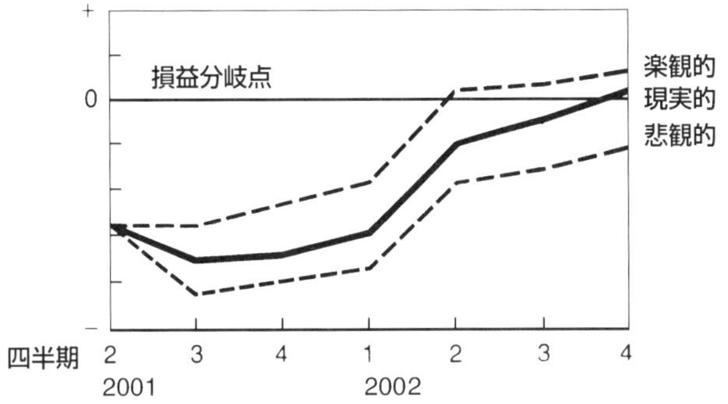

47 ◎住宅購入予定者は低下する着工件数と上昇する建設費用の
交差点にでくわすという十字路に立たされた

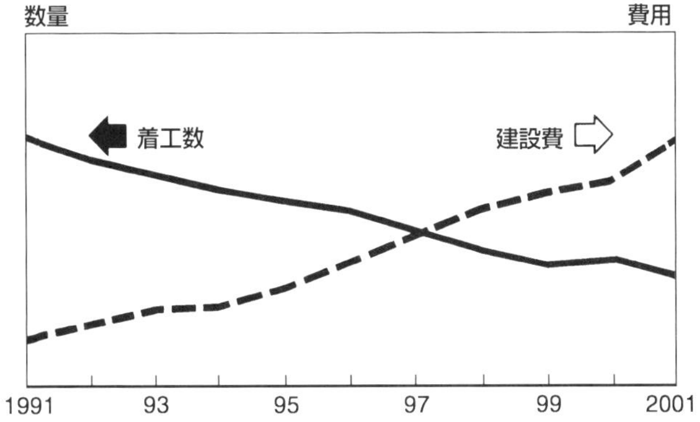

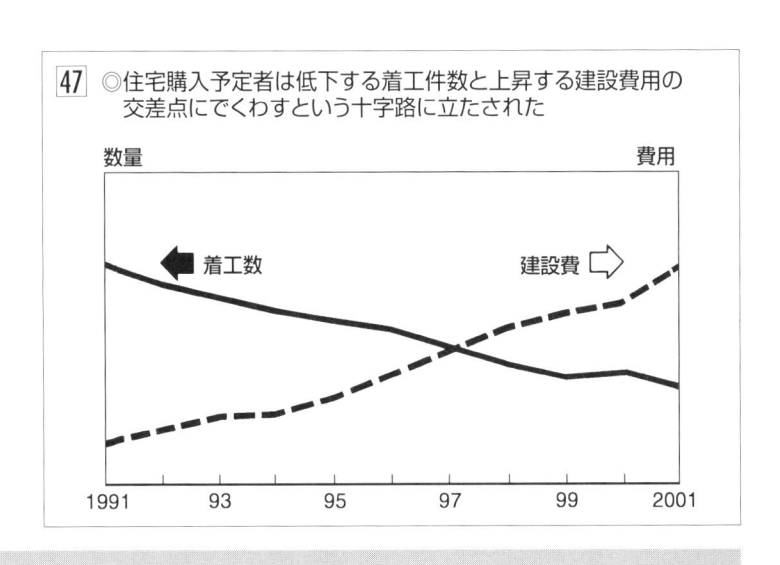

48

48は、対数表示で一連のデータに関してある時点から異なるある時点までの変化率を示している。この手のチャートでは絶対値が、たとえば毎週５％増加する場合など、一定の割合で増加していると直線で表されることになる。

通常の絶対値目盛りを使うと、絶対値が５％で一定の伸びを示していれば、曲線は上方に傾斜し、どんどん角度が鋭く曲がっていくはずだ。

このチャートにはゼロの基準線が描かれていないので、水準や規模の大きさやマイナスのデータなどを測定することには使用できない。対数目盛りを面チャートやコラムチャートで使用することは論理的に不可能である。対数目盛りは慎重に利用しよう。読み手がこの目盛りの意味をわかっていない場合には、どう読むべきなのか、またどのような意味合いを引き出すべきか説明する必要がある。

48 ◎新製品の売上げの伸びは予想どおり既存製品の
売上げの伸びを上回る勢いだ

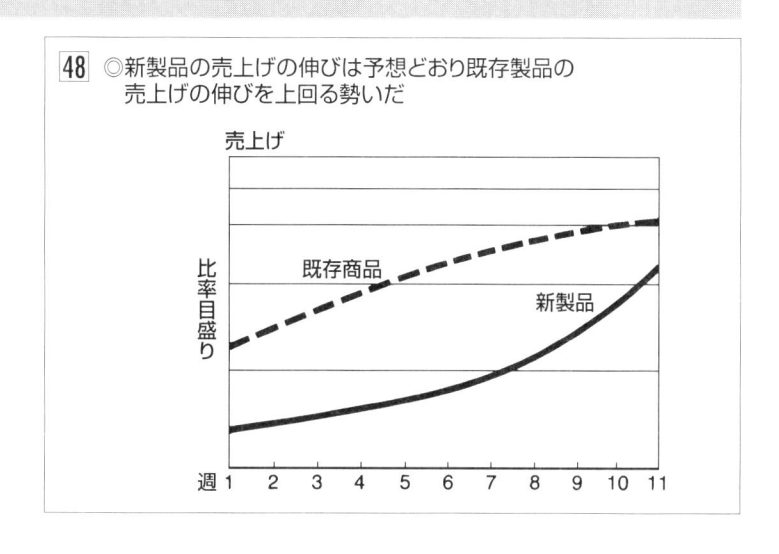

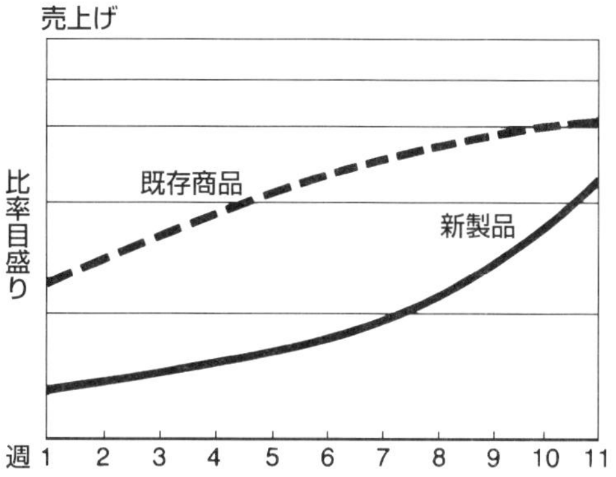

49

49はインデックス・スケール・チャート（指数の目盛りを使用したチャート）で、基準値に対するパーセンテージに転換したデータを表示している。時系列的にはどのような2点間をとって比較しても対数目盛りチャートは相対的な変化を表す。このインデックス・スケール・チャートは対数目盛りチャートとは異なり、基準値と比較してそれぞれの時期においてどれだけ変化したかを表現する。

また、絶対値目盛りよりも優れた点として、異なる種類の計量単位や異なるサイズの計量単位で測定した複数のデータを比較する場合に活用できる。

この種の比較は、単純なパーセンテージの違いとして変化を表現するとさらにわかりやすくなる。たとえば、「1991年以降の売上増加率」は、「1991年を100とした売上げの指数」と全く同様の図になるはずである。ただし前者では、目盛りを100、125、150ではなく、0、25、50％という単位をとることになる。

50

指数表示の代わりに50では1996年から2001年までのパーセンテージの変化を表す目盛りを使っている。

利益、資産、売上げという3つのアイテムで意味のある比較をするために目盛りは3つとも同一にする必要がある。ここではもう1つの選択肢として、別々のチャートにA社とB社それぞれの収益、資産、売上げの割合の変化を描いた、2つのチャートだけ使用することも可能である。

49 ◎営業経費の上昇と比較して純売上げの増加が鈍い

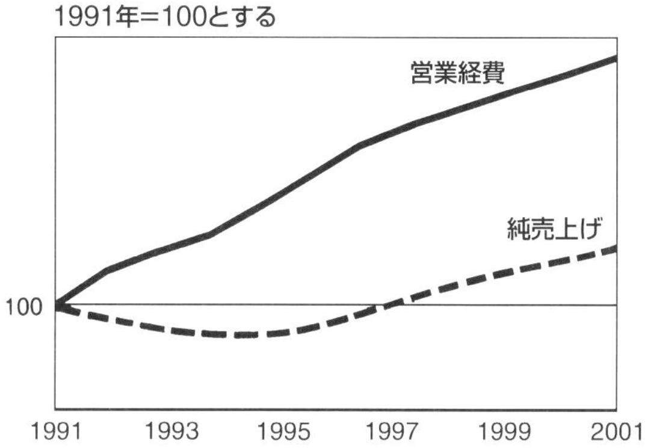

50 ◎B社は資産と売上げの面ではをA社よりも大きく伸ばしているが、収益の面ではA社には遠く及ばない

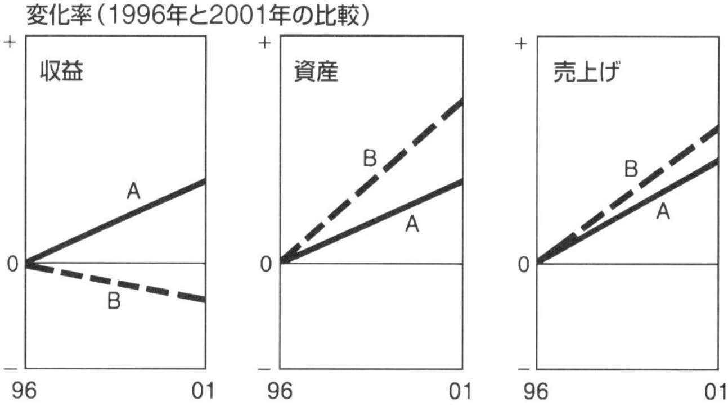

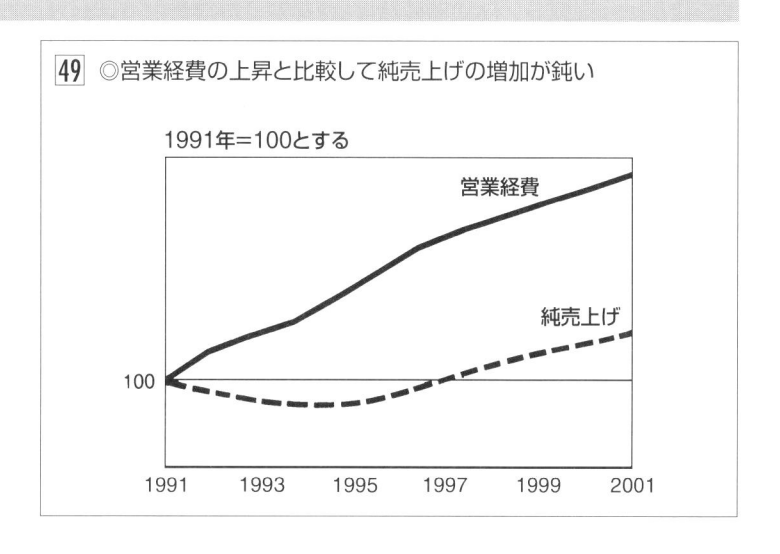

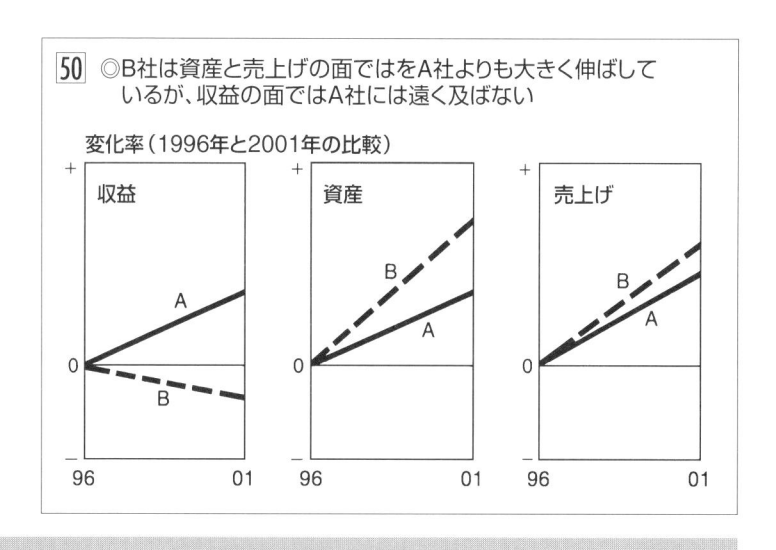

51

51は、計算ツリーを表現しており、ROI（投下資本収益率）は売上高利益率と投下資本回転率との掛け算と等しいという数式を図式化している。それぞれのチャートでは2社の数値の傾向を示しているので読み手がROIの差を引き起こした問題の原因が何であるかを、ツリーの枝葉を検討して探ることができる。

52

52は顧客企業を表している線は太線で強調しすべての競合と比較している。もし顧客企業を各競合企業とそれぞれ比較したいなら、次の53で紹介する技法がより適切。

51 ◎A社のROI（投下資本収益率）はB社のROIを上回り続けている

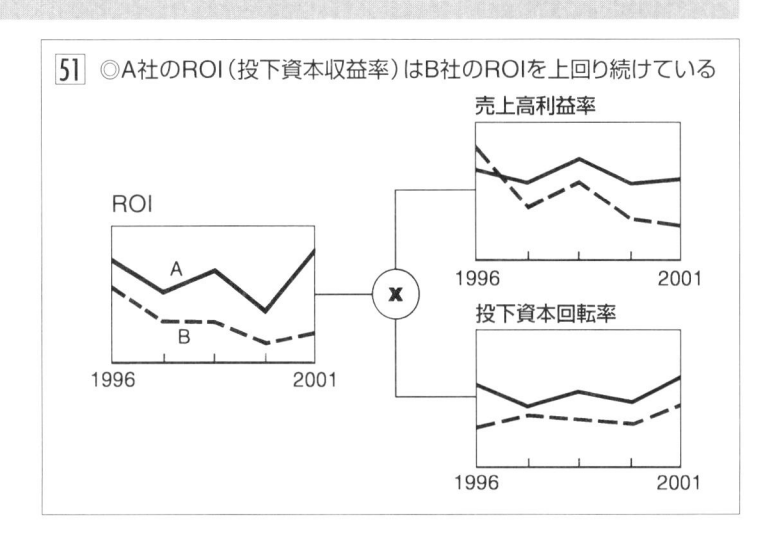

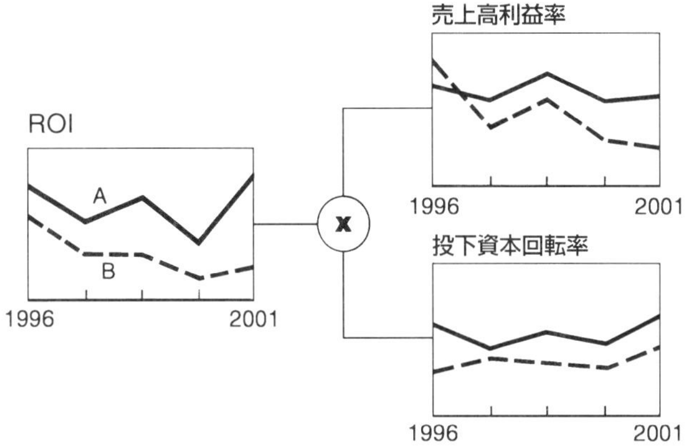

52 ◎顧客企業は不安定な軌跡を示す競合他社の売上げを
尻目に堅実な成長を遂げている

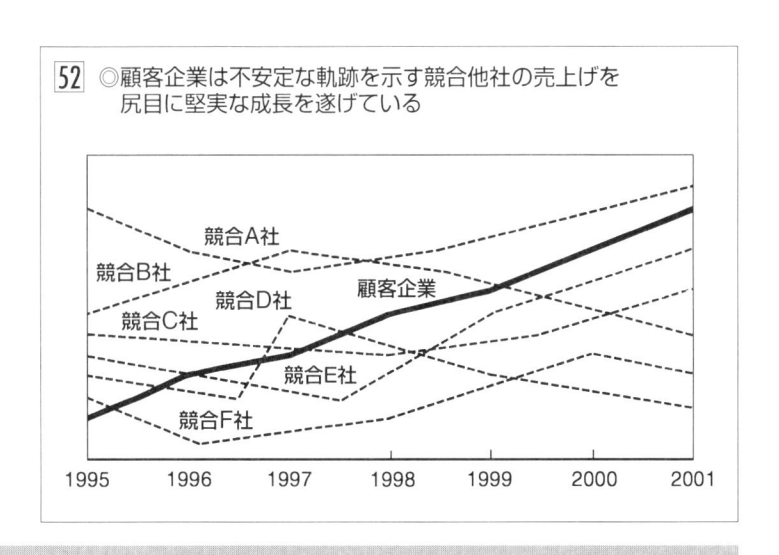

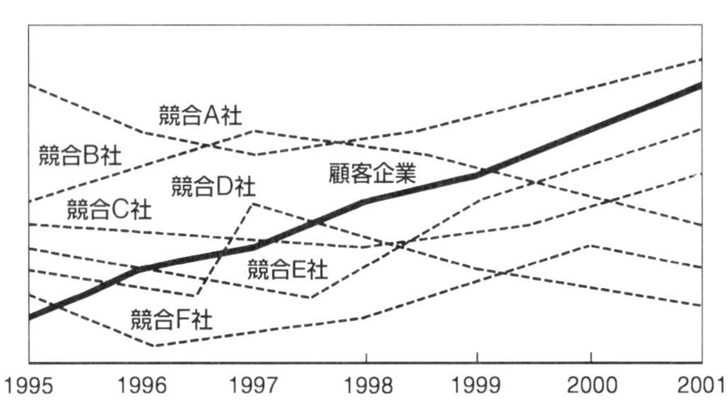

53

53は多くの図表を含んでいて原稿づくりに時間がかかるが、顧客企業を個々の競合企業と別々に比較するので52の例よりは図表ごとの対比がやりやすくなる。

顧客企業のラインはそれぞれのチャートの上では全く同様。この手法を使い、その上競合をある時点において顧客企業よりも業績がよい、同等、劣るというようにグループに分けることでもっと見やすくすることもできる。また、曲線チャートではなく面チャートを使用することで顧客企業の業績を一層強調することもよいだろう。

54

54は面チャート。ラインチャートに加え、トレンドラインと基準線の間の空間に濃淡を施し、売上げの量感を出している。この例にあるように売上げの低落期に濃い色調を施すという図表表現によってこの２四半期にしっかり目を向けるようにうながしている。

53 ◎顧客企業は不安定な軌跡を示す競合の
売上げを尻目に堅実な成長を遂げている

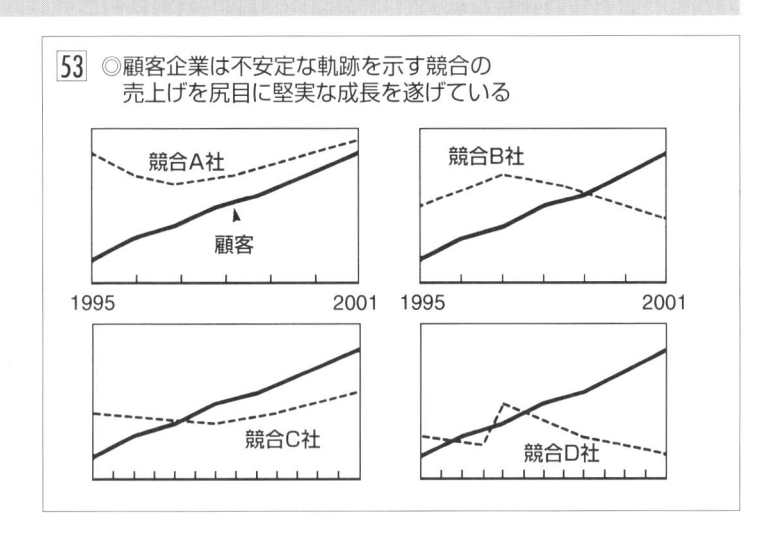

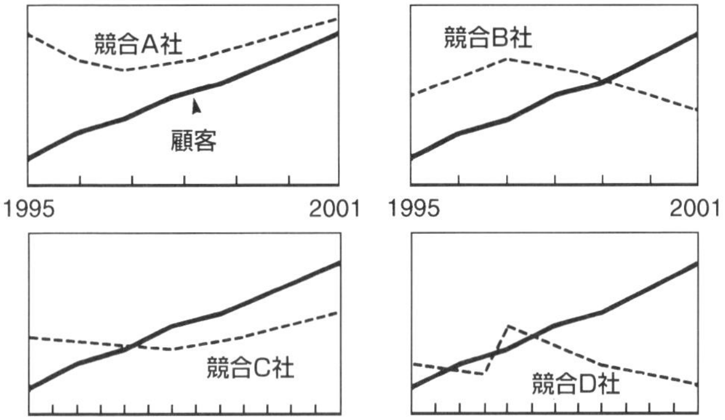

54 ◎過去12四半期の中でたった2度の
短い期間だけ売上業績が下がった

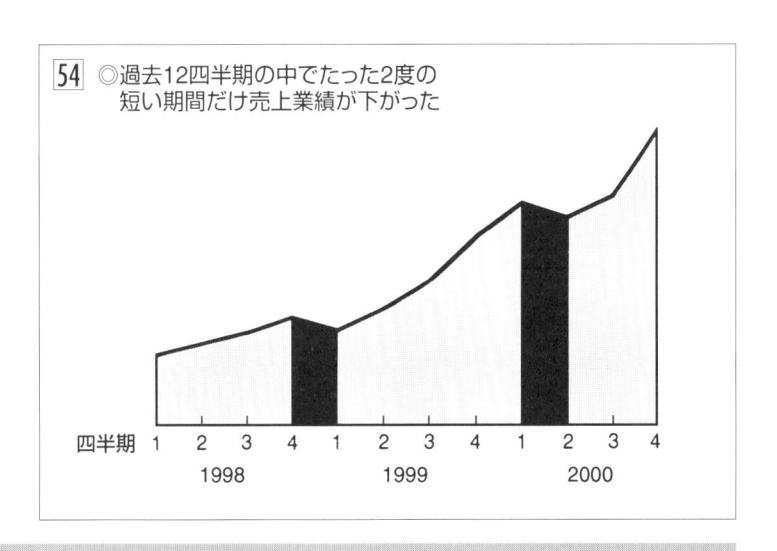

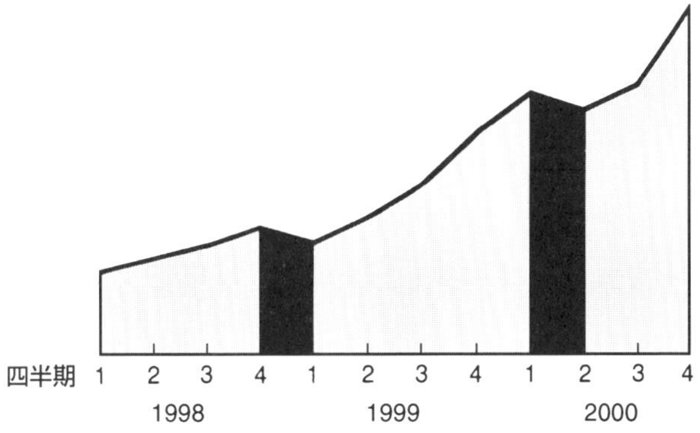

55

55は時系列で３つの構成要素の売上実数の貢献度がどの程度であるかを示しているが、全体の売上げを主に強調している。最下位の層だけが固定したゼロの基準から直接測定できるが、他の層は変化する基準の上に表現されているので、概算でしか把握できない。数値をきっちり把握させたければ、39のような手法を用いよう。

もし、層が急激に乱高下するようであれば、38のような細分コラムチャートや39で示したような手法を使おう。

56

56はいくつかの構成要素、この場合は商品売上の相対的な貢献度が時系列でどれだけ変化してきたかを示している。この例ではモデルXのシェアという重要な構成要素が、競い合っている他のモデルに文字どおりサンドイッチされ、押しつぶされているというメッセージを強調している。

関連を表す他のすべてのチャートと同様に、この手のチャートはパーセンテージを算出する絶対値が継続的に安定していることが前提でないと誤解を生むことになりかねない。

たとえば100％としての全体値が急成長している場合は、パーセンテージで下落傾向を示している構成要素であっても現実的な実数として増加していることもありうる。そのような場合では、図表に実数を記入するかデータ表を添付するとよい。

55 ◎増収が続いているのはモデルAの貢献によるものである

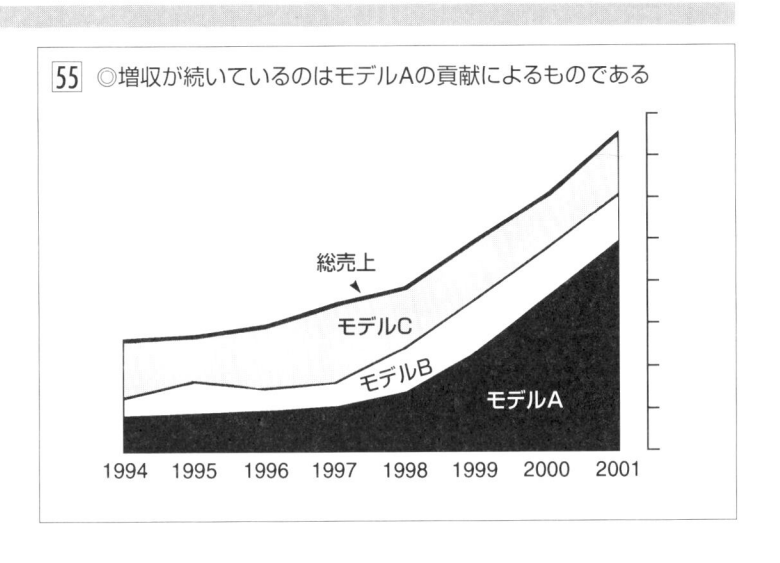

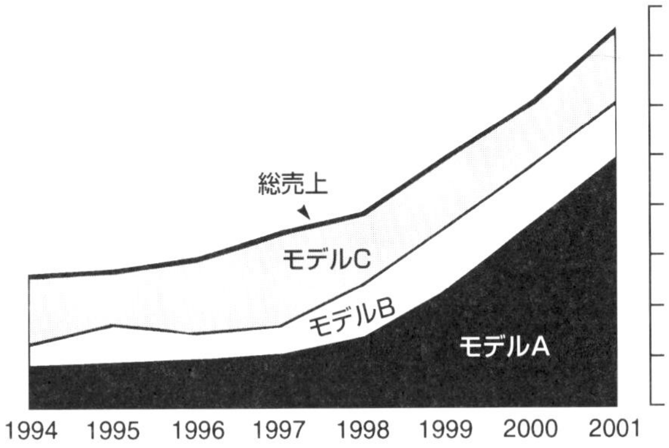

56 ◎もしこの傾向が続くならば新製品はモデルXを
市場から締め出してしまうだろう

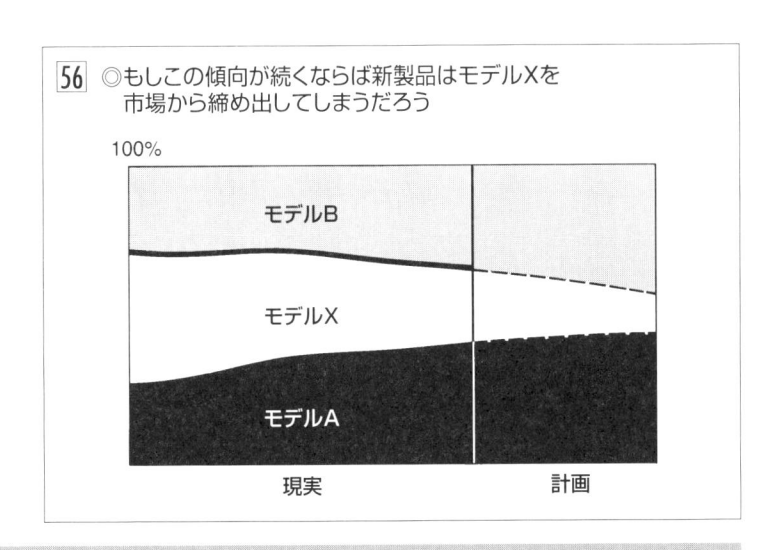

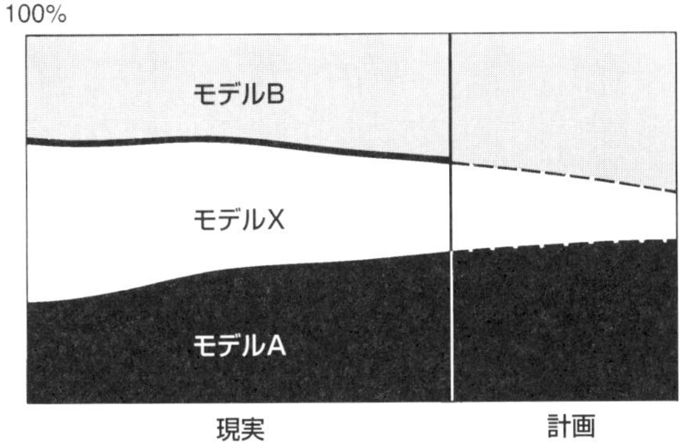

57

[57]から[63]にかけてはコラムチャートとラインチャートが結びついて、時間の経過とともに起こる変化に、新たな視点を盛り込んでいる。

[57]は製造能力を表現するのに1つのコラムチャートを用い、一方で受注分のコラムチャートを使用するといった、2つのコラムチャートによっても表現が可能である。

しかしながら、製造能力は途切れのないものなので、背景線と面チャートを使って表現することもできる。この例で示したように製造能力と受注量の水準を表すのではなく明確に2つを区別するのには、[33]で示したように細分コラムチャートを用い、製造能力を基準線として、受注量をその線から上か下かで表現する別の方法もある。

58

[58]もまた、昨年と今年をそれぞれ1つのコラムチャートとして扱い、グループ・コラムチャートとして表現することもできた。

しかし、コラムチャートとラインチャートを組み合わせるテクニックを使用すれば、コラムチャートによって今年の活動に焦点を絞り、昨年のデータとの比較は二次的な位置づけとして表現できることができる。

57 ◎受注量を減らすべきか製造能力を上げるべきか?

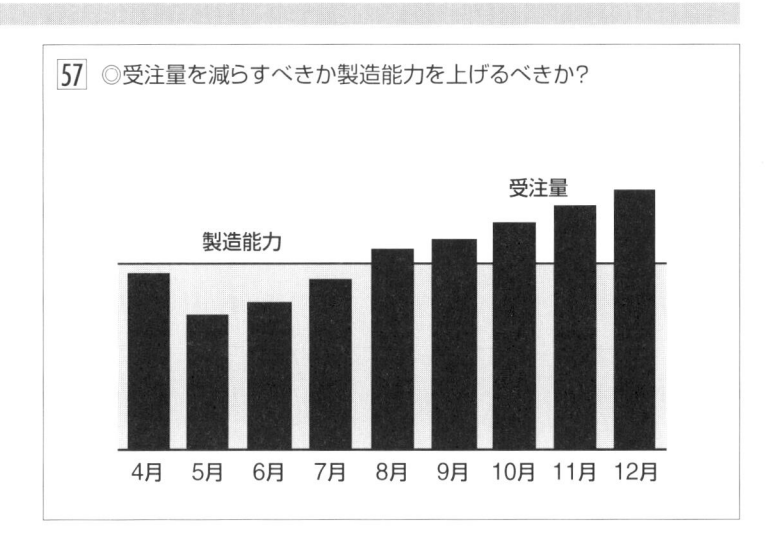

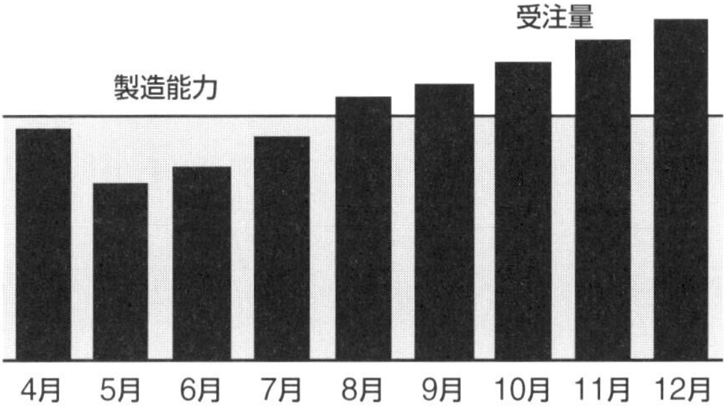

58 ◎回転率は通常の季節変動のパターンを見せているが、
そのレベルは昨年を上回っている

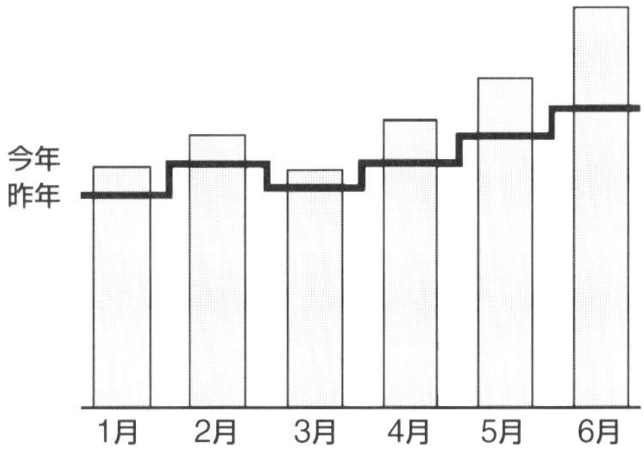

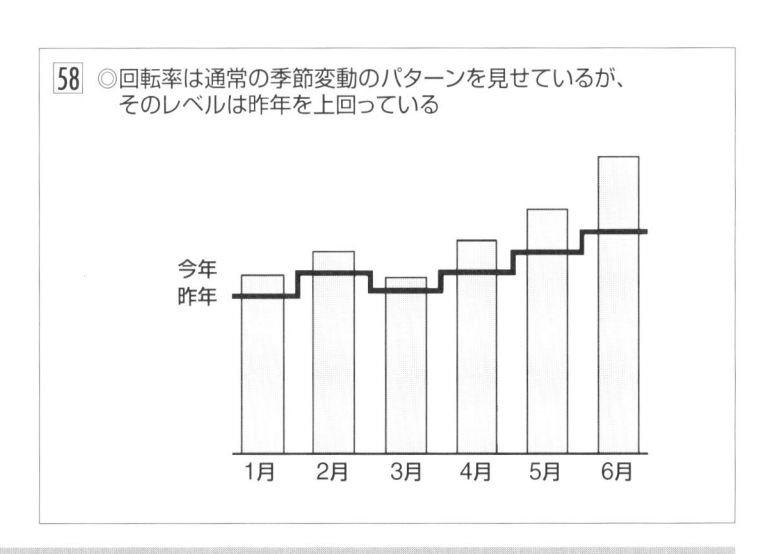

59

59はコラムチャートで月々の製造量の変動を表している。そこに加えて年初からその時点まで、59の場合、１月からの該当月までの年度累計値を表すラインチャートを組み合わせている。

60

60は偏差コラムチャートを使用し、1996年と1997年の初期投資が1998年にはプラスに転じたことを表している。また、ラインチャートはいつの時点で損益分岐を達成できるのかを表現している。

59 ◎堅実な生産量の増加が累計ベースで月々の大きなばらつきを隠している

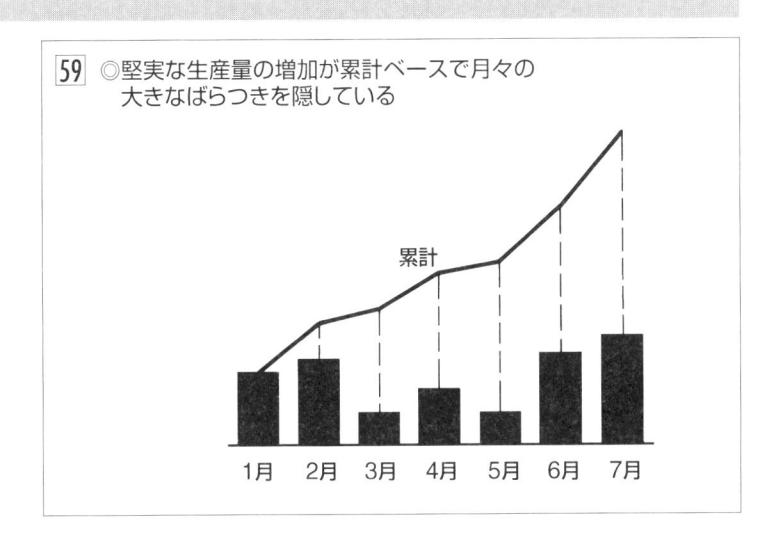

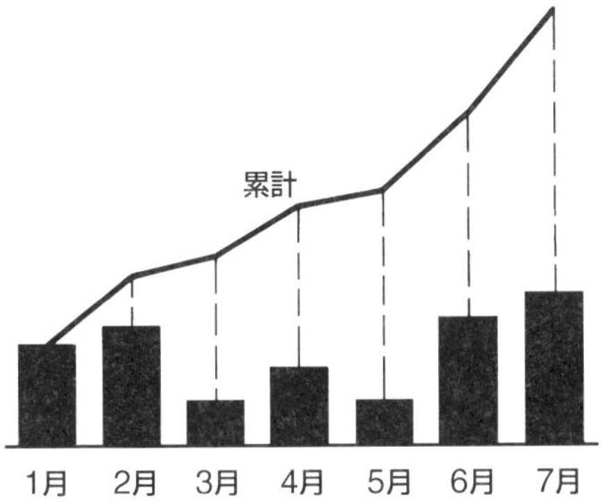

60 ◎年間キャッシュフローは1998年にプラスに転じ、1999年には損益分岐を達成する予定

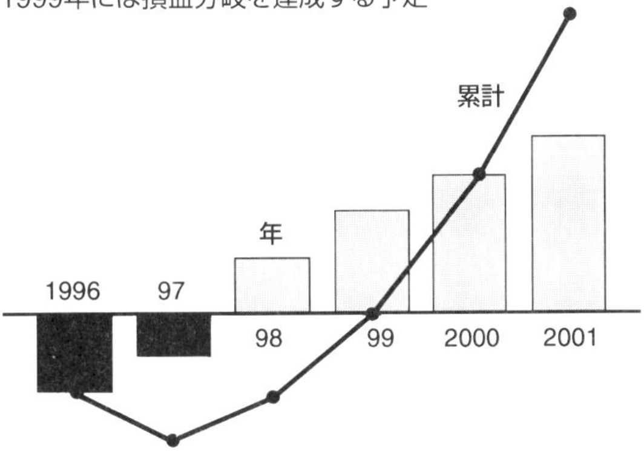

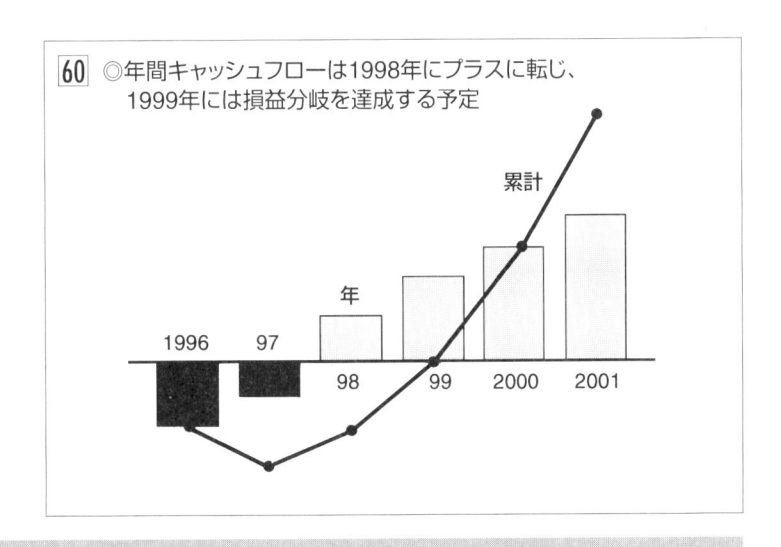

61

61は59、60と似通ってはいるが、この場合は、線は累積値の増減ではなく、月々の利益と損失との実差を表している。

62

62はコラムチャートを使って過去の年間データを要約して表し、ラインチャートが今年の月単位で実績を表現している。

このテクニックはしばしばマネジメントの情報システムに活用されるが、毎月新しいチャートを用意する手間を省くために、月々の実績を書き加えられるよう空白にしてある。

61 ◎損失が利益分を相殺し、均衡状態をつくり出している

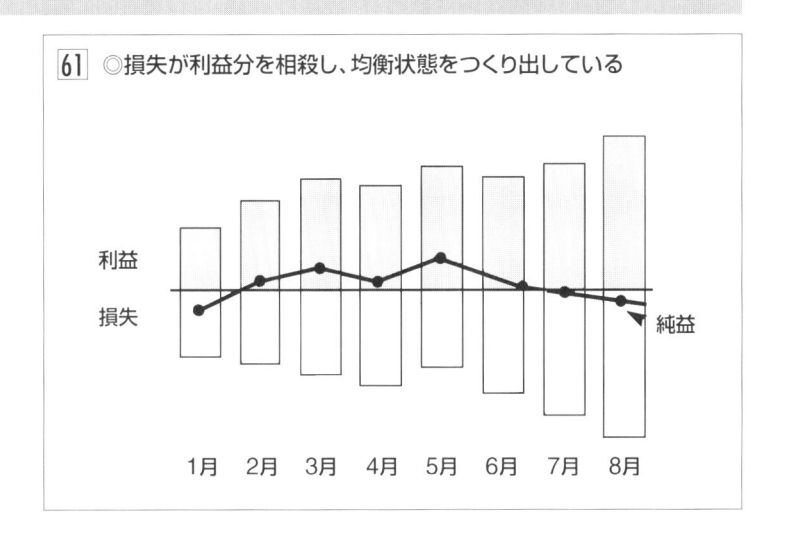

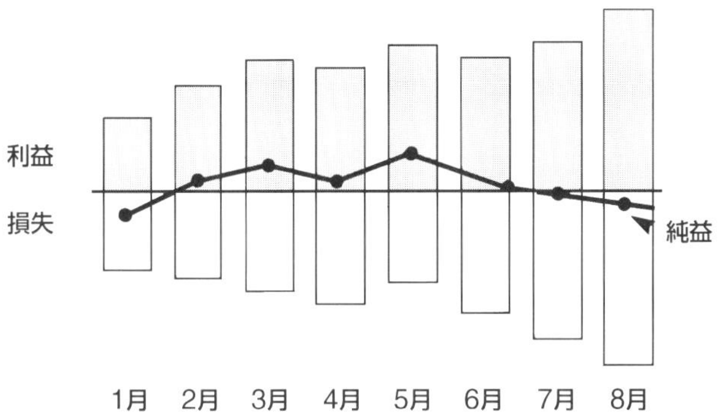

62 ◎在庫は増加傾向にある

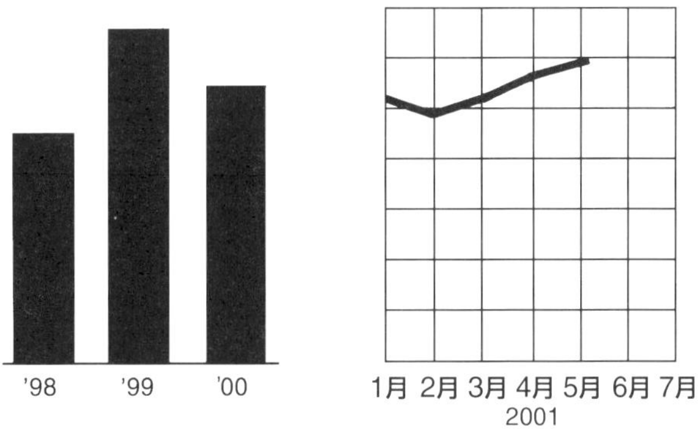

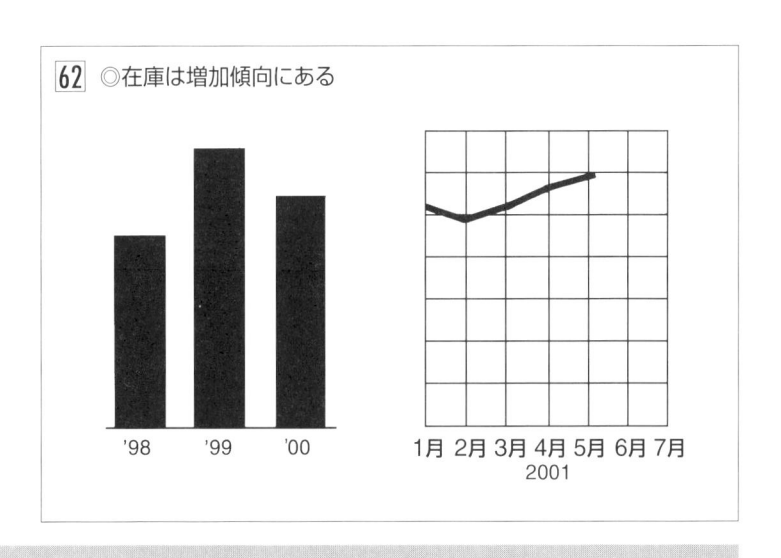

63

63もよくマネジメント情報システムに使用される。月ごとまたは週ごと、四半期ごとの実績値を、年初に設定した予定値、目標値、昨年実績などと比較して描いている。累積ベースでは、実績値と予定値との差は通常小さくなっていくので、問題のある時期に注目することが難しくなりがちである。

ある期間の差異を際立たせるために、予定値と実績値の狂いをパーセンテージで表すのはよい方法だ。

64

64はパイチャートとラインチャートが結びついている。このパイチャートはそれぞれの時期でのシェアの割合を表し、ラインチャートは売上げの変化を表している。単純さを心がけよう。パイチャートには最大で3つまでの構成要素、トレンドラインは1本まで、表すのは最大6期間までとしよう。

63 ◎ここ2カ月間実質出荷量は予定を下回っている

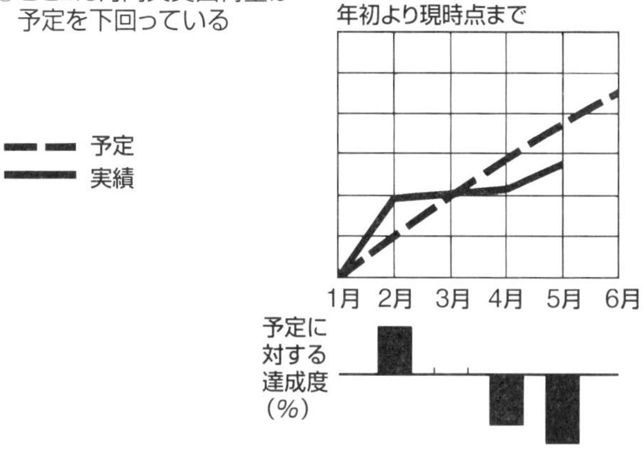

64 ◎売上げは乱高下しているが、シェア構成に変化はない

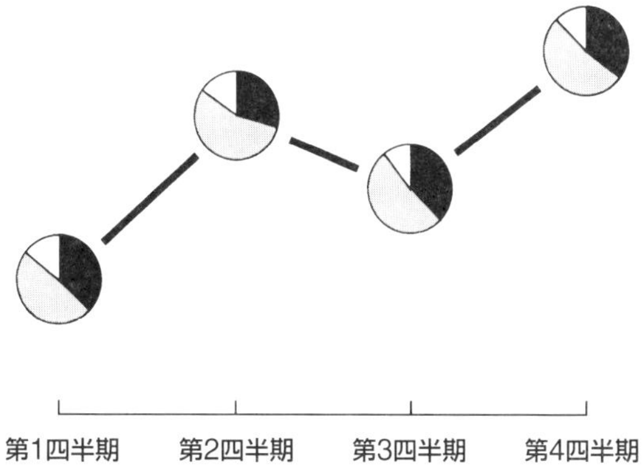

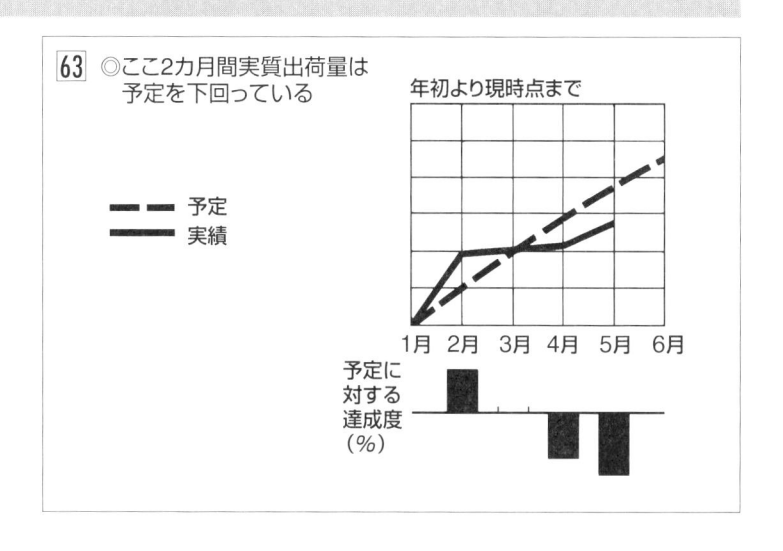

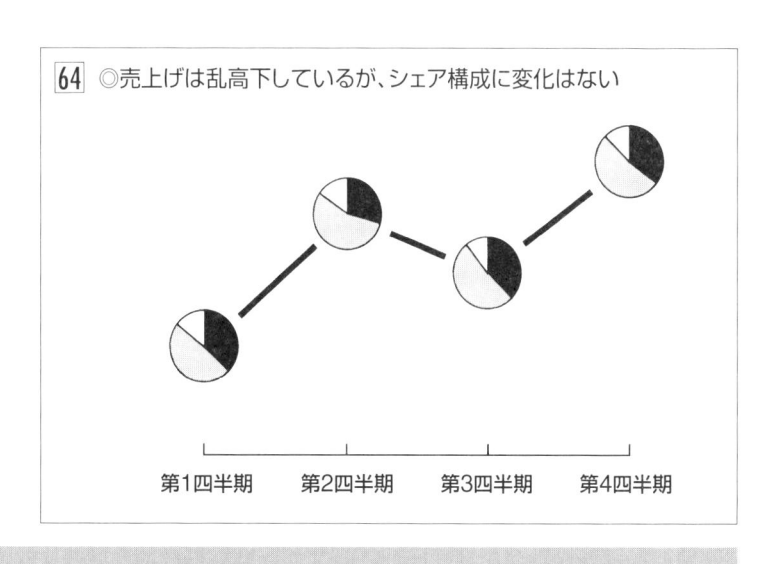

FREQUENCY DISTRIBUTION COMPARISON

4 頻度分布比較法を使う

頻度分布比較法とは？

➲どれだけのアイテムが連続的な数値レンジに収まるかを示す

65

65はヒストグラムによって頻度の分布を表している。横軸の目盛りは等間隔に区切って表示されていることに注意しよう。

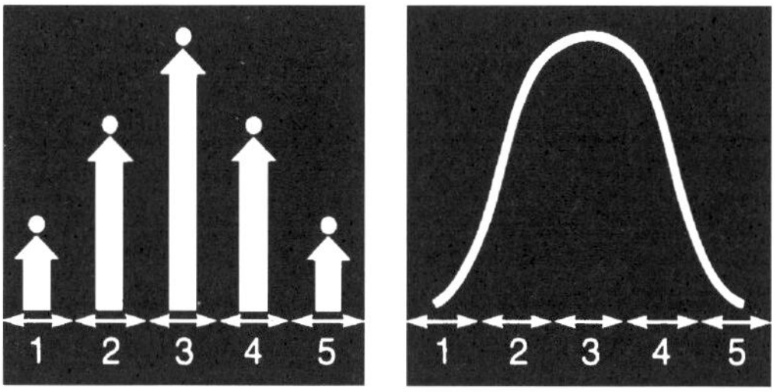

FREQUENCY DISTRIBUTION COMPARISON

Shows how many items fall into a series of progressive numerical ranges

65 ◎出荷の大半は5～6日目に納品されている

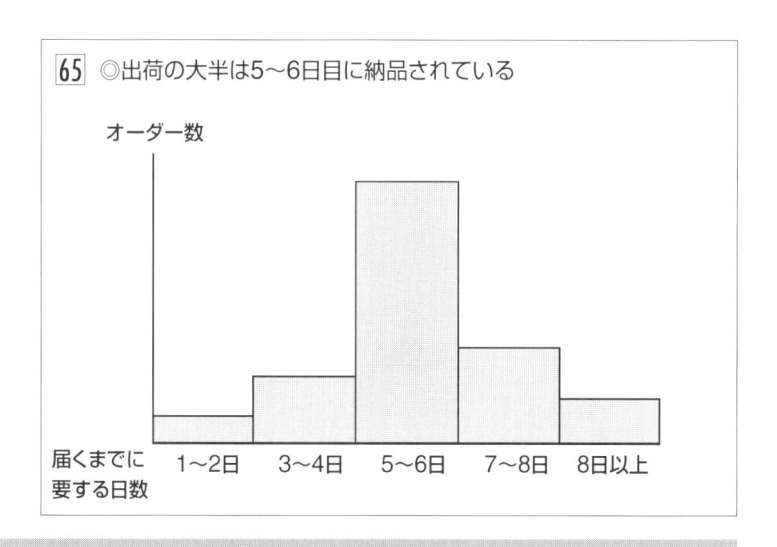

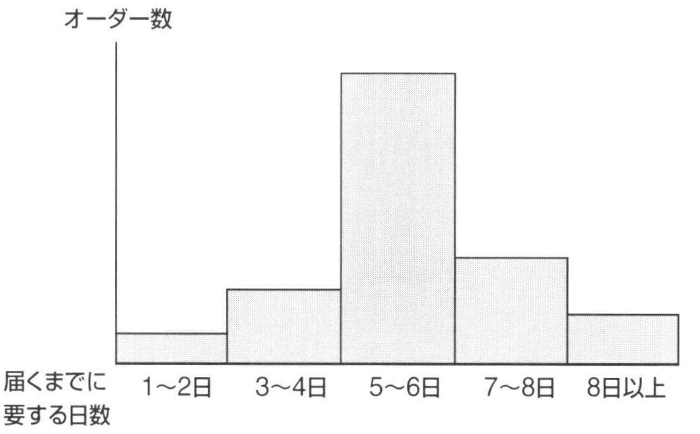

66

65のような不連続データではなく、連続データの場合には66のようなヒストグラフを使用すること。ここでの横軸の目盛りは区切ってグループ化した数値ではなく、刻みのついた連続的な数値で表している。

67

67はステップコラムチャートとステップラインチャートの複合形で、１枚のチャート上で２社の分布を比較している。

66 ◎売上げの大半は30～50ドルの範囲内に収まっている

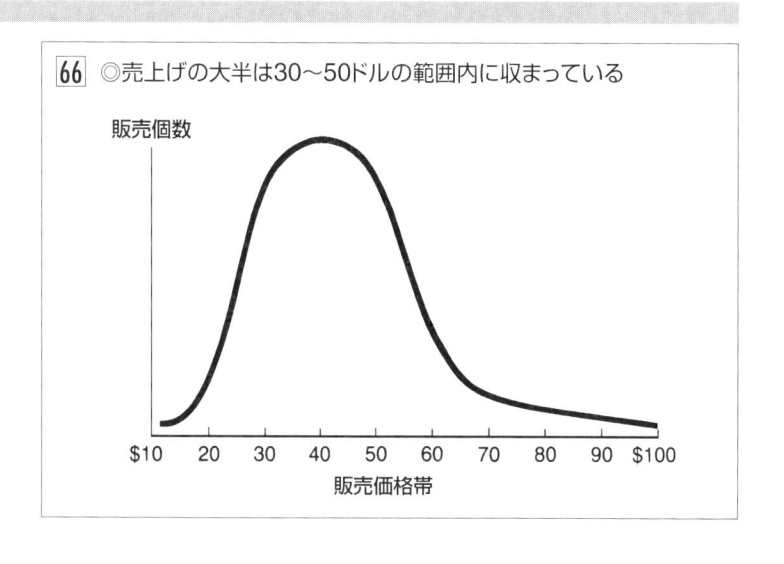

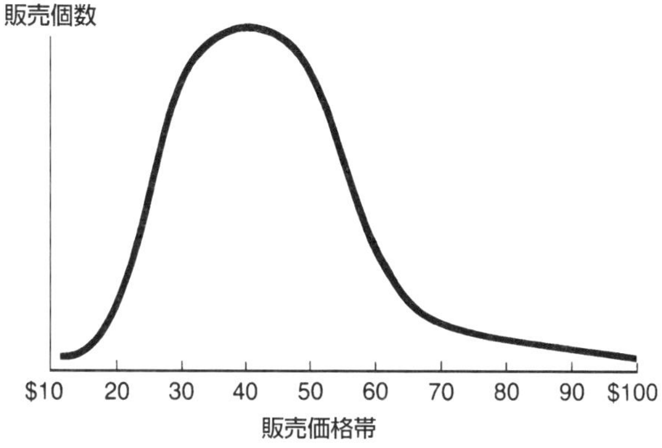

67 ◎当社の社員の年齢分布は競合他社のものと全く異なっている

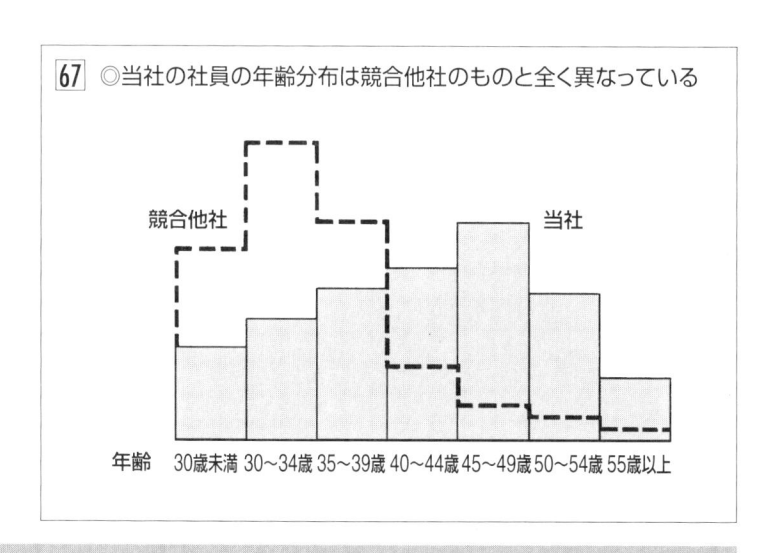

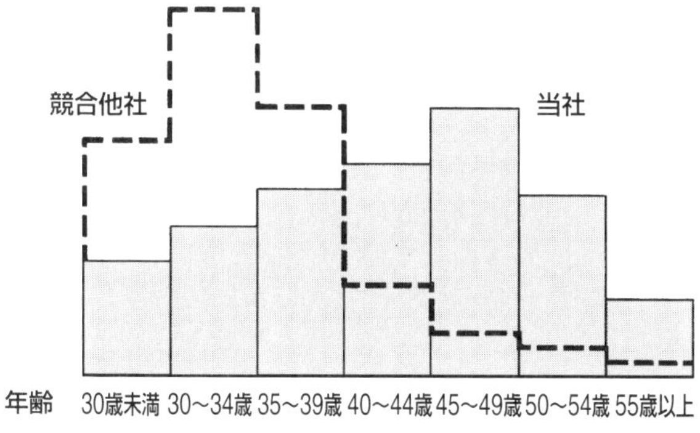

68

68は自社データにコラムチャートを用い、業界平均値にステップコラムチャートを用いて組み合わせている。この種のテクニックは１つのものをその他すべてと比較するのに特に有効である。

この場合、いくつかの重なり合うコラムは背景のコラムよりも大きいにもかかわらず、誤解を招くようなことなく表現されている。19と37の解説を思い返してみよう。

69

69は細分ヒストグラムで、最初に総従業員数の分布を示し、次にそれぞれの給与区分での構成要素を示している。ここでは給与区分で、実際の給与幅を明示することは省いている。

68 ◎業界平均と比較すると当社は年齢の高い従業員の割合が多い

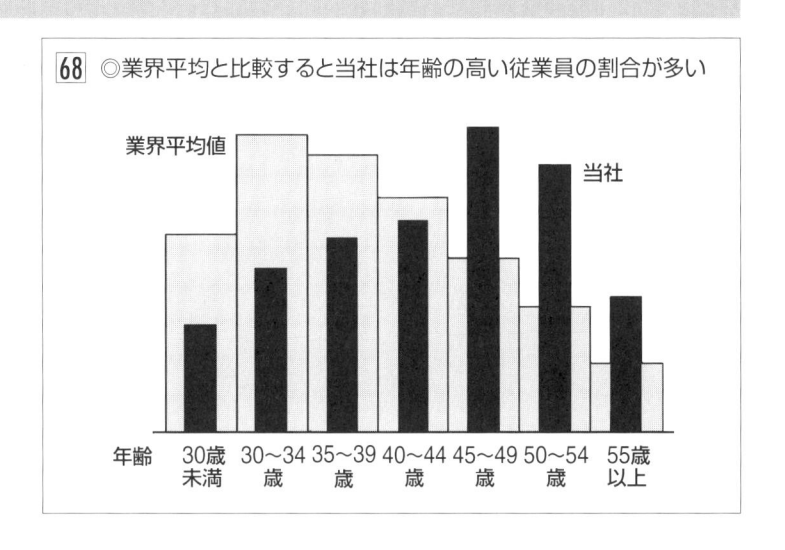

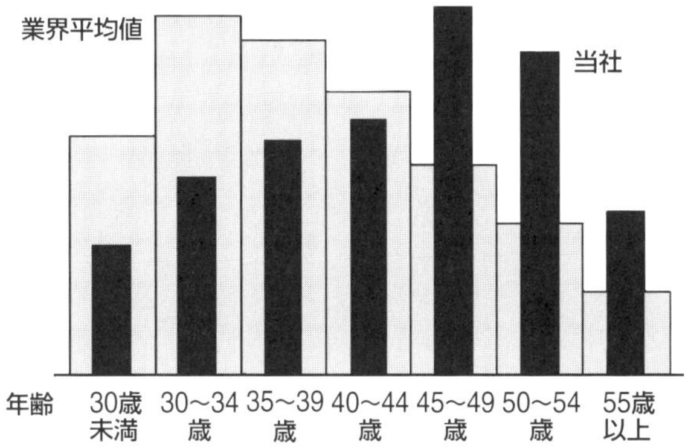

69 ◎高給ランクの従業員になればなるほど
学位をもっている者が多い

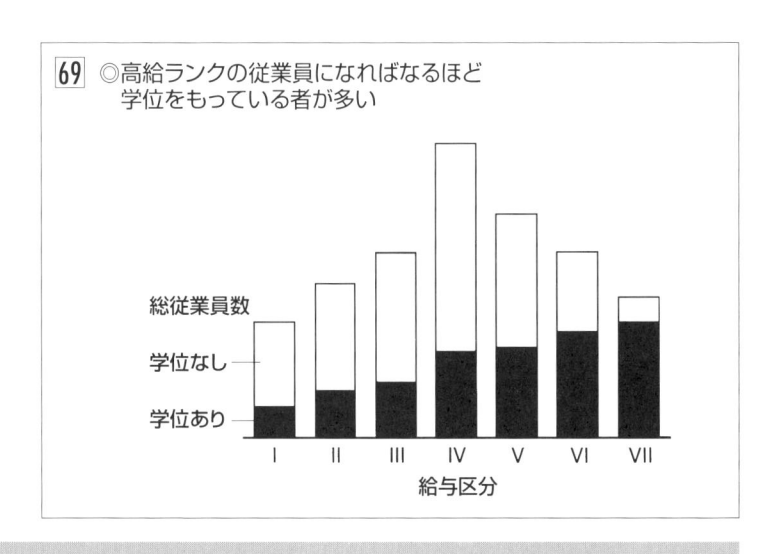

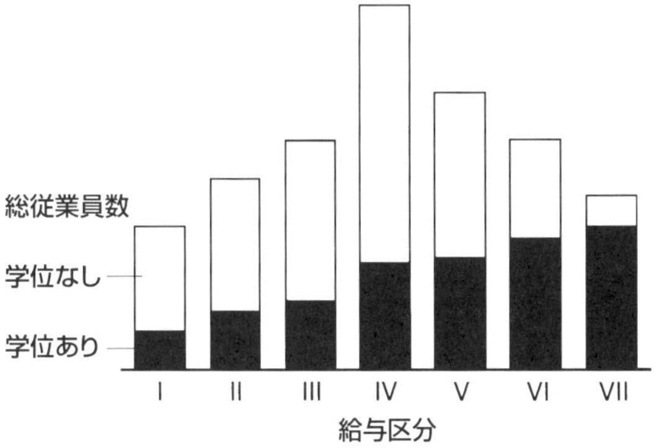

5 相関比較法を使う

相関比較法とは？

➲ 2つの変数の関係が予想通りであったかどうかを示す

70

70はドットチャート。これは、2つの変数の間に予想していたような相関関係があるかどうかを見極めるのに役立つ。

この例では、ディスカウントをすればするほど販売個数が増加するという予測があったはずだ。矢印は予測したパターンを指し示すと同時に、予想と現実とが大きくかけ離れているという事実を浮き彫りにしている。

点はそれぞれの営業担当の個々の取引を表してはいるが図表が込み合って読みづらくなるのを避けるために個人名を表示していない。営業マンの個人名を明らかにしたいのであれば次の71で可能。

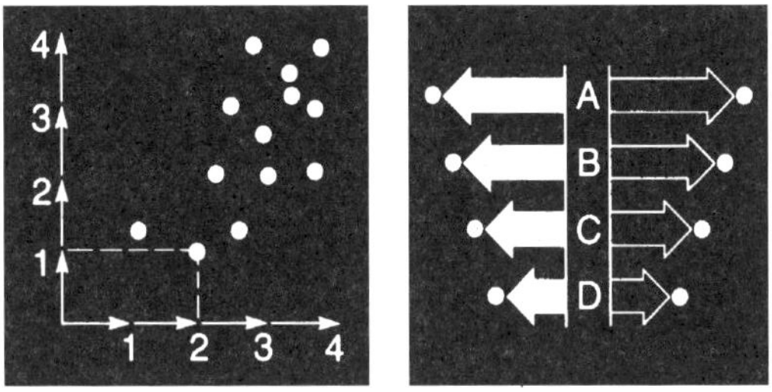

CORRELATION COMPARISON

Shows whether or not the relationship between two variables is as expected

70 ◎ディスカウント額と販売個数には相関がない

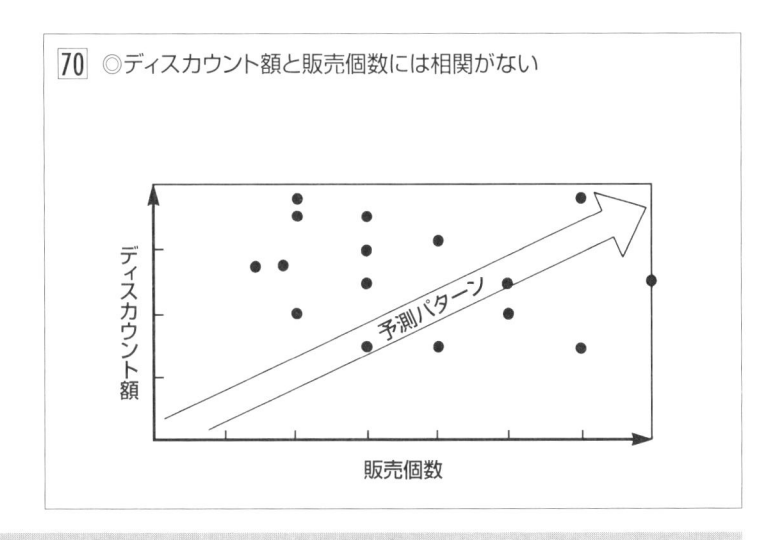

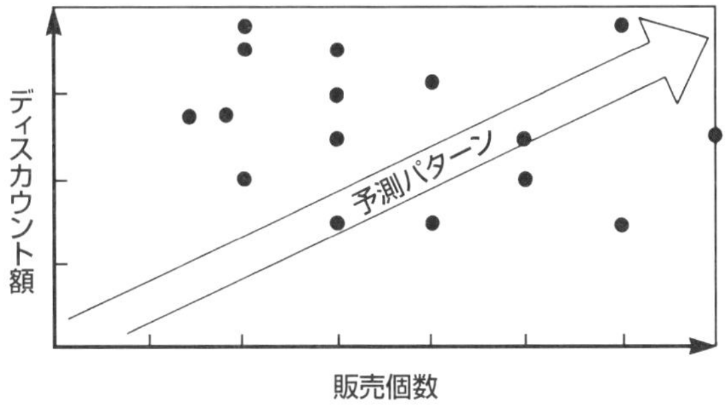

71

71はペア・バーチャートで、それぞれの取引を特定しながら同時に全体としての関連を示している。

70と同じデータを使用し、ディスカウントの規模によって順位づけしている。通常の予測どおりに2つの要素に相関関係が存在したら、販売数量の横棒はディスカウントのパターンと左右対称の形になるはずである。

72

データによっては、予想していたパターンが水平線となり全く相関関係がないことを示す場合や、72のように下降パターンで相関を表す場合もある。

ここではドットは予想パターンにしたがって散らばり、価格の引下げと販売個数の増加には相関があることを指し示している。

71 ◎ディスカウント額と販売個数には相関がない

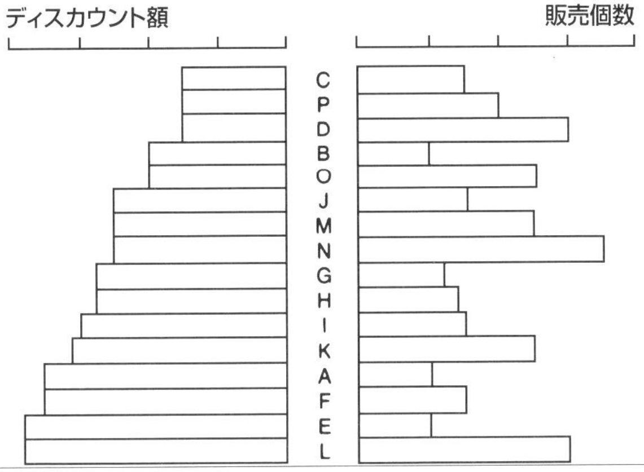

72 ◎価格引下げと販売個数の増加には相関がある

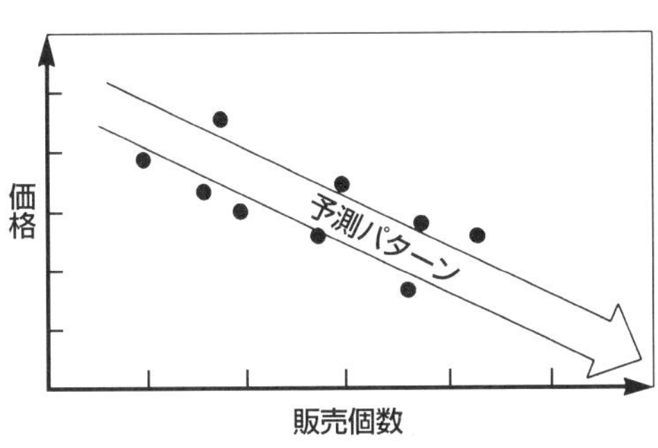

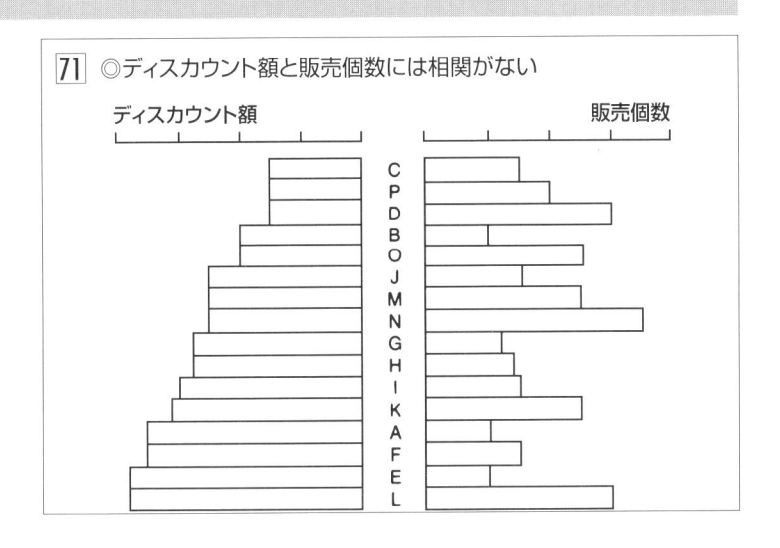

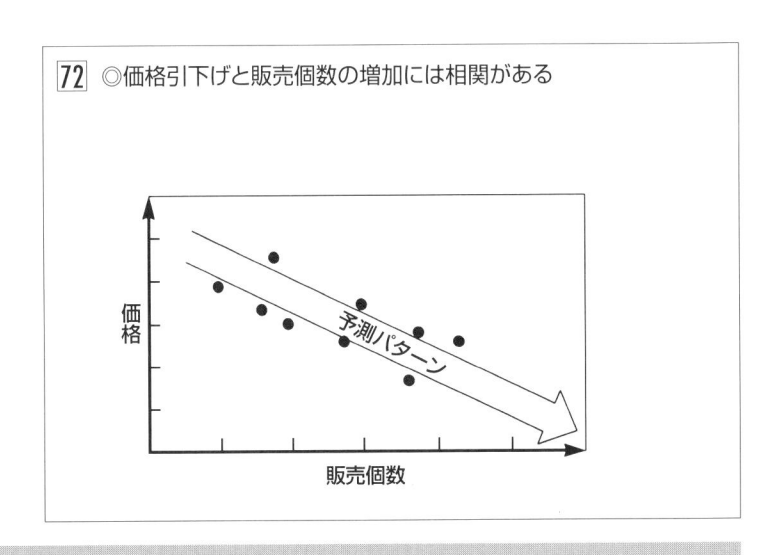

73

73は72と同じデータを使用しているものの、ペア・バーチャートで表現している。この例では横棒は鏡に映したような左右対称形ではないが、価格と販売個数の間の一定の相関値を表している。

74

74ではグループ・ドットチャートで複数のアイテムを表現している。２つのアイテムを区別するために、このチャートでは白丸と黒丸を使っているが、四角や三角などのシンボルを使用することも可能である。

73 ◎価格引下げと販売個数の増加には相関がある

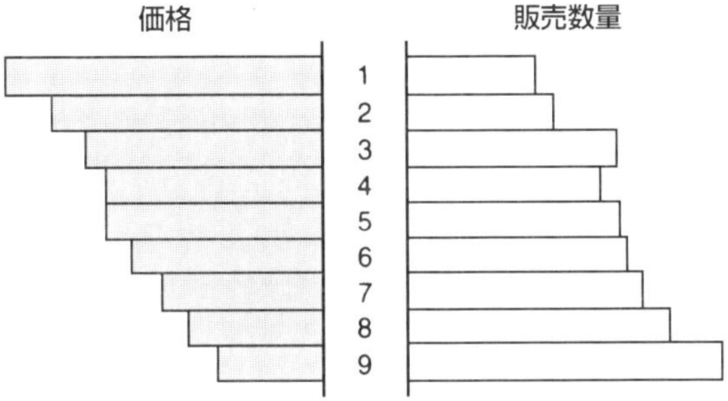

74 ◎B工場では、高学歴の従業員ほど給与が高い

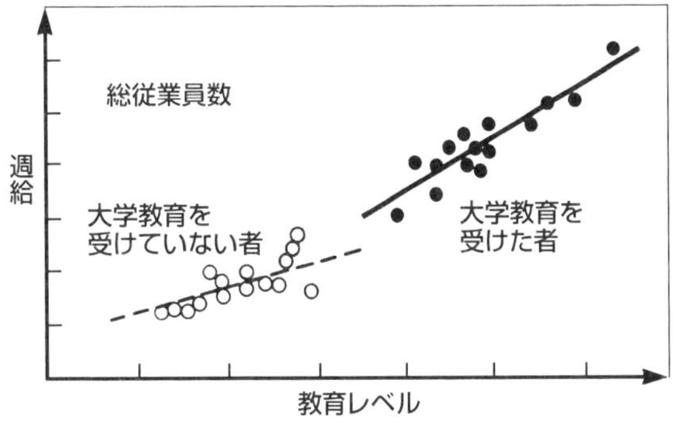

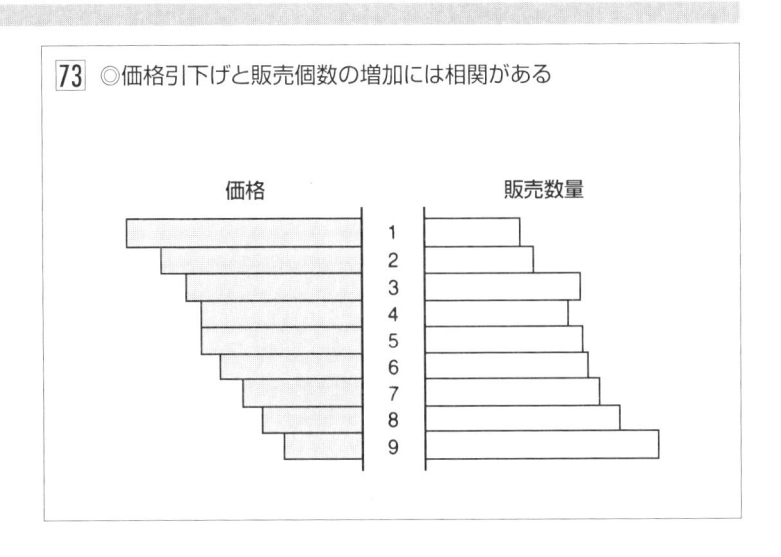

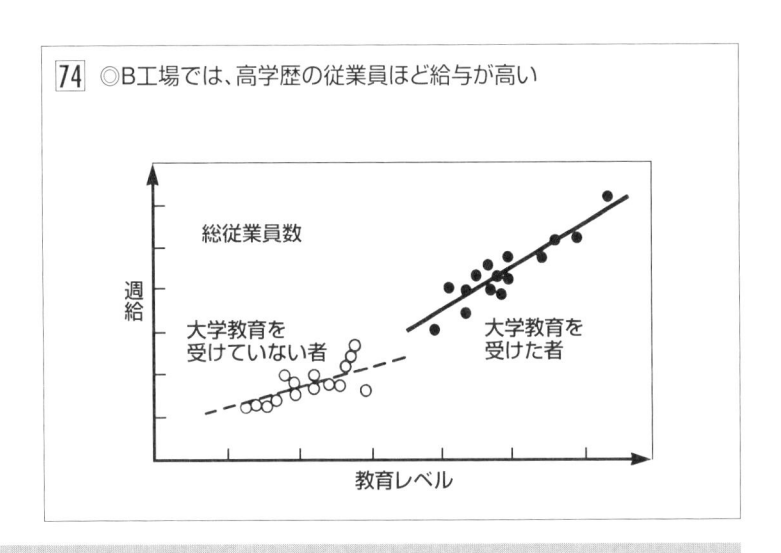

75

75は半対数目盛りを使用した相関比較を表している。この例で表されている２つの要素は、１つは中央値から５％程度上下幅をもたせた業界の標準報酬と、もう一方はドットの代わりに星で表された、会社の売上高と当該企業の最高経営責任者（CEO）の報酬との関連である。

通常の絶対値の目盛りで表現すると業界の標準報酬の幅は通常一定パーセンテージで増加するため、端からもう一方の端に行くにしたがって段々と鋭い上昇カーブを描きながら幅がひろがっていく。そのため、業界の標準と星で表された最高経営責任者の報酬の関係を解き明かすのが困難になる。

この目盛りの調整によって業界の標準報酬の幅が「矯正」され、見た目にも幅が一定に保たれ、関係も明確になる。

76

76は75と共通点もあるが、レンジがそれぞれの給与等級の最高値、中間値、最小値に定義されている点が異なる。ドットは等級ごとの従業員の実際の給与と、彼らの等級との関係を表現している。

ほとんどの従業員が幅の中間値を上回っていることや、多くは最高値を超していることなどの点から、給与体系の見直しの必要性が見て取れる。

75 ◎当該企業の最高経営責任者（CEO）の
報酬は業界の標準から外れている

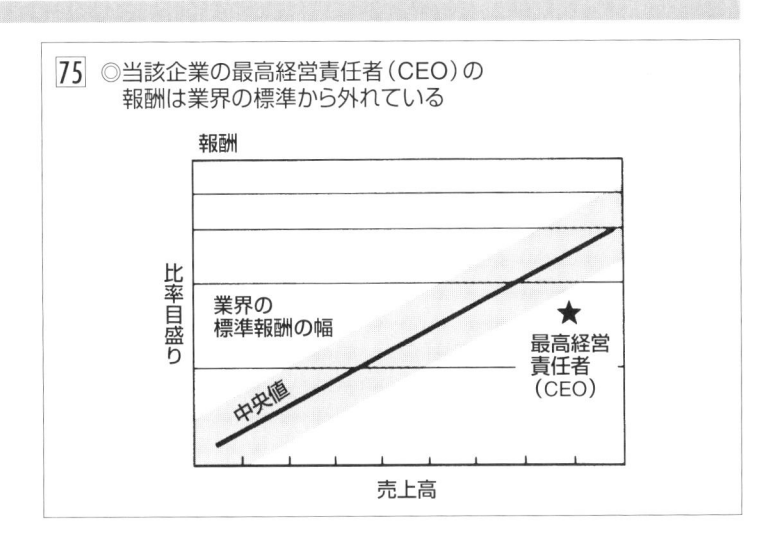

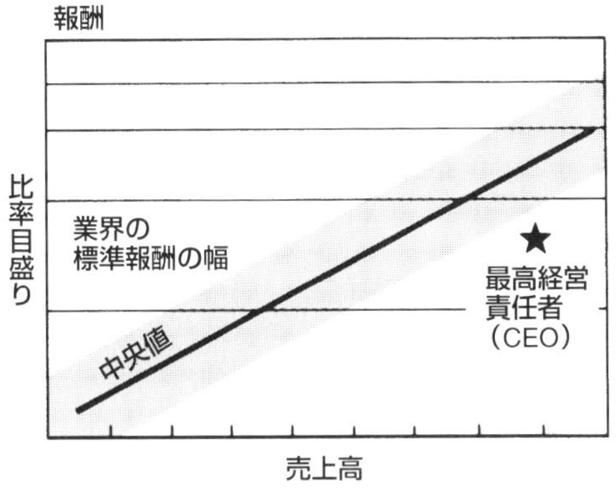

76 ◎実際の給与を見てみると給与体系見直しの
必要性が浮かび上がる

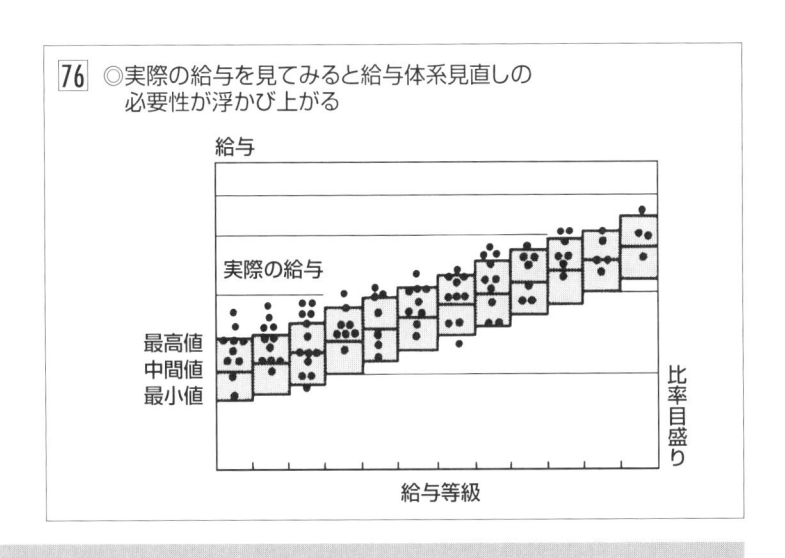

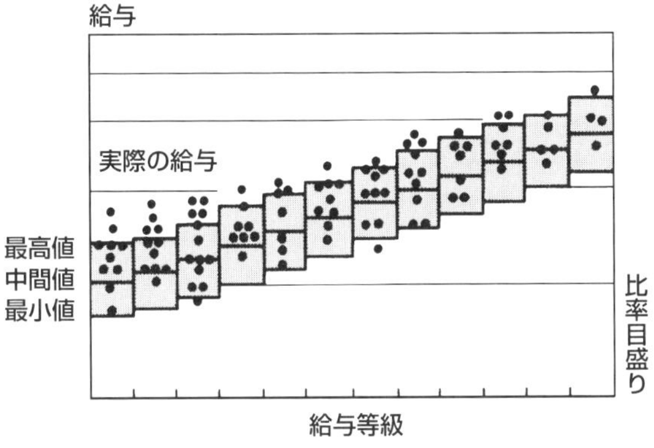

77

77は、固定費や変動費を表した細分面チャートと売上高の量を表したラインチャートとの複合によって構成された損益分岐チャート。ドットチャートとペア・バーチャート中心のこの章の中では場違いの印象をもつかもしれないが、このチャートは売上げの増加と費用の増加との相関を示すために使われている。右のコラムチャートは、ある時点での売上げで費用構造がどうなっているかを表したければつけ加えることもできる。

78

78は「バブルチャート」としても知られている。異なるサイズのドットで立体的に表現しているが、やはりドットチャートであることに変わりがない。この企業の事業ポートフォリオの例では、市場の魅力度と自社の強みの相関で９つの事業が位置づけされている。右上の端に近づけば近づくほどよい事業ということになる。それぞれの事業を表すドットは「バブル」にまで拡大され、この場合、その事業の利益貢献度の幅を表現している。

77 ◎現行の費用構造ならばある程度の利益が出る

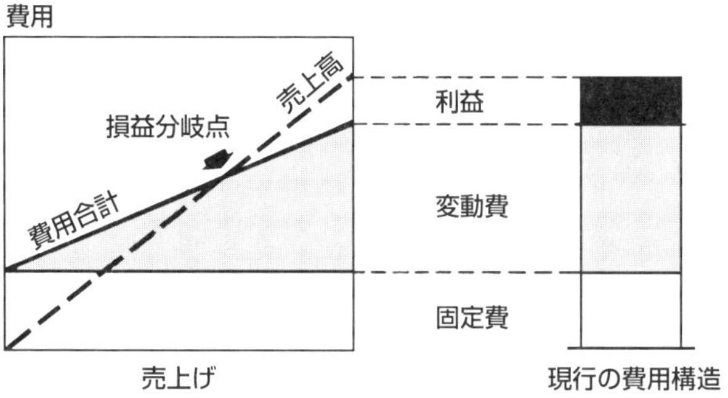

78 ◎当社は市場においてよい位置を確保している

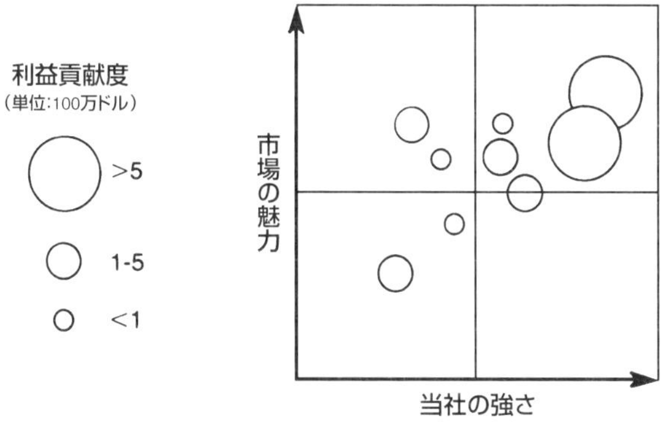

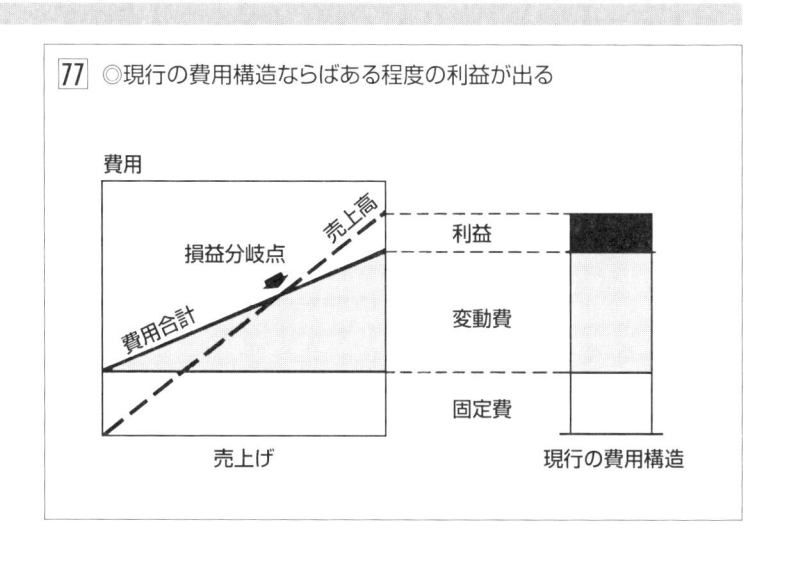

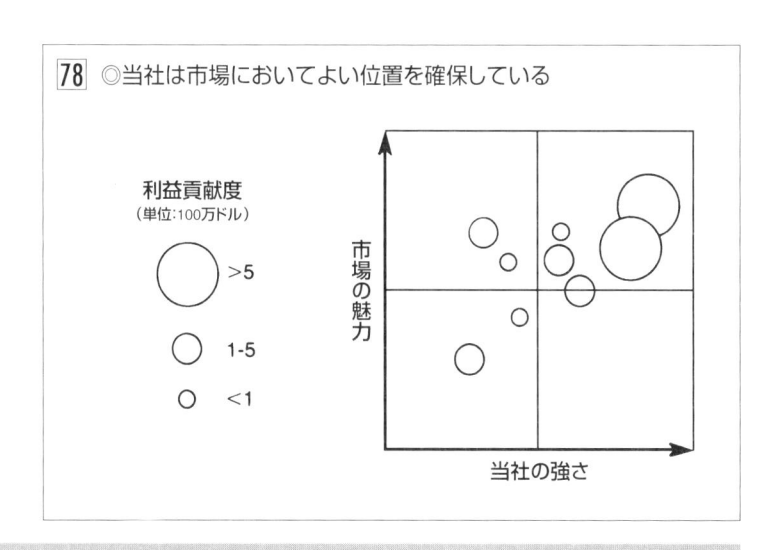

79

79は78の９つの事業のうちから３つを取り出し、総資産利益率と経費利益率の相関から測れるそれぞれの収益性という観点から、個々の事業が時間の経過とともにどう変容してきたかを表している。それぞれの事業を各自の枠に描くと３つすべてを同じ枠に描くよりも混乱が少なくて済む。

図が多過ぎないか？　たしかにそうだが、チャートごとの比較がずっと容易になる。

80

80。おっと！　チャートは多ければよいというものではない。

79

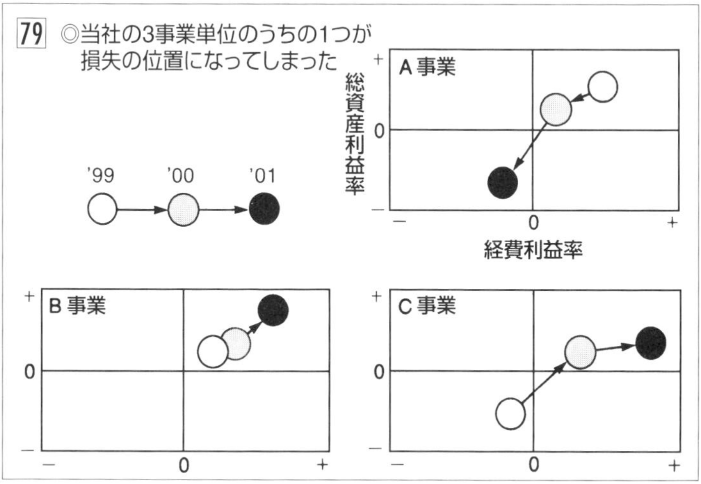
◎当社の3事業単位のうちの1つが
損失の位置になってしまった
'99
'00
'01
A事業
総資産利益率
経費利益率
B事業
C事業
+
0
−

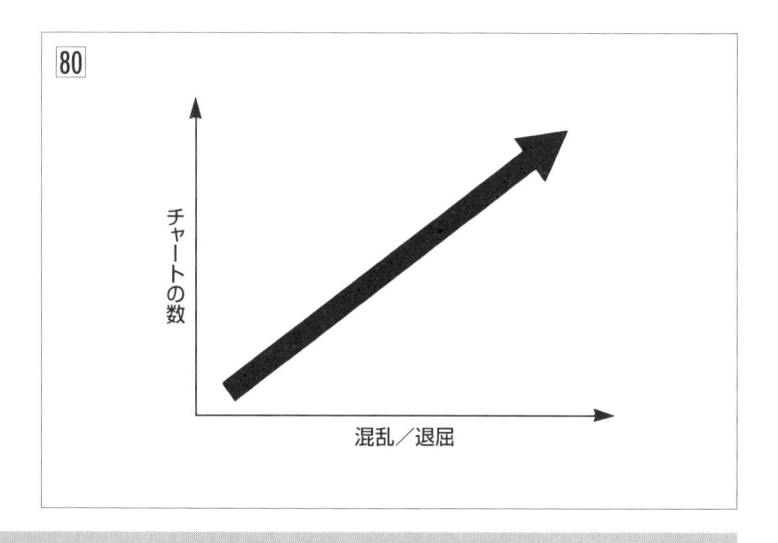

80

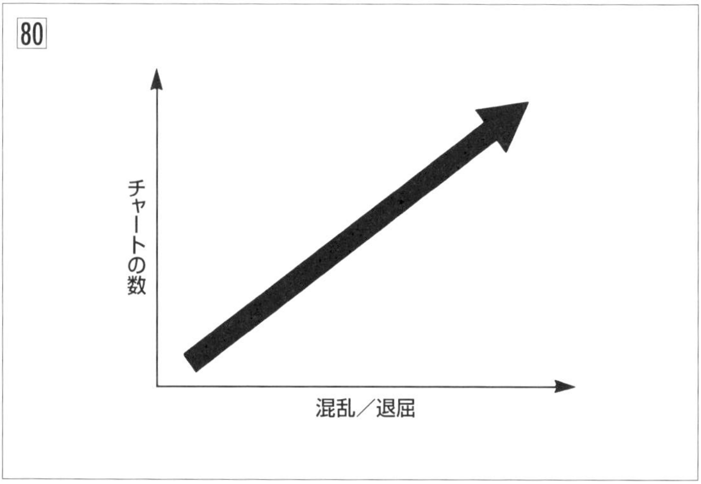
チャートの数
混乱／退屈

Section 3

コンセプトとメタファーを使う

SAY IT WITH CONCEPTS AND METAPHORS

□イメージを伝えるためのツールを紹介

ここまでは定量的情報（主にデータ）をチャートフォームに翻訳するためのアイデアを紹介してきた。一方、数量で表現できないメッセージを視覚的に伝えることは大変困難なことである。たとえば**相互作用**、**レバレッジ**（てこを利かせる）、**障害**、**相互関係**を表すイメージや、**構造**、**論理的因果関係**、**プロセス**などを伝達するイメージなどだ。

この困難な問題を解決する必要性を感じ、才能のあるデザイナーたちと共同作業をして、プレゼンテーション、レポートにだれもが活用できそうな視覚的イメージのコレクションをつくってみた。

それは大きく分けて２つのカテゴリーに区分けされる。「ビジュアル・コンセプト」は矢印や円形、三角形などの抽象的な幾何学的図形から成る。また「ビジュアル・メタファー」はパズルや迷路、はしごなどのごく日常的なものから成る。それらを効果的に活用するための参考例をご紹介しよう。

□メッセージにふさわしい絵柄を見つける

あなたの要求に見合う絵柄を探している場合には、このセクションを発想の出発点となる一覧表として使ってほしい。ある意味では、**これらの絵柄はあなたにコミュニケーション上の問題が発生したときに利用してもらえるように備えていると言える**。絵柄だけでは正誤も善し悪しもない。絵柄の適正さは、あなたが視覚的に訴えようとしているメッセージにどれだけ沿ったものかどうかだけで判断される。決めるのはあなたである。

コミュニケーションの問題を視覚を用いて解決する方法を探しているときに、これから紹介するイメージのコレクションを左から右へと、またはページをあちこち繰っていくと、さまざまな異なる切り口をもつイメージによって今まで見えていなかったことが見えてくるようになる。

イメージを単純化する、拡大する、増殖する、さもなければ遊びながら改良する、つまりあなたのニーズを満たすような形状に変えてみよう。図形を選択したら図形の周りや内側に言葉を加えてみよう。そうすることであなたの伝えたいメッセージが自分のものになる。例を見てみよう。

▽ 3-1

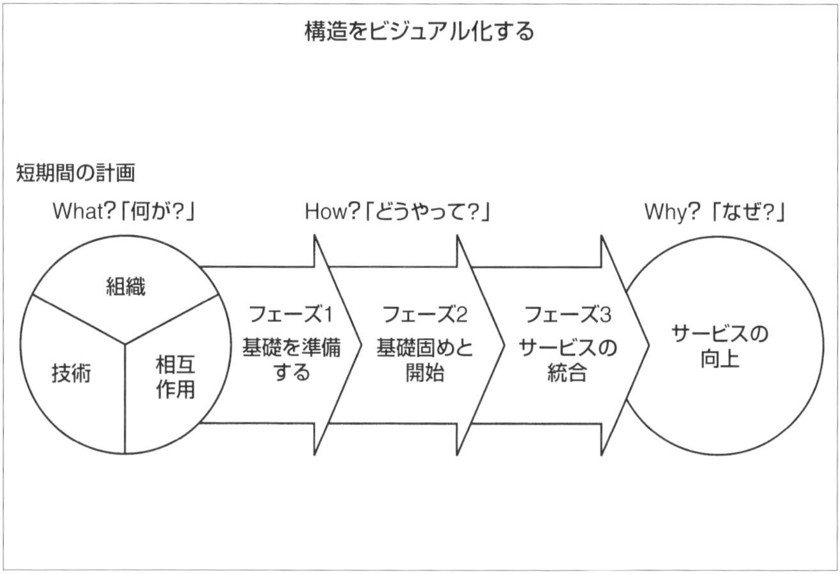
構造をビジュアル化する
短期間の計画
What?「何が?」
How?「どうやって?」
Why?「なぜ?」
組織
技術
相互
作用
フェーズ1
基礎を準備
する
フェーズ2
基礎固めと
開始
フェーズ3
サービスの
統合
サービスの
向上

▽ 3-2

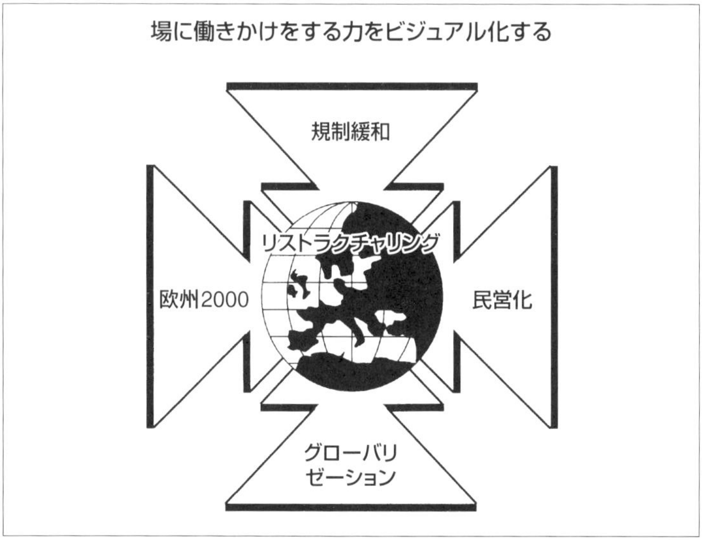
場に働きかけをする力をビジュアル化する
規制緩和
リストラクチャリング
欧州2000
民営化
グローバリ
ゼーション

▽ 3-3

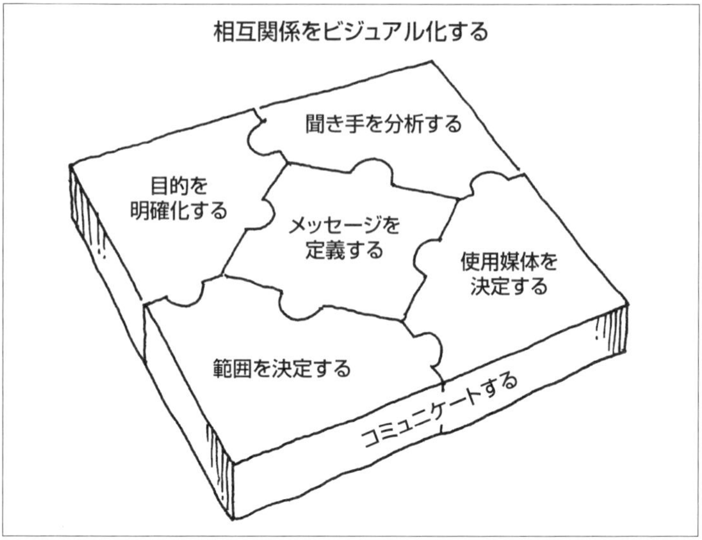

初めに浮かんだアイデアに固執することはない。自分にぴったりくるものを見つけるために絵柄を探し続け、いろいろと図形で試してみよう。そこで、次の演習にチャレンジしよう。

演習⑥　プロジェクトフェーズのビジュアル化

たとえば、あなたが以下の事柄をビジュアル化しなければならないとしよう。

プロジェクトフェーズ

1　プロジェクトを計画する
2　開始する
3　解の策定をする
4　提案をプレゼンテーションする
5　実行する！

この章で紹介する9つの図形を選択してみた。この中からあなたが1つを選んでプロジェクトフェーズをビジュアル化するのだ。あなたのストーリーを端的に伝えているのはどれだろうか。

ところで、この演習には解答はない。イメージというものは、聞き手により意味合いが変化する。だからあなたがつくったチャートが意図した概念を明確かつ簡潔に伝えているかどうかあなたの同僚に見てもらい、言いたいことを彼らが理解できるかどうか確認してみることが答え合わせになる。

さあ、気楽に挑戦してみてほしい。

▽ 3-4-1　プロジェクトフェーズのビジュアル化①

1

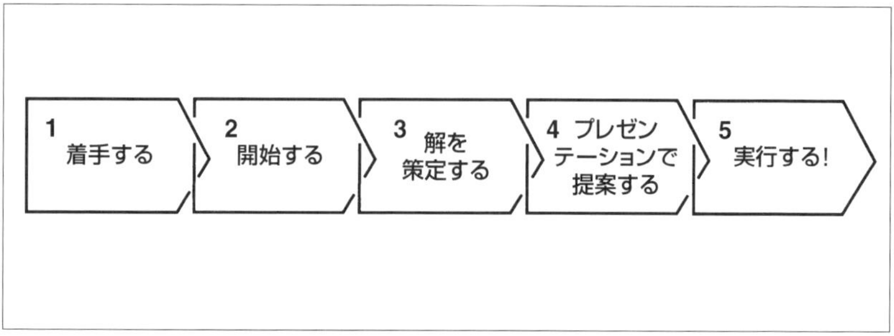

2

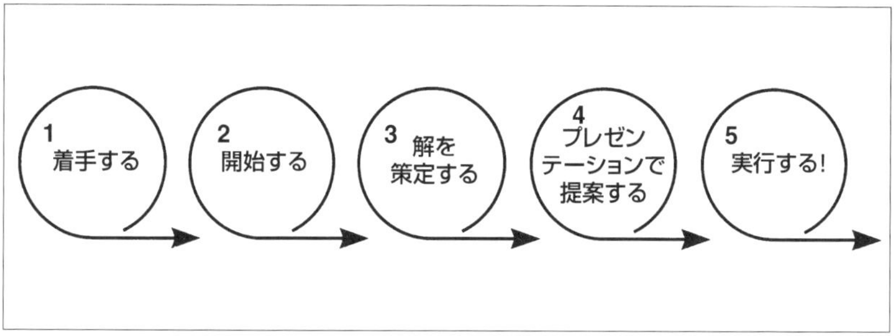

3

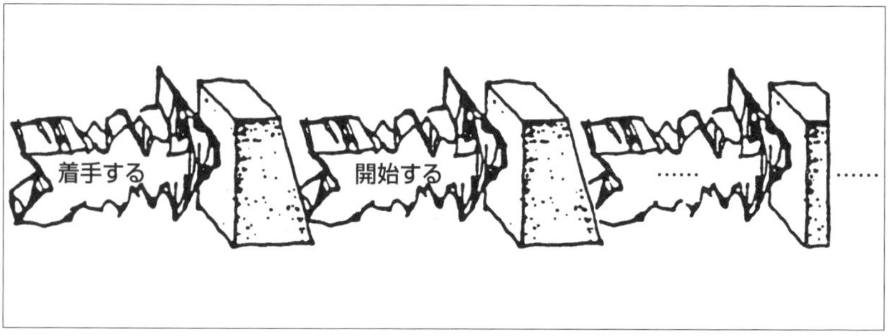

▽ 3-4-2　プロジェクトフェーズのビジュアル化②

4

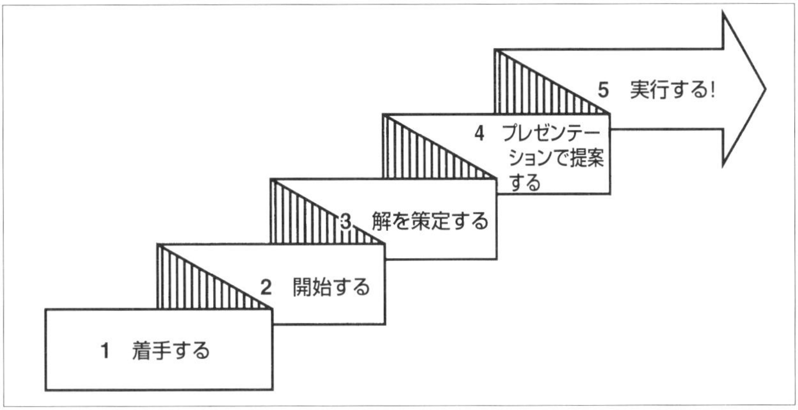

5

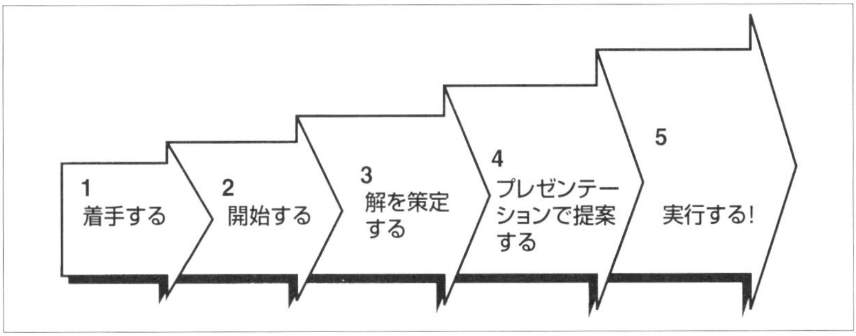

6

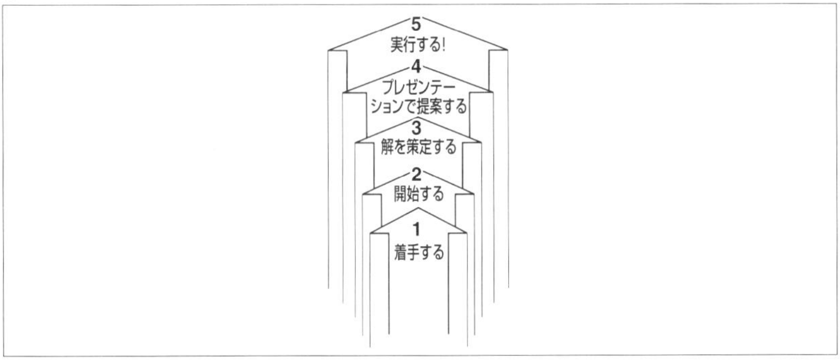

▽ 3-4-3　プロジェクトフェーズのビジュアル化③

7

8

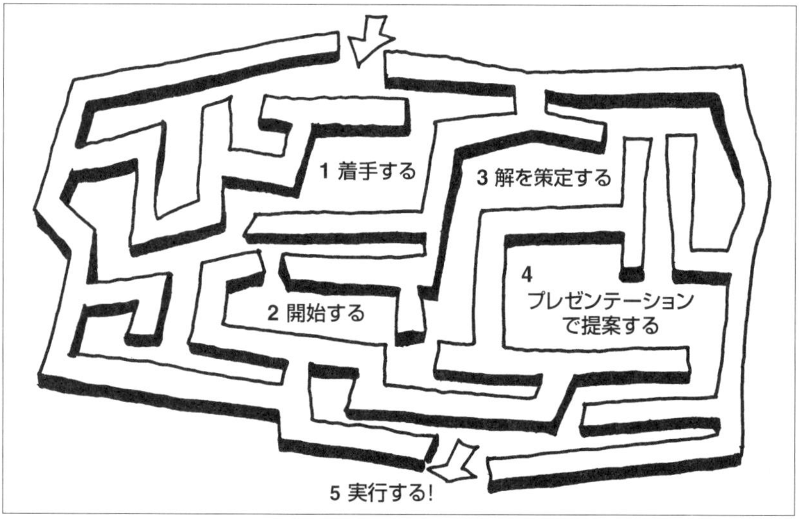

9

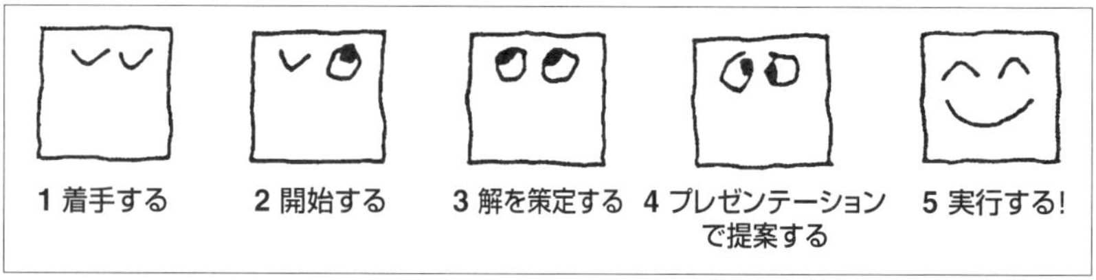

□ビジュアルイメージを見てみよう

演習が終わったら、才能のあるデザイナーたちとの共同作業で生まれた視覚的イメージを多数紹介しよう。

▽ 3-5

ビジュアルイメージ一覧表

リニア・フロー（直線流れ図）①

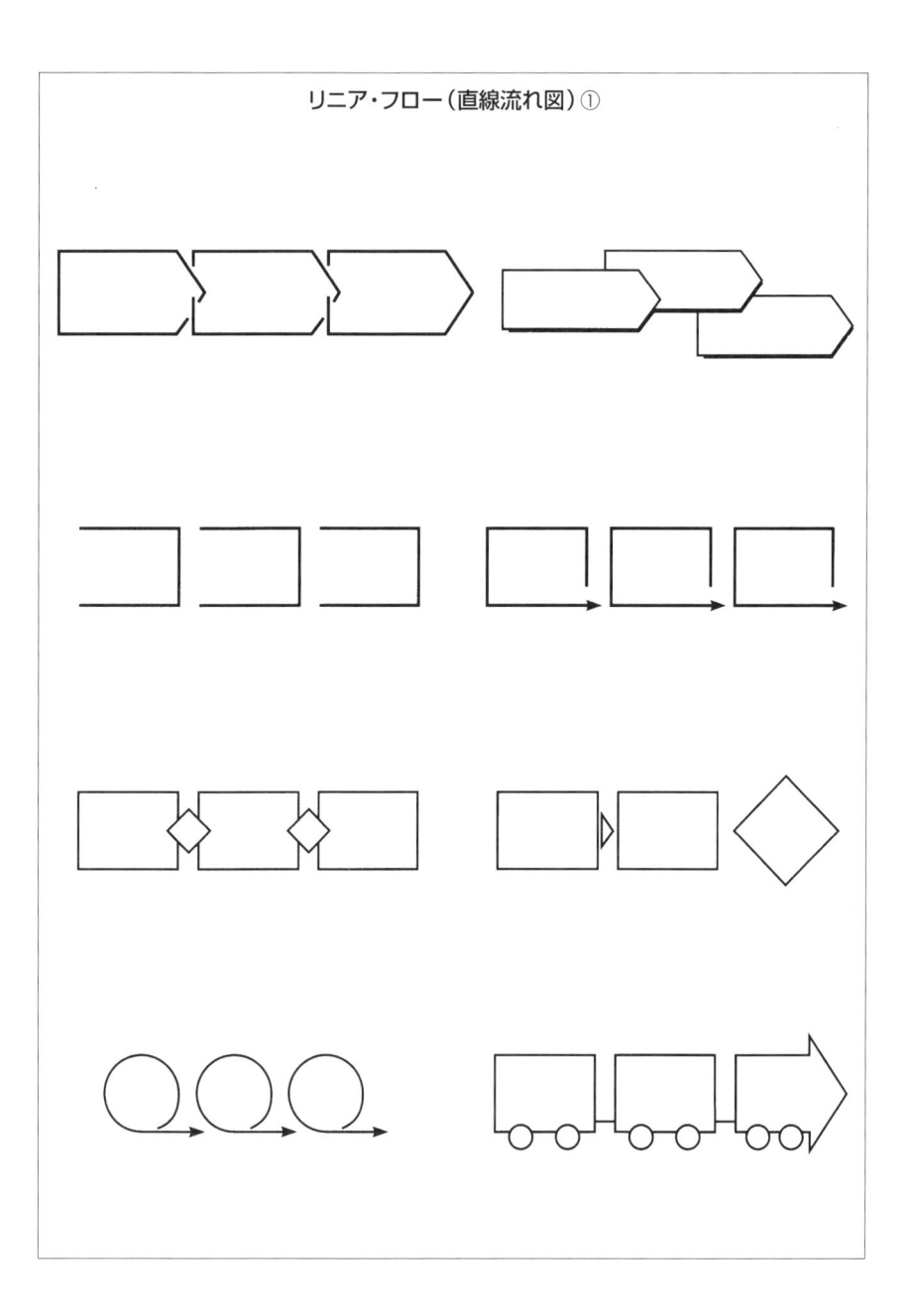

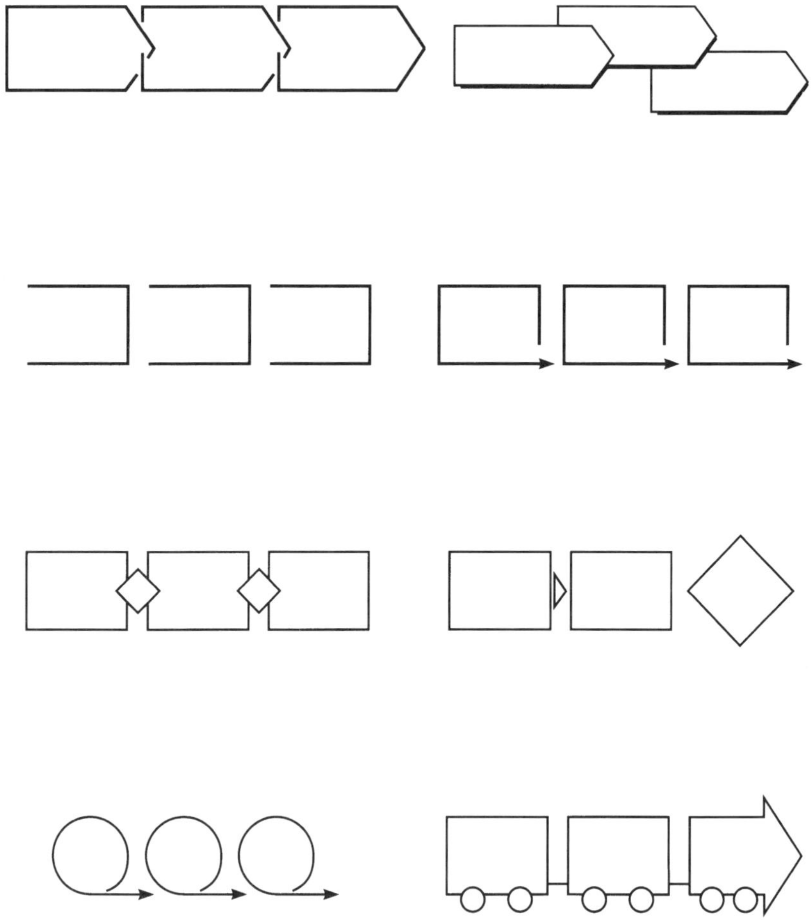

リニア・フロー（直線流れ図）②

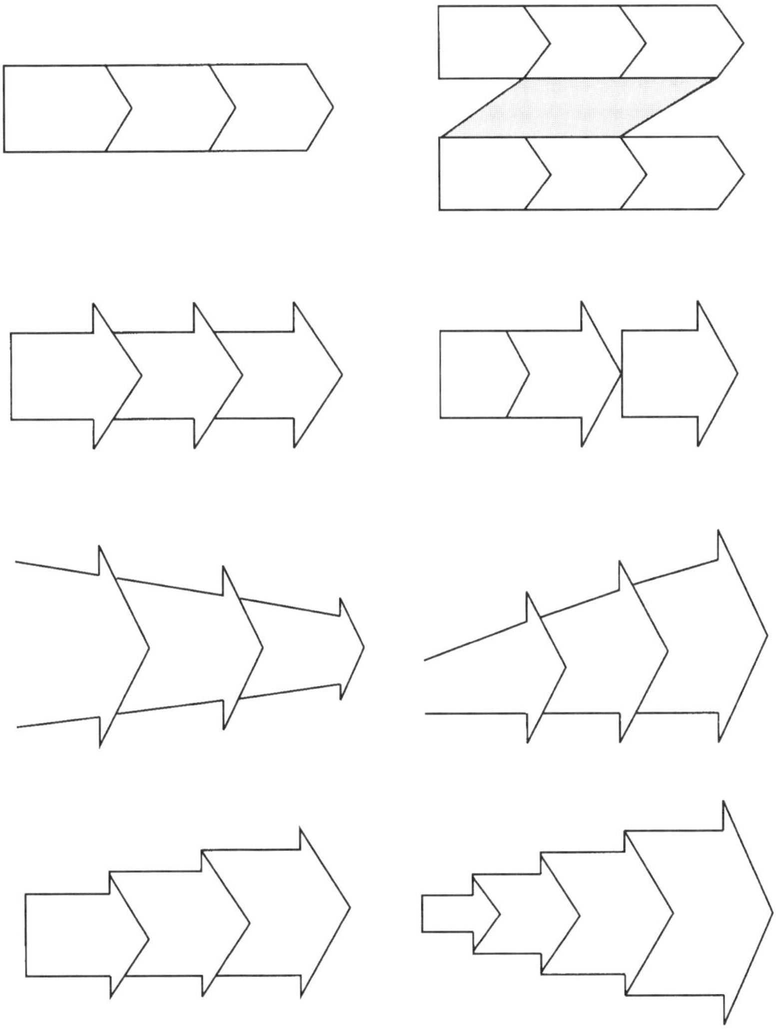

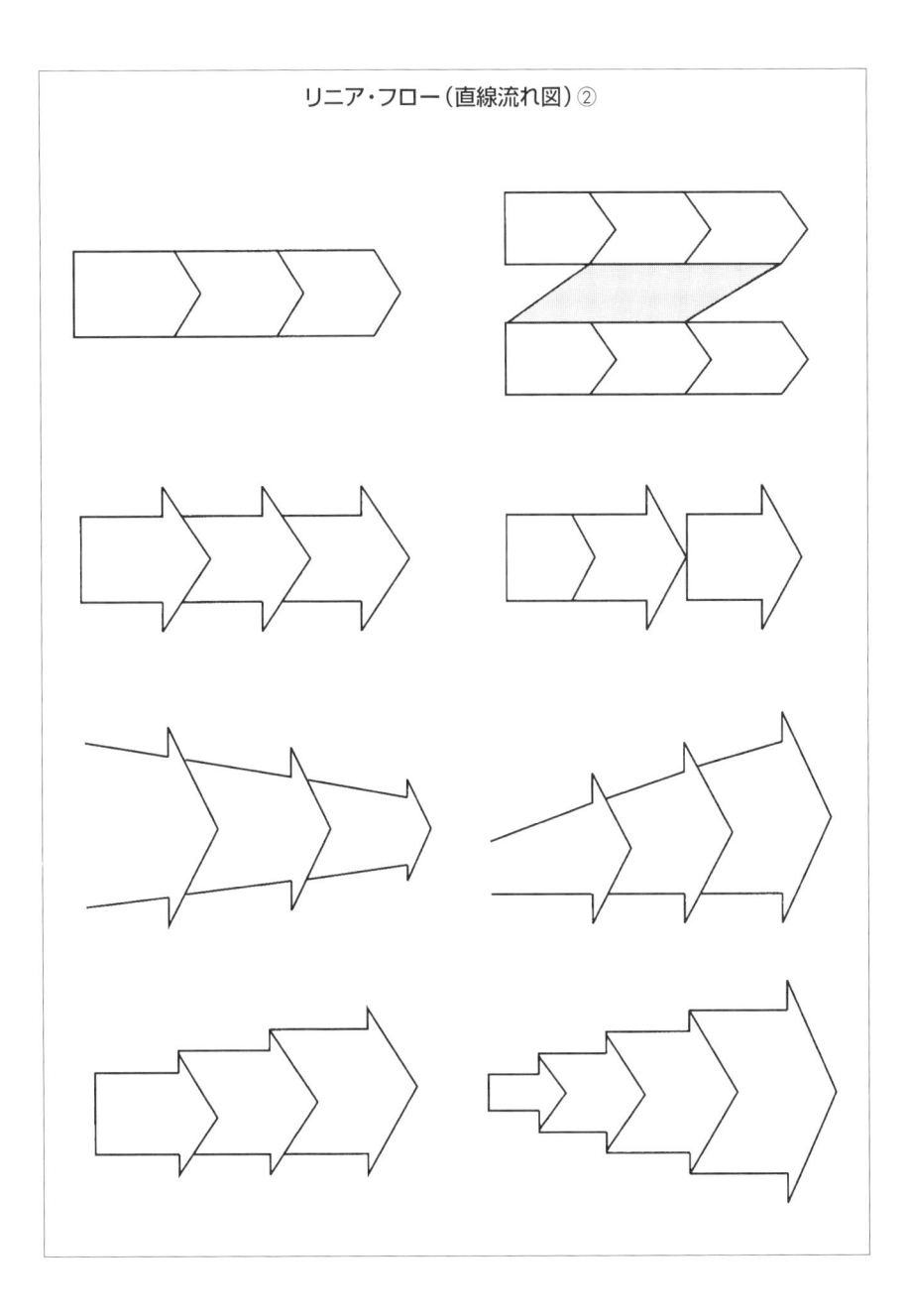

リニア・フロー（直線流れ図）③

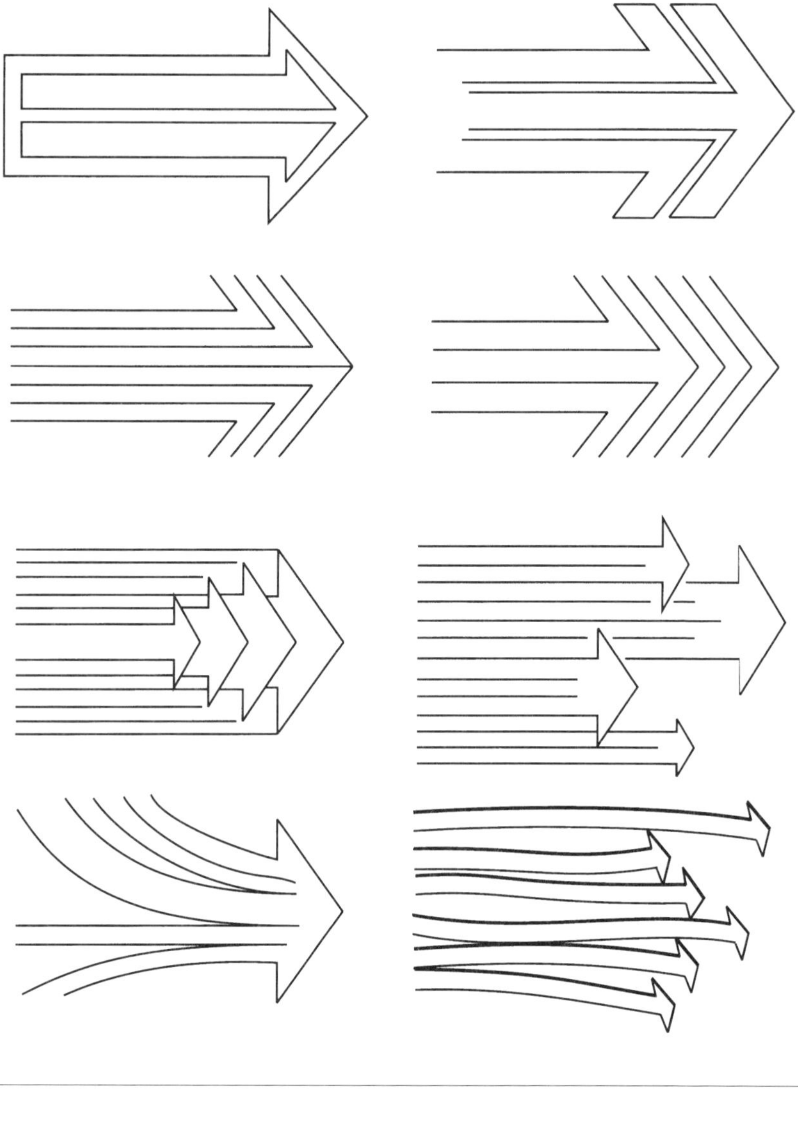

バーティカル・フロー（垂直流れ図）①

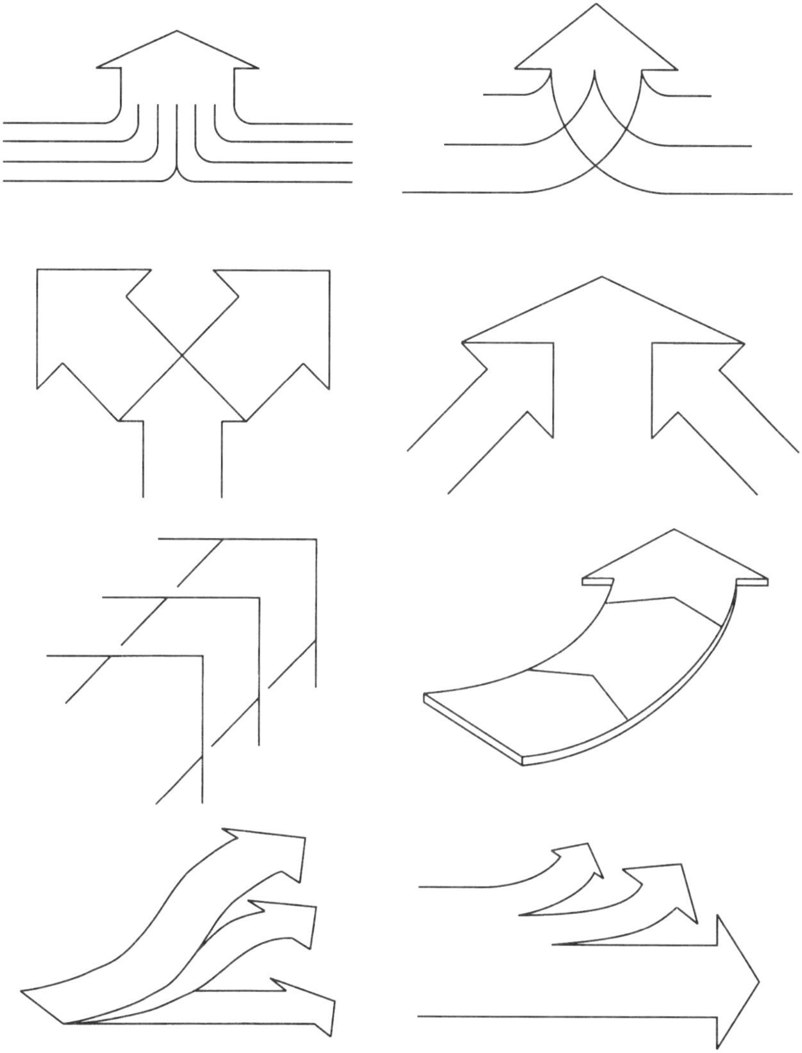

バーティカル・フロー（垂直流れ図）②

サーキュラー・フロー（循環流れ図）①

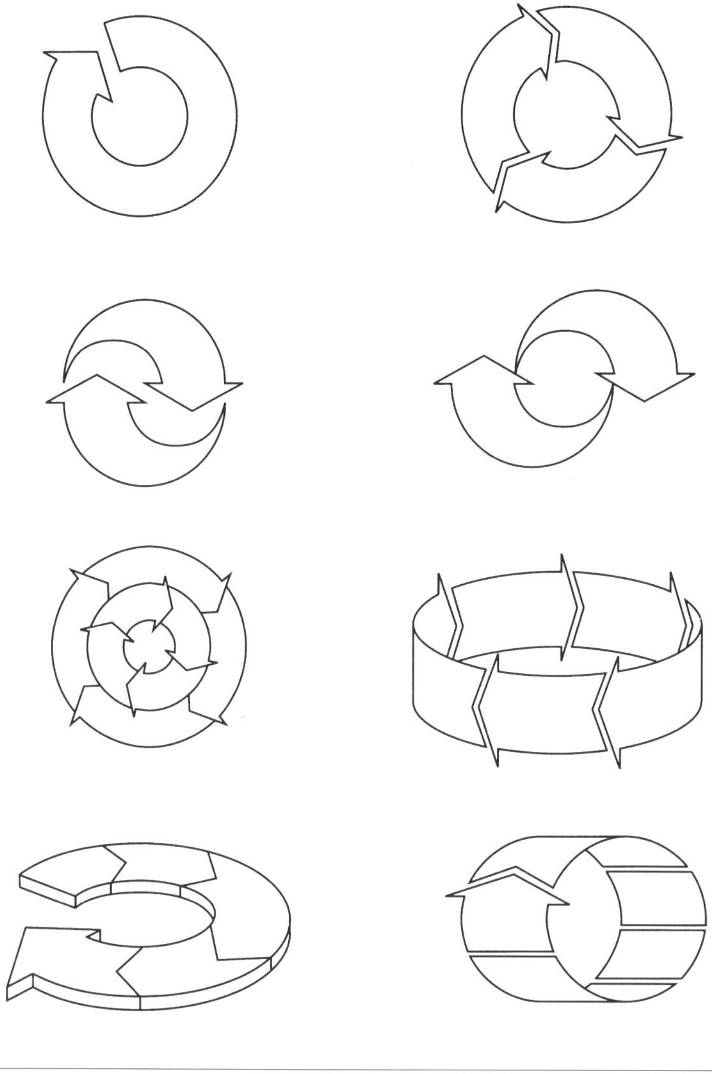

サーキュラー・フロー（循環流れ図）②

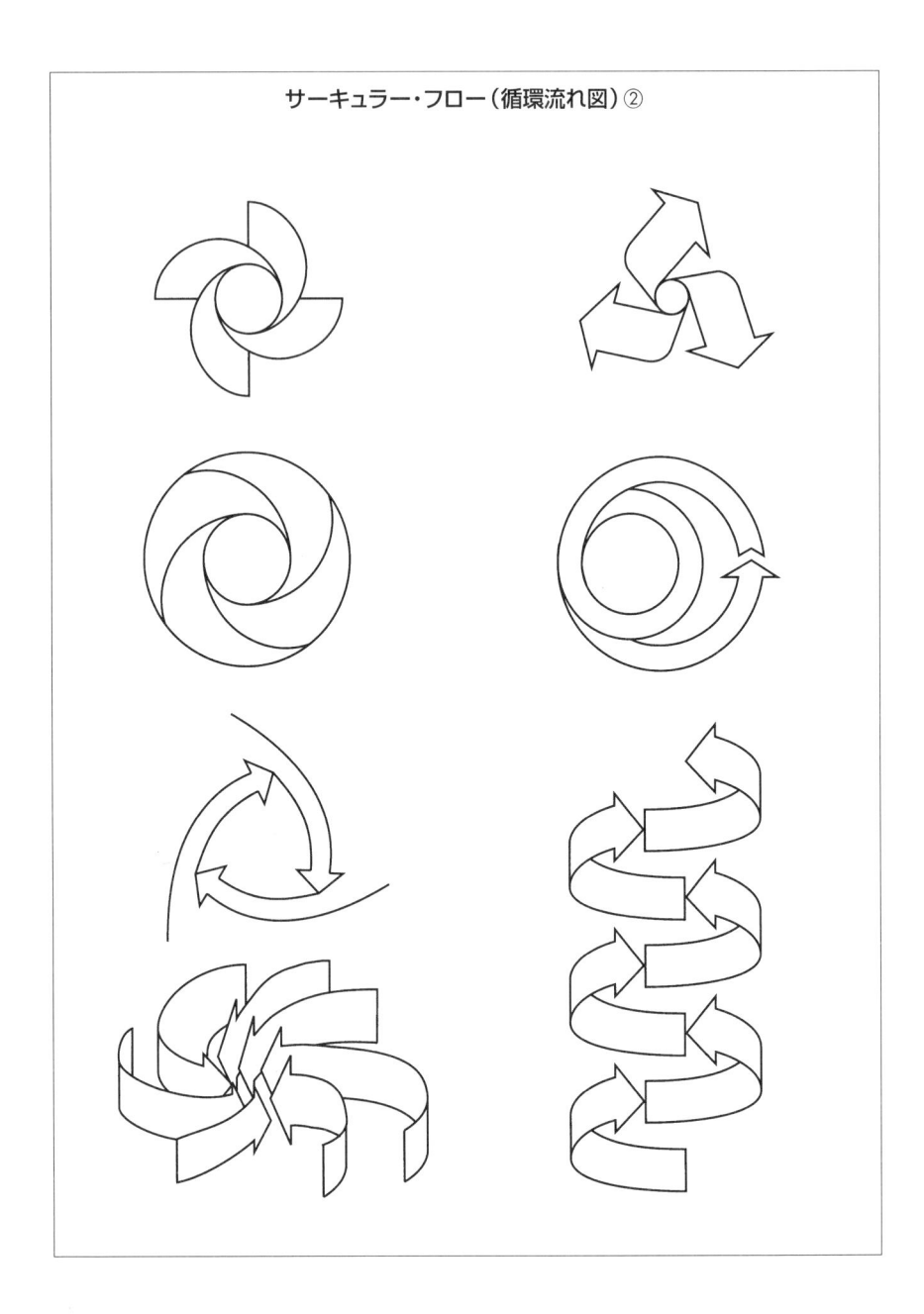

サーキュラー・フロー（循環流れ図）③

サーキュラー・フロー（循環流れ図）④

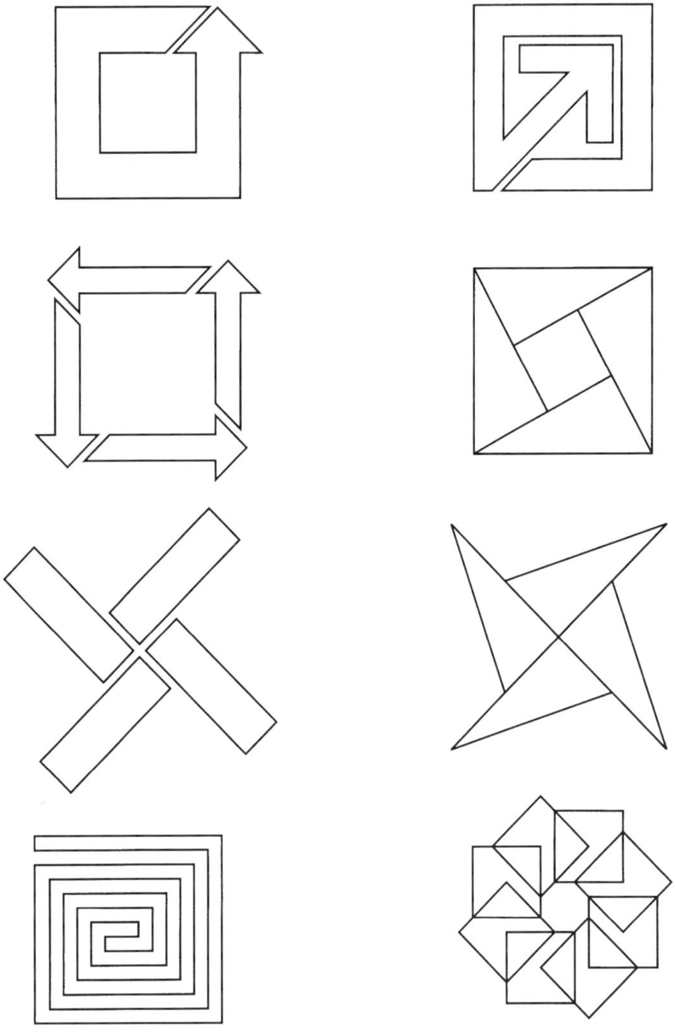

相互作用①

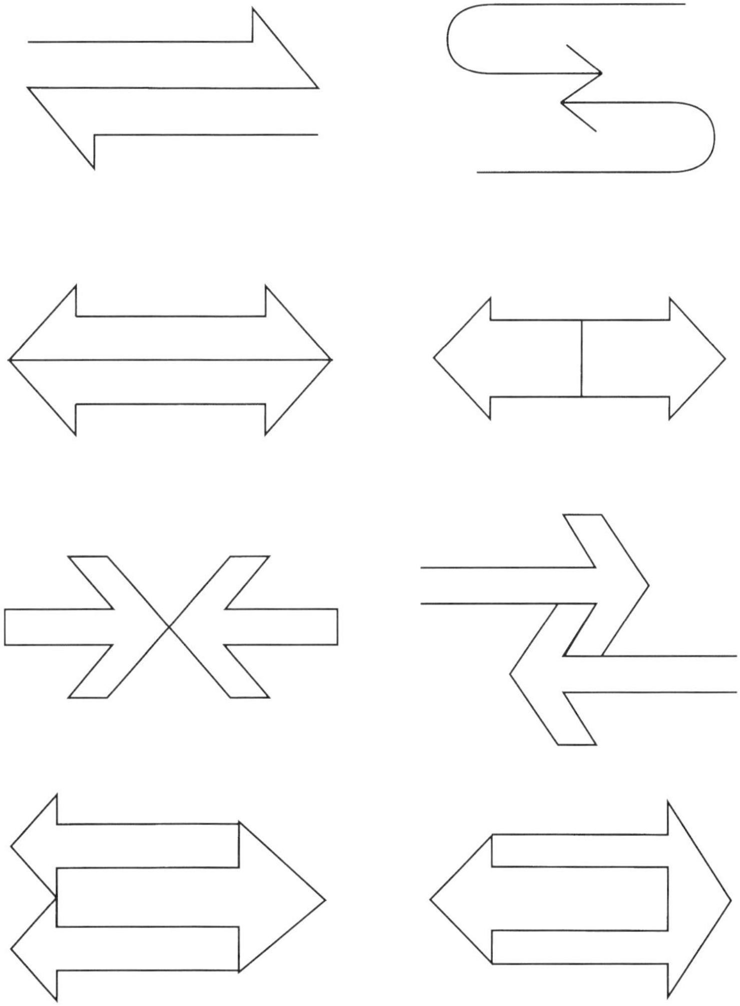

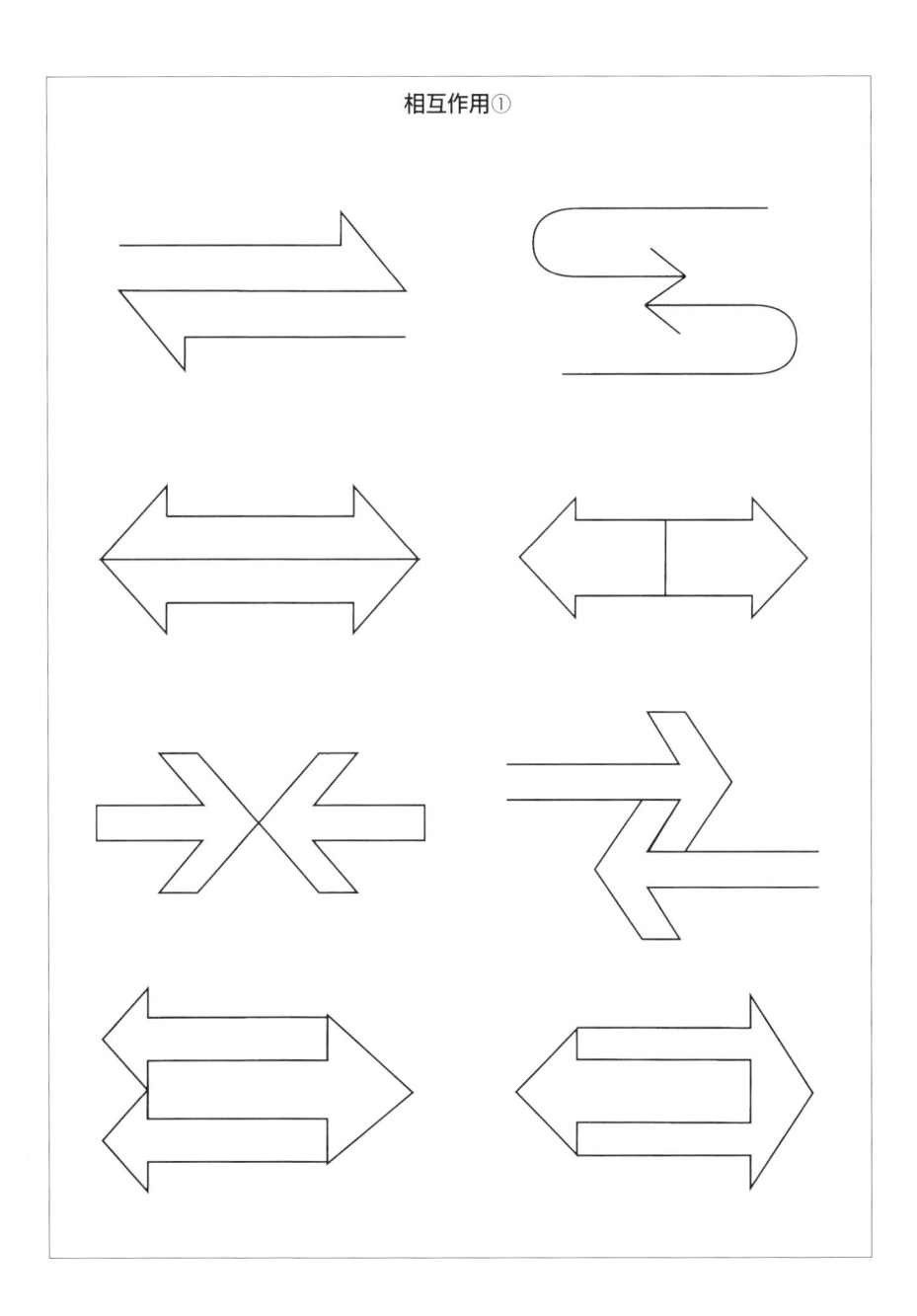

相互作用②

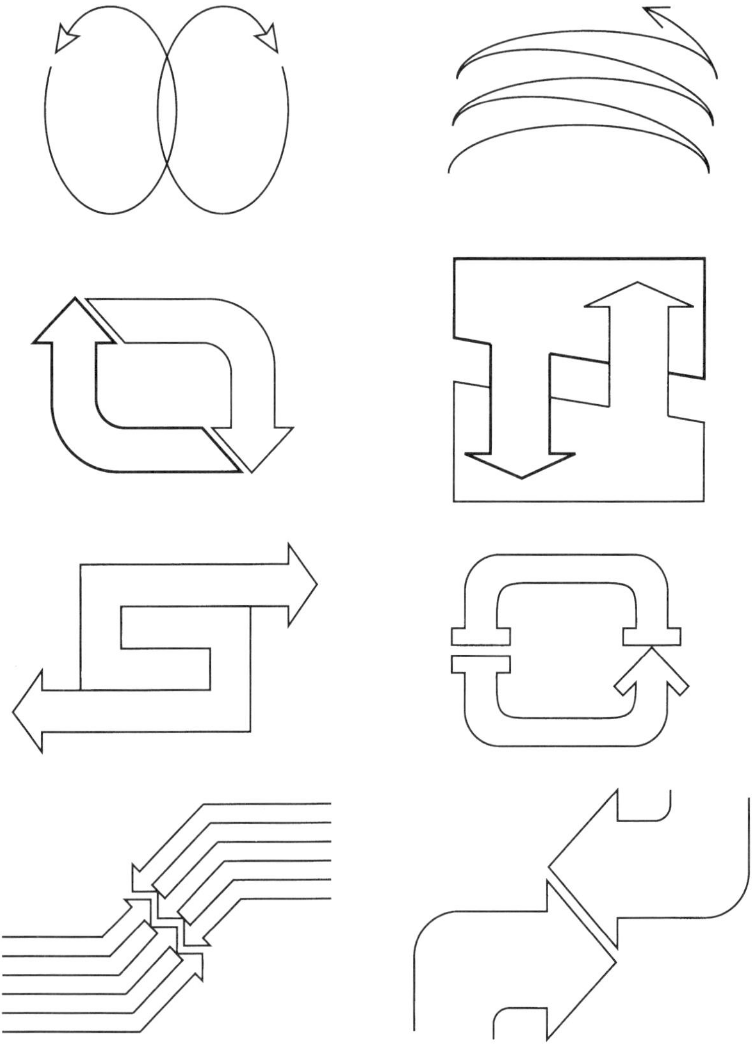

相互作用③

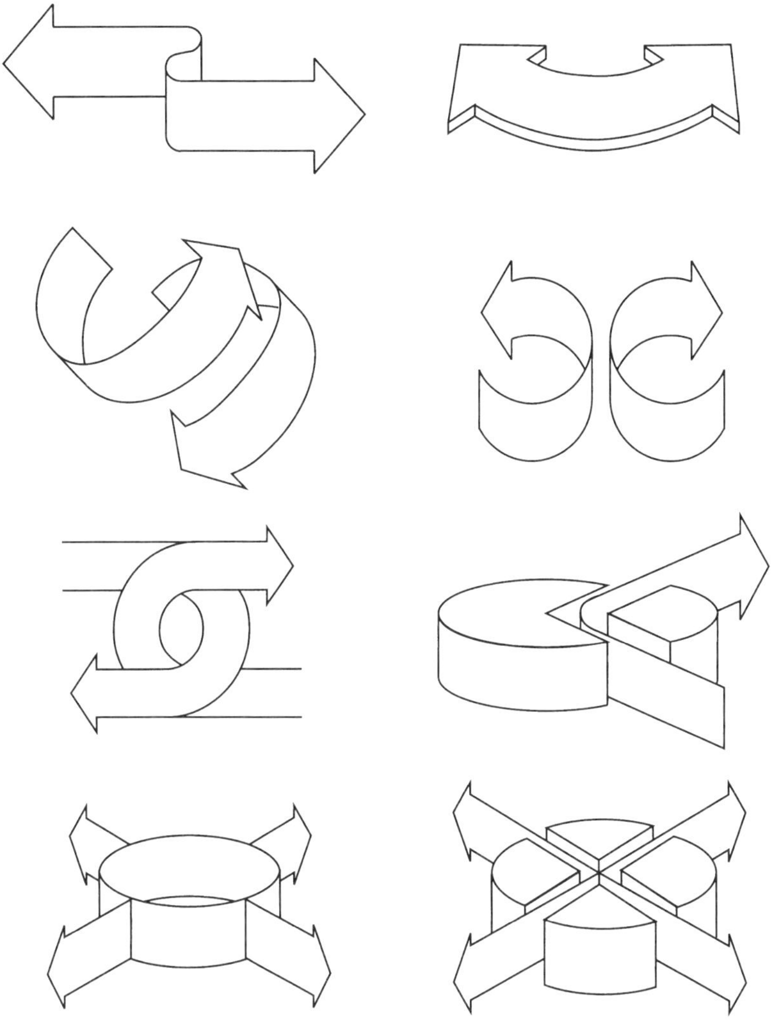

フォース・アットワーク（場に働きかけをする力）①

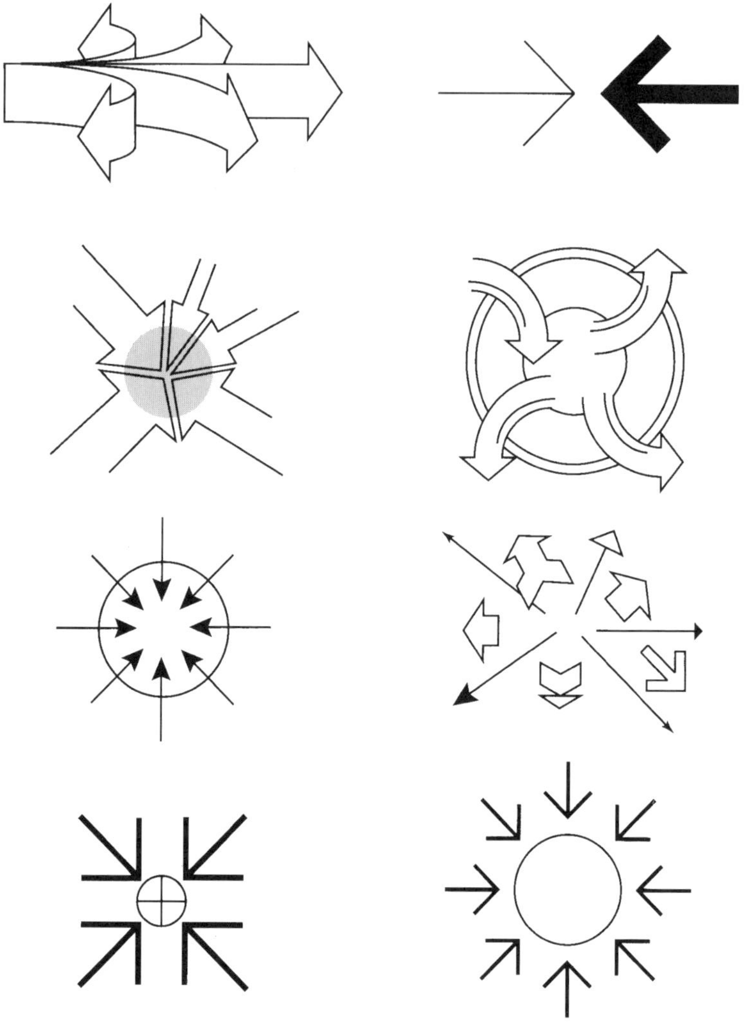

フォース・アットワーク（場に働きかけをする力）②

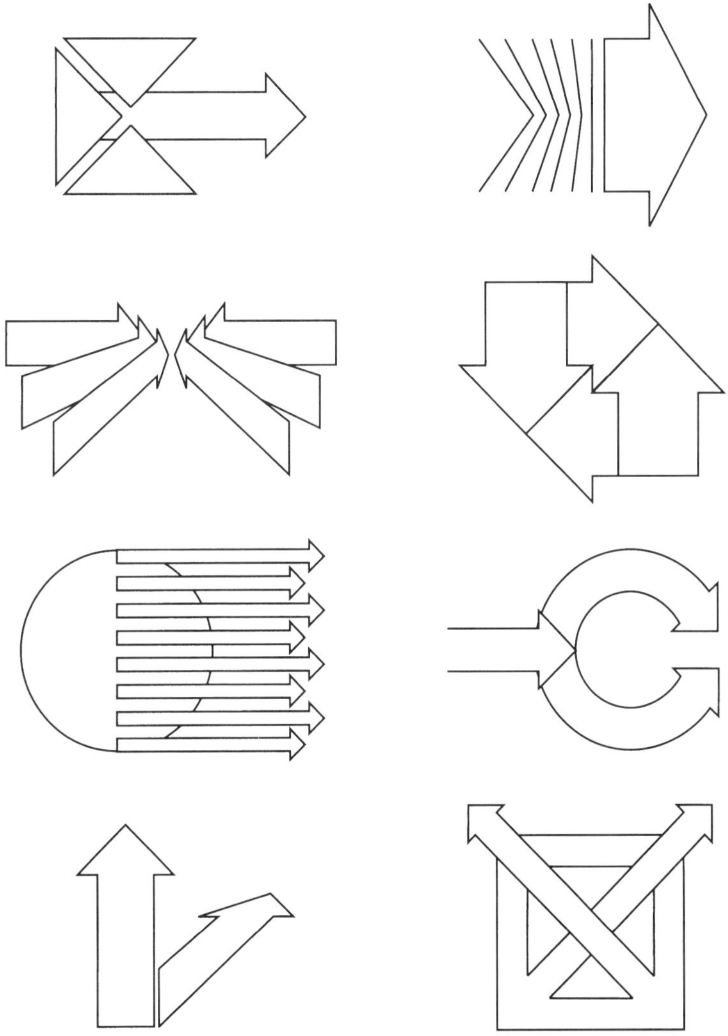

フォース・アットワーク（場に働きかけをする力）③

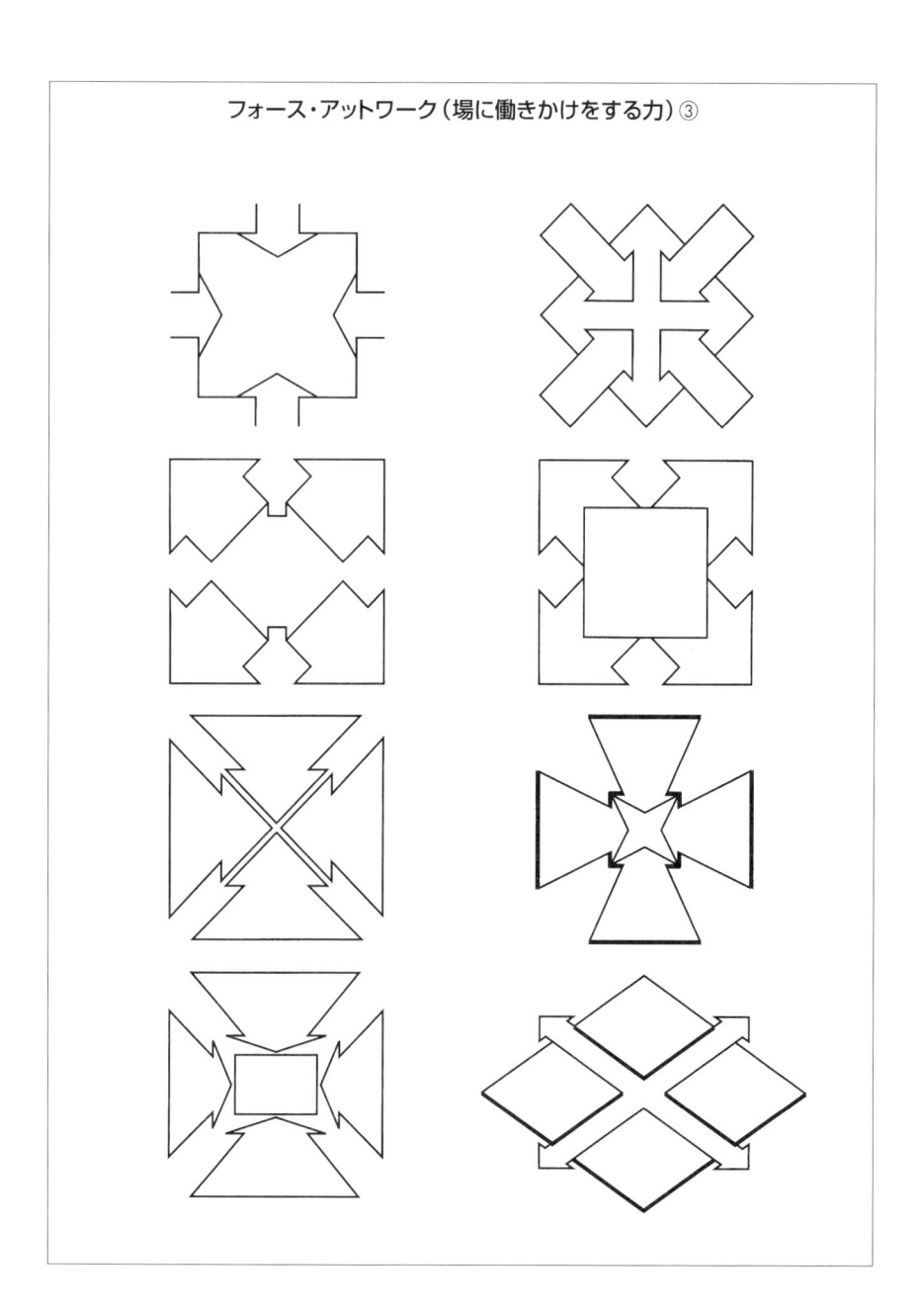

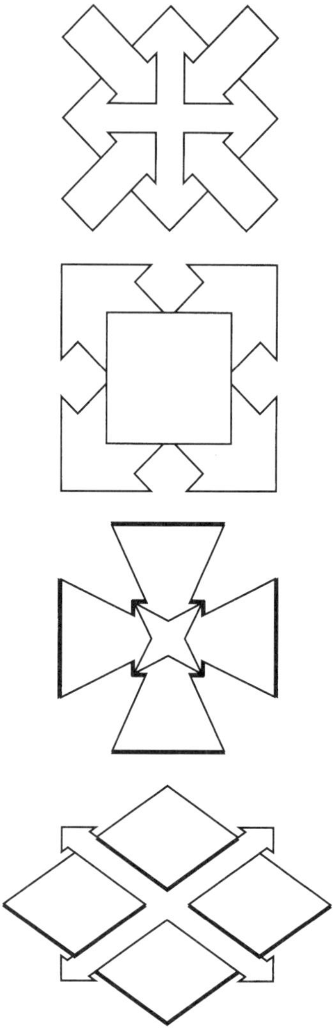

フォース・アットワーク（場に働きかけをする力）④

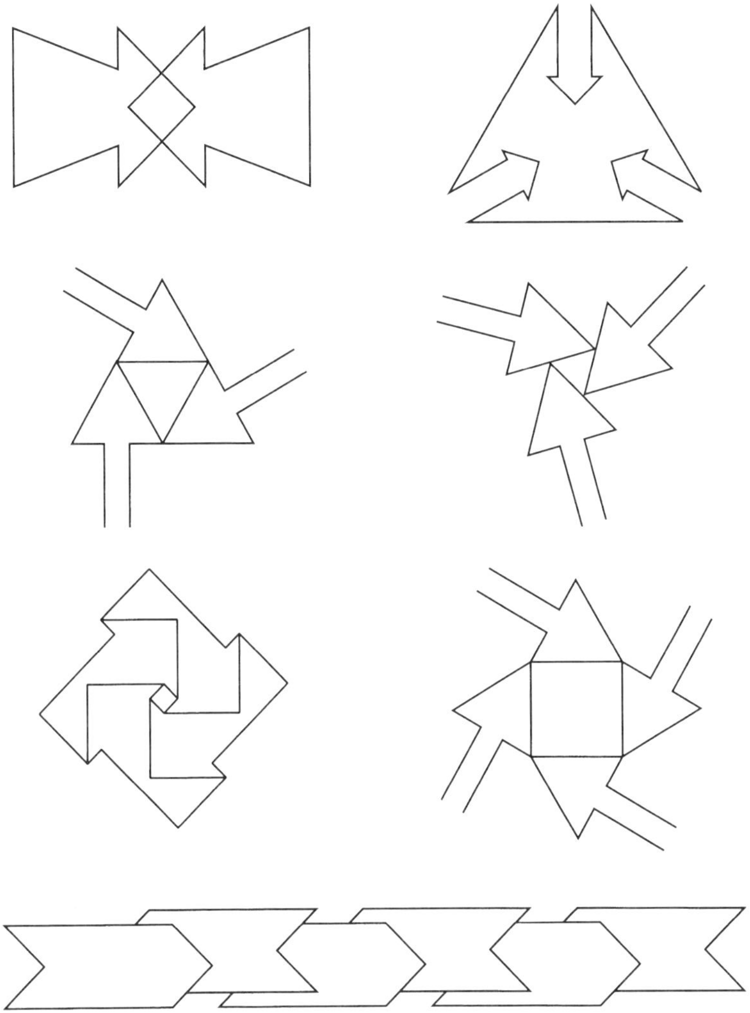

コースの変更①

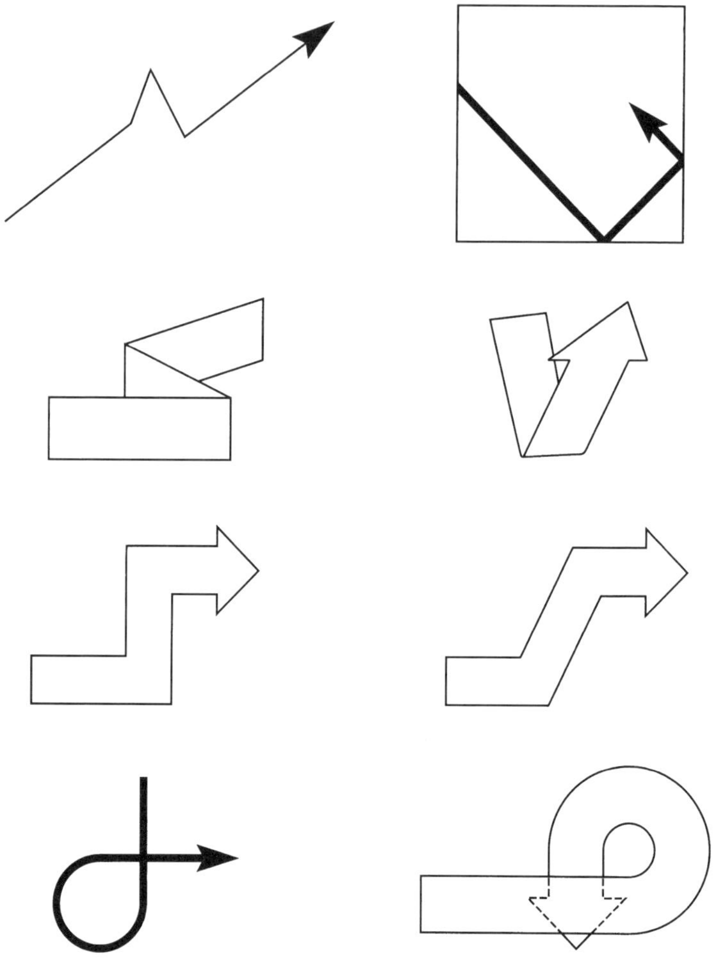

コースの変更②

てことバランス①

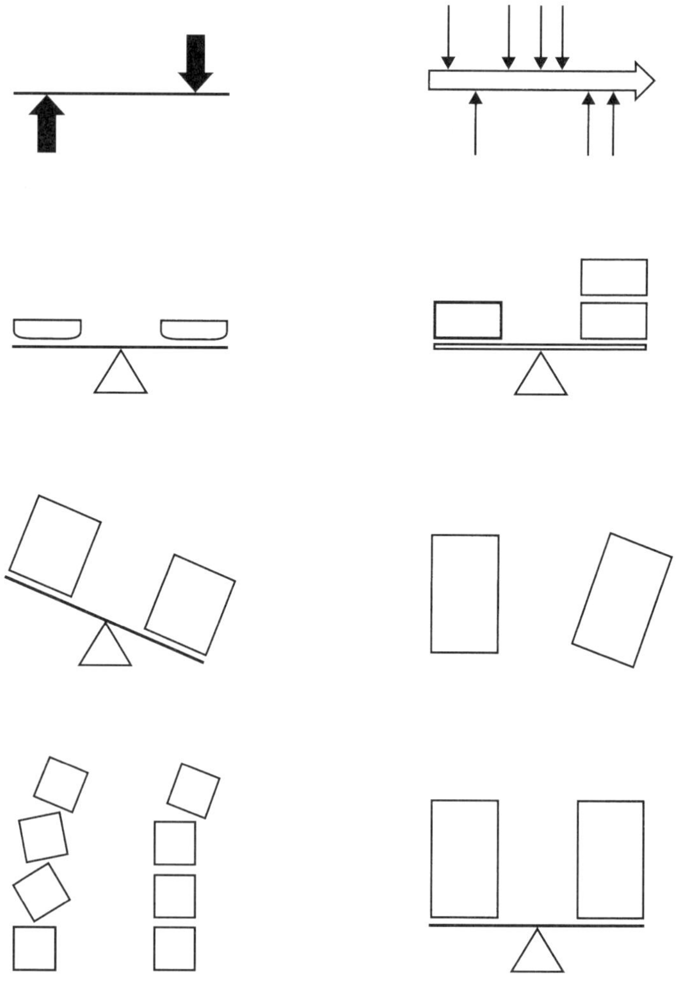

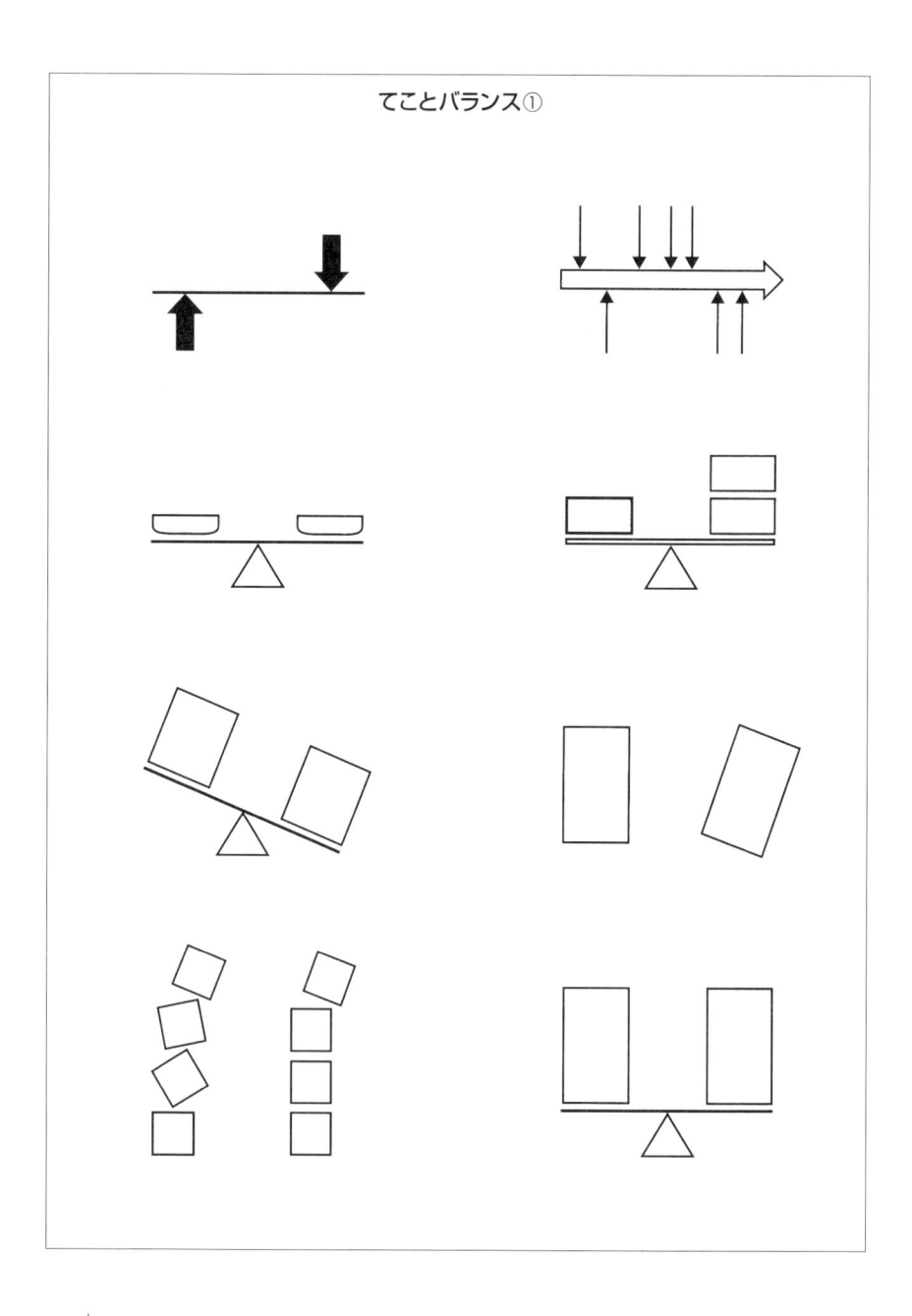

てことバランス②

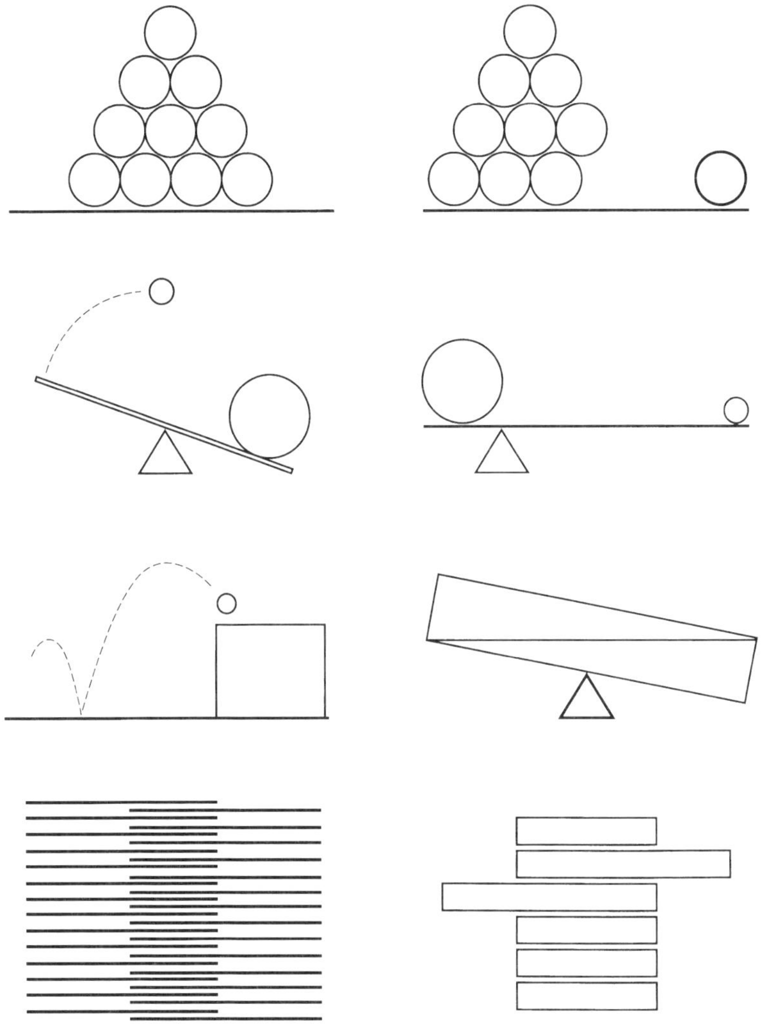

浸透と障壁

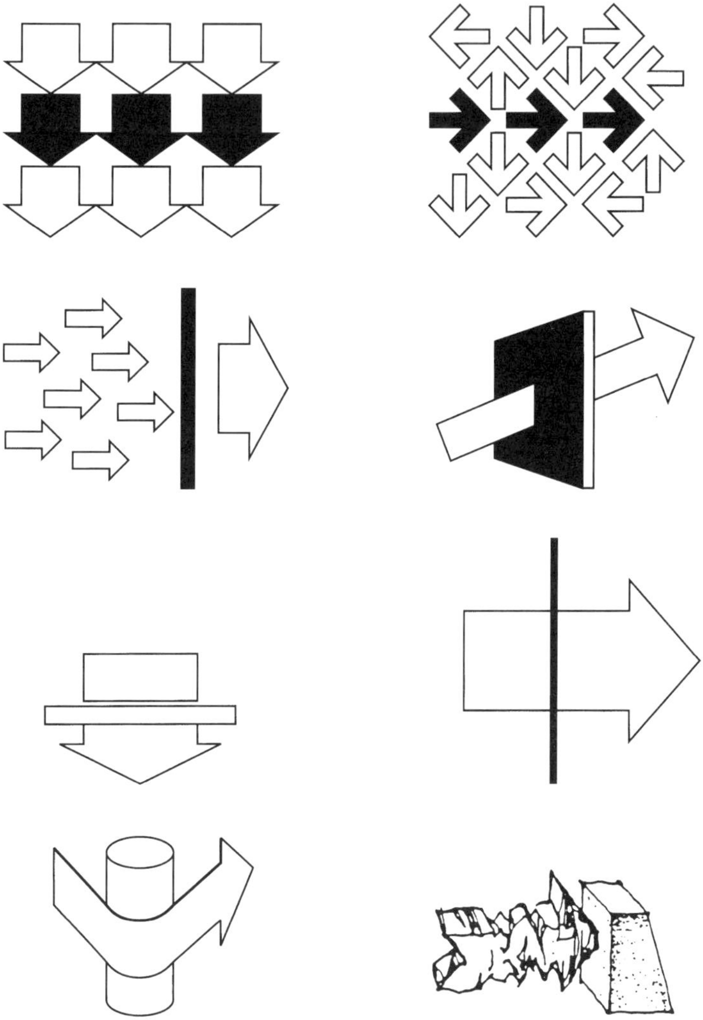

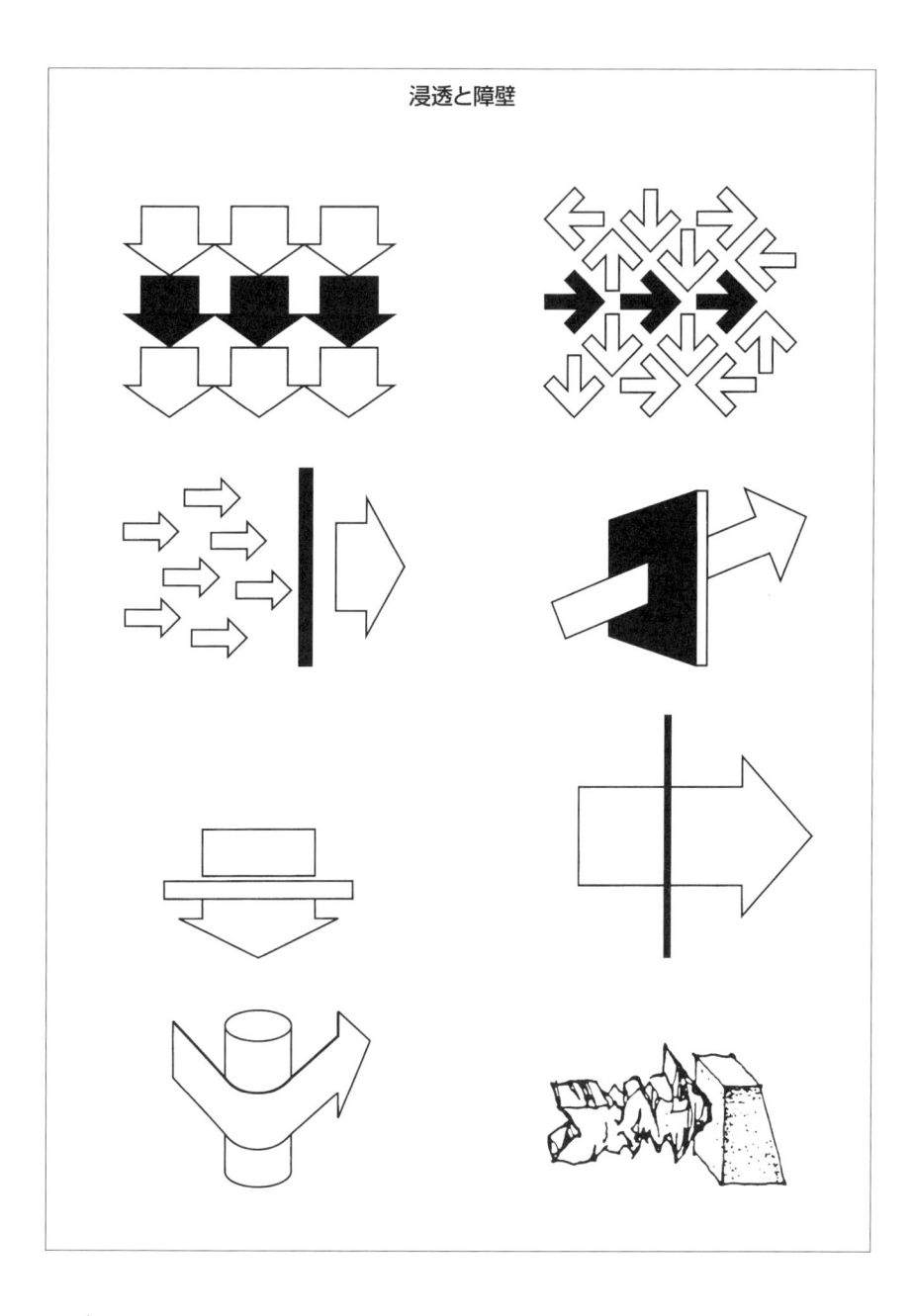

フィルターとスクリーン

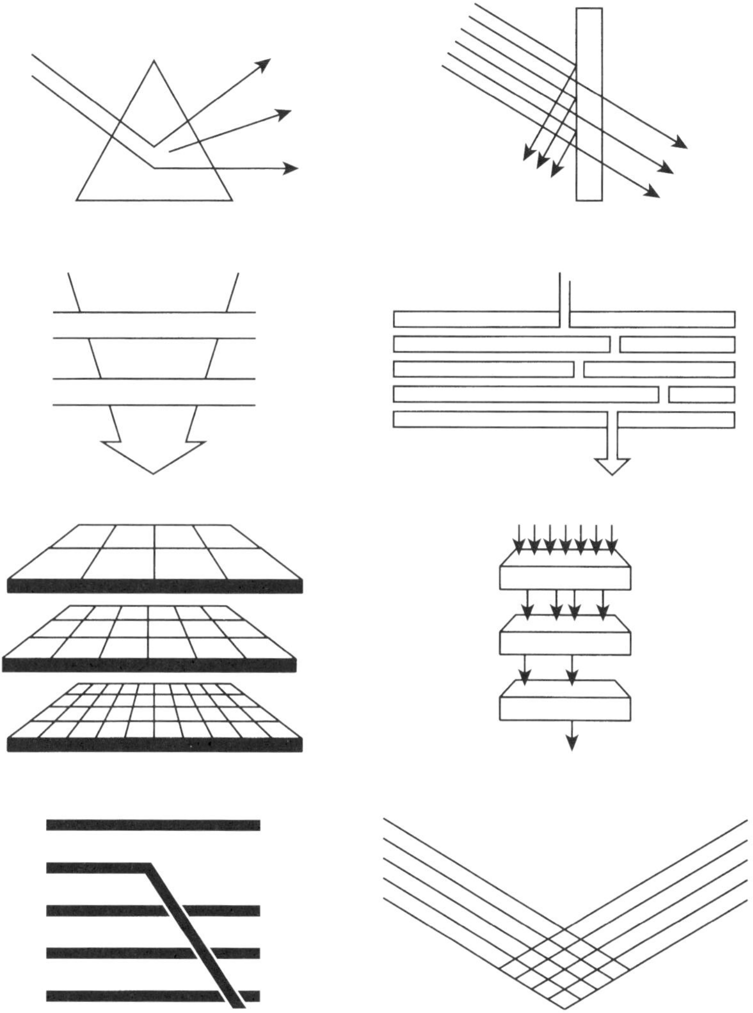

相互関係①

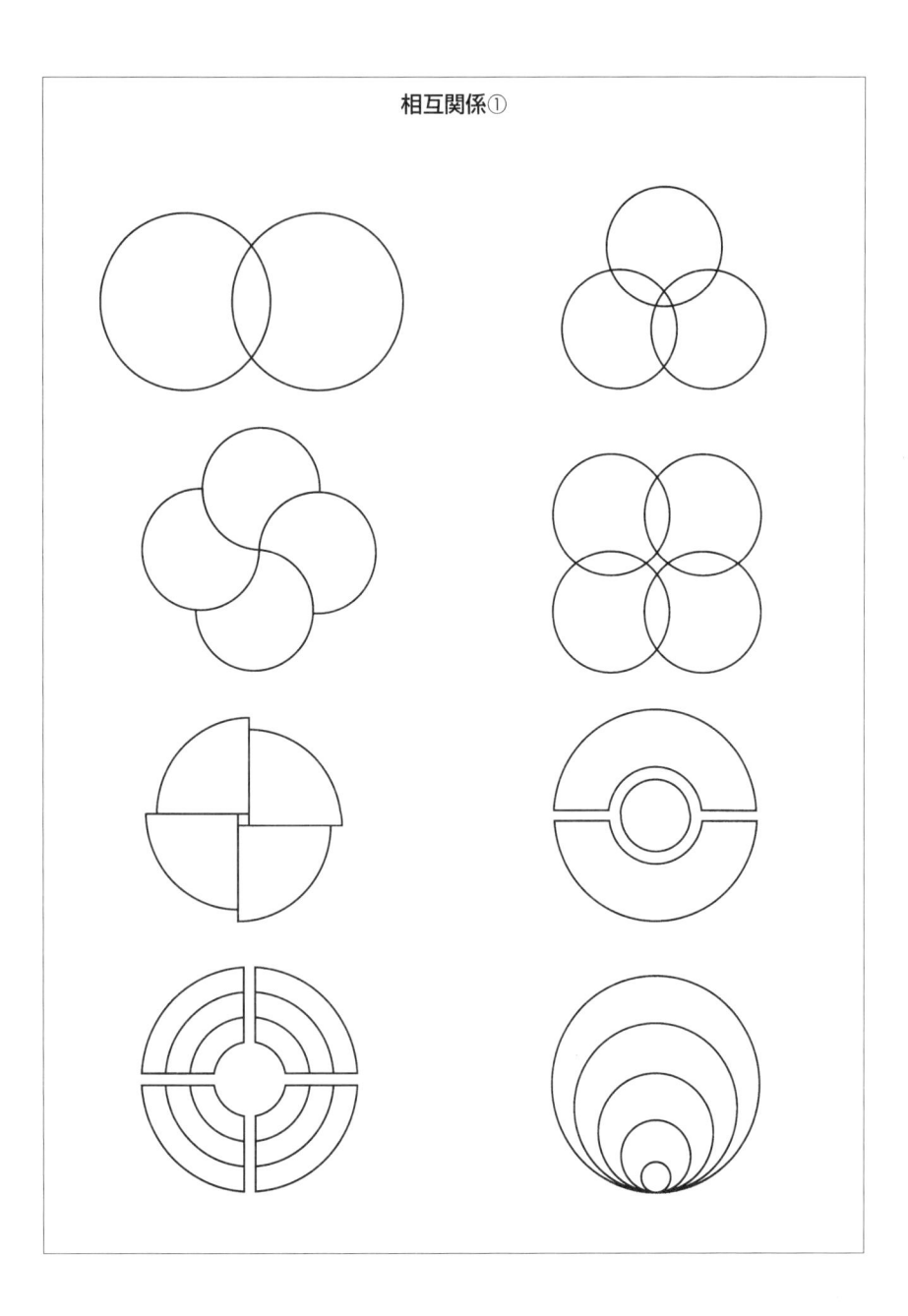

相互関係②

相互関係③

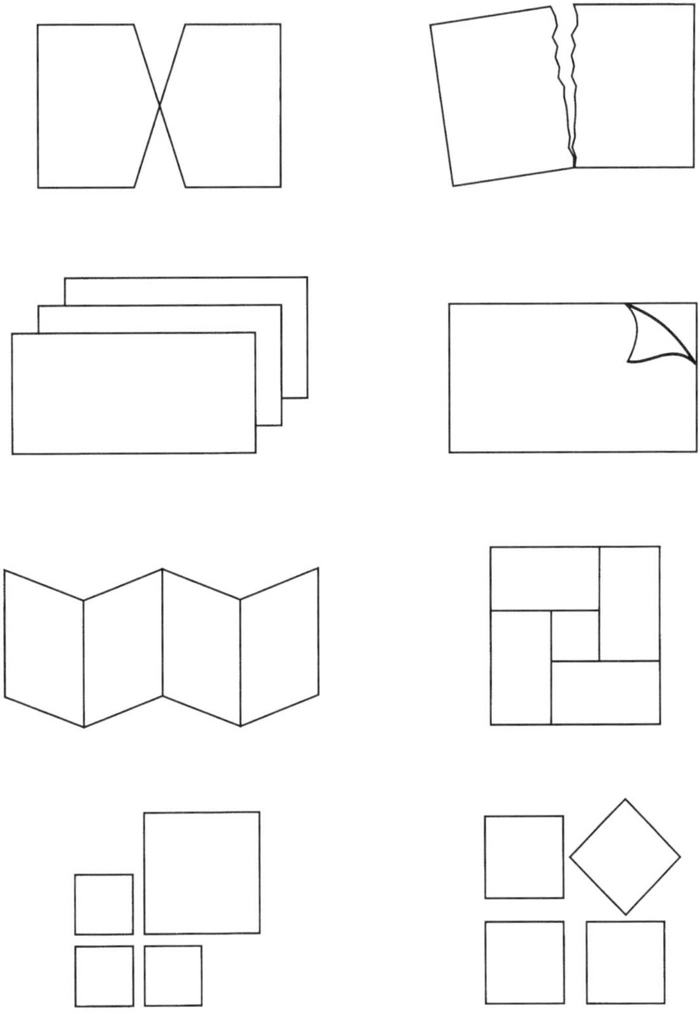

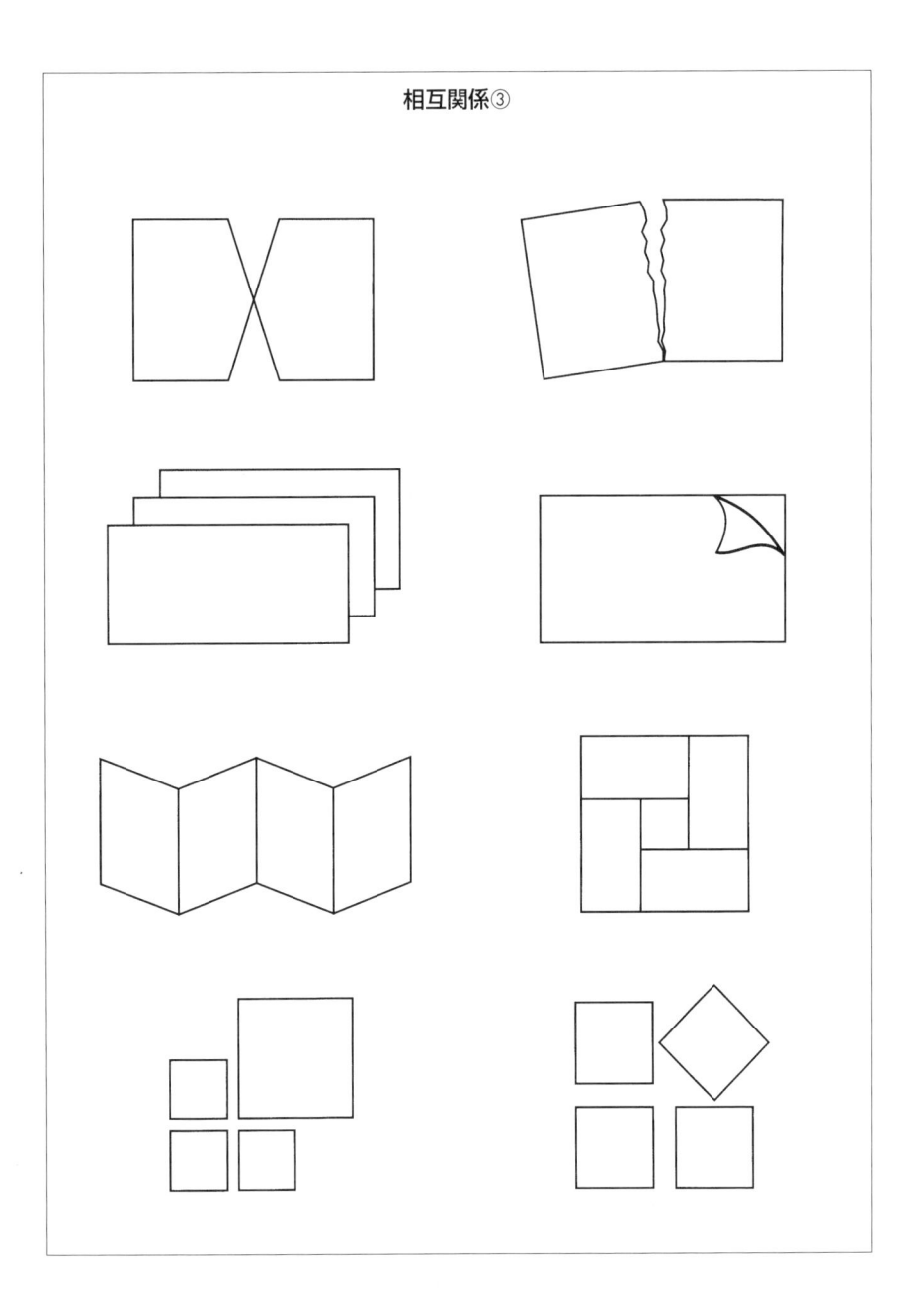

相互関係④

プロセス

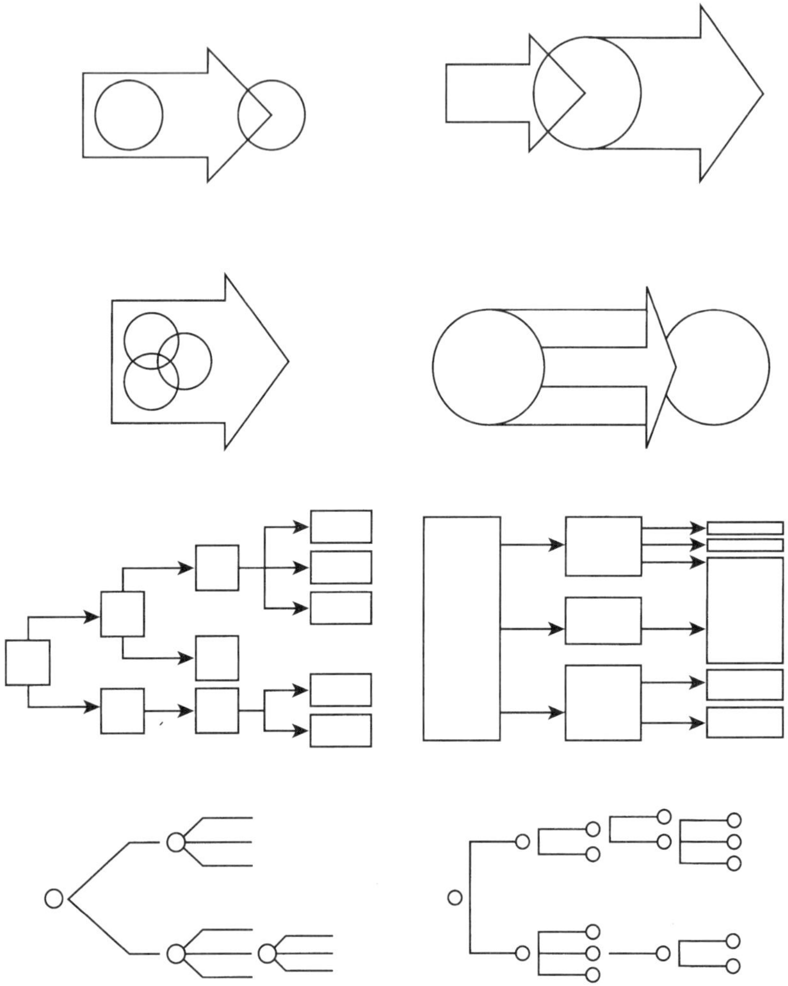

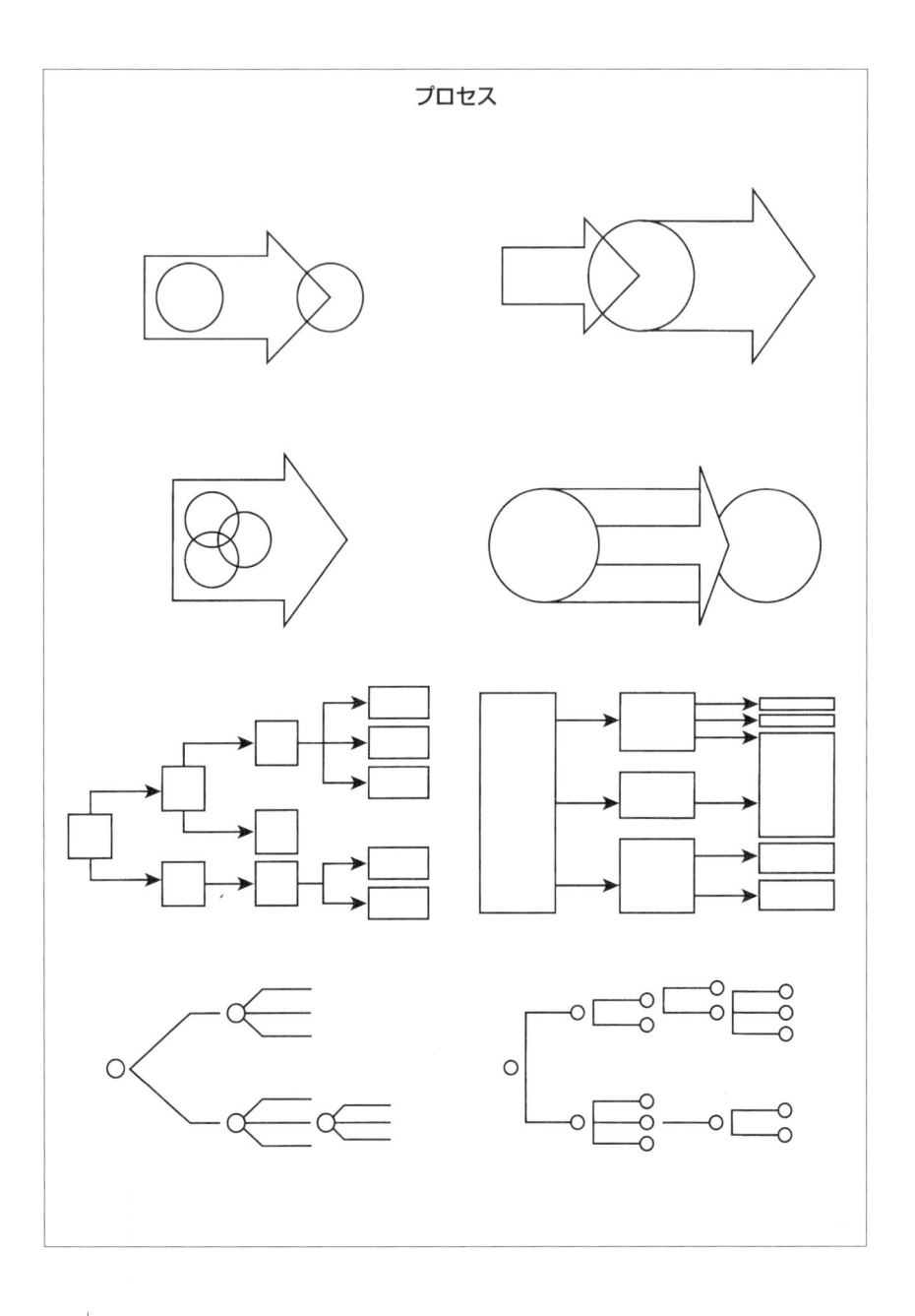

セグメンテーション（分割）①

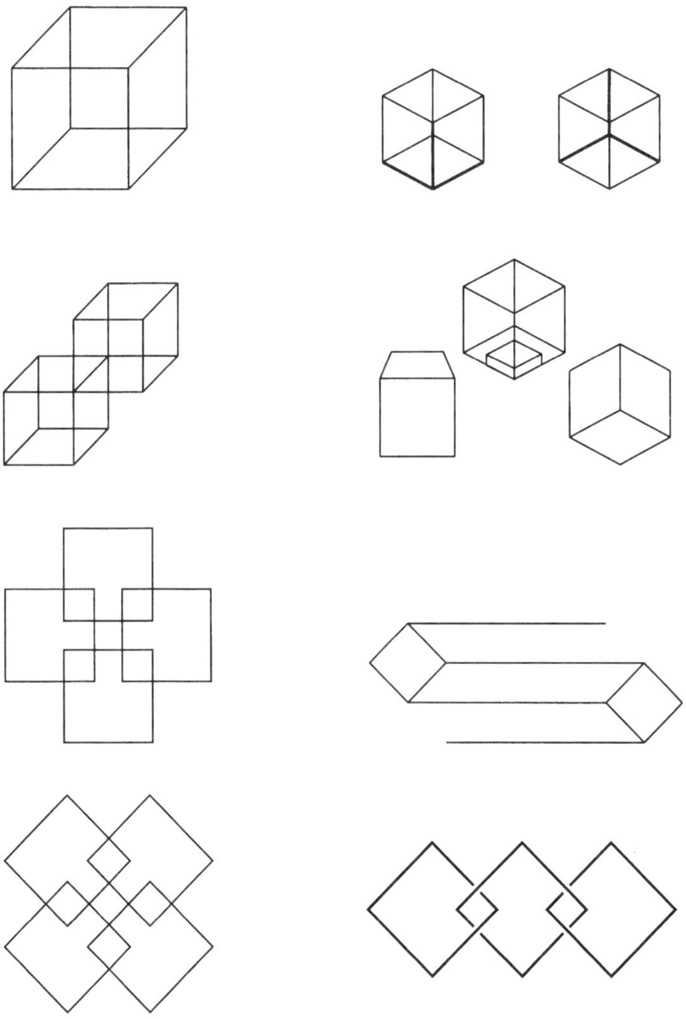

セグメンテーション（分割）②

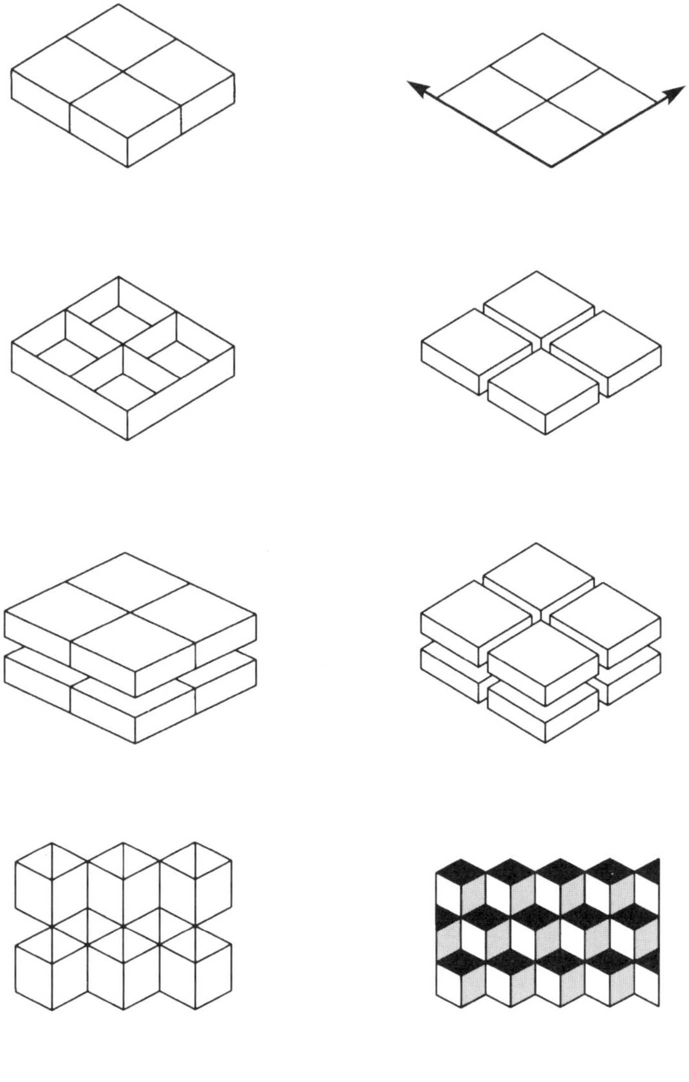

ゲーム①

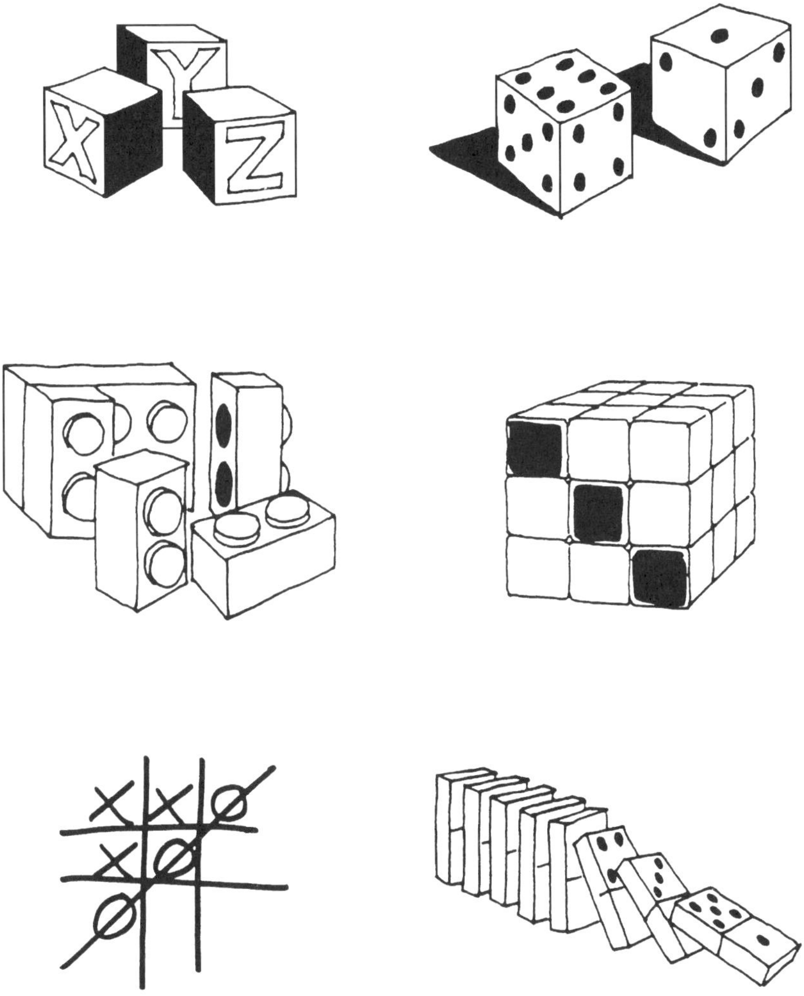

ゲーム②

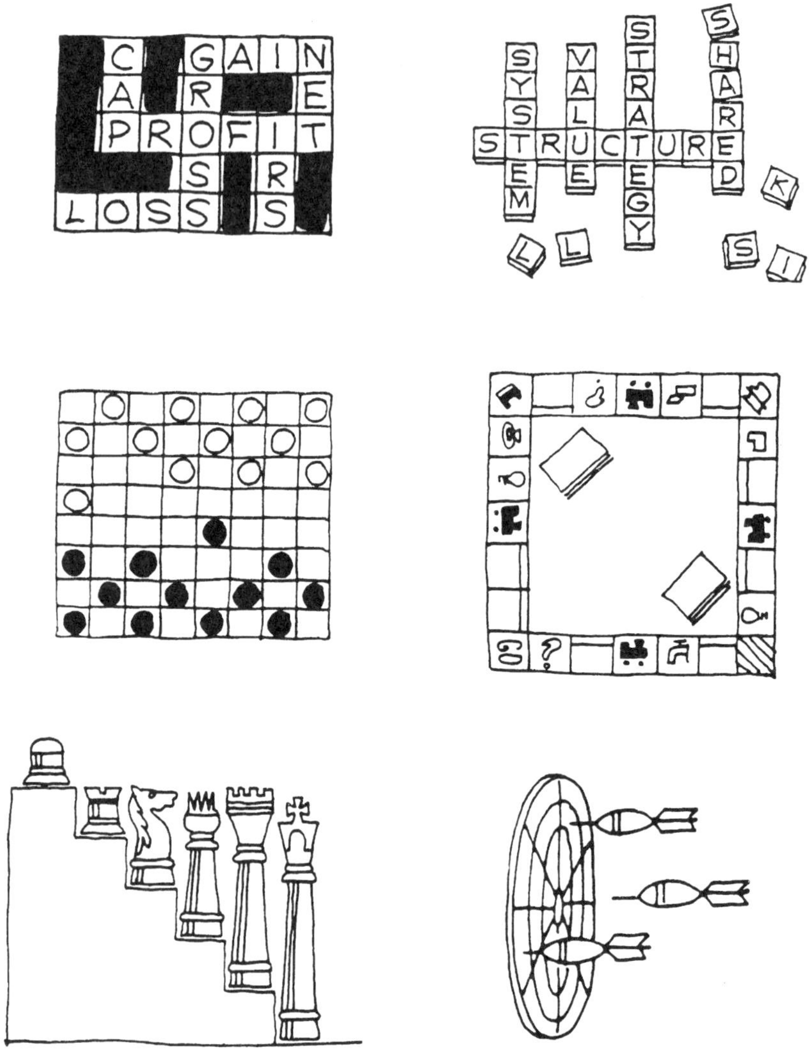
GAIN
PROFIT
LOSS
GROSS
NET
SYSTEM
VALUE
STRATEGY
SHARED
STRUCTURE

ゲーム③

スポーツ①

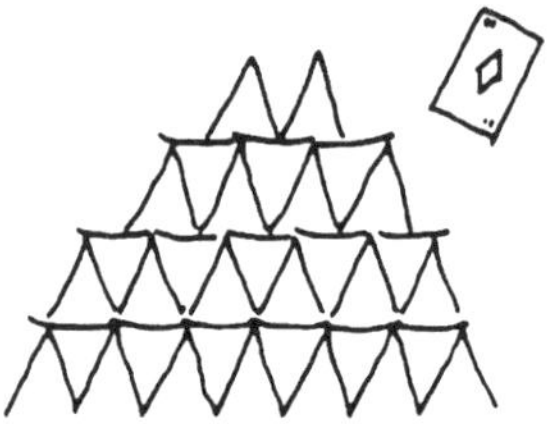

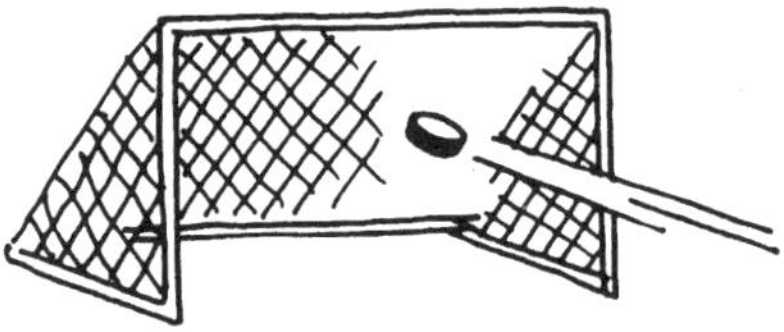

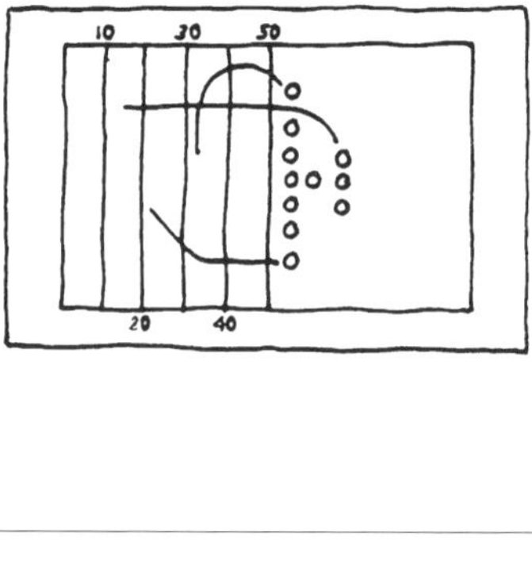

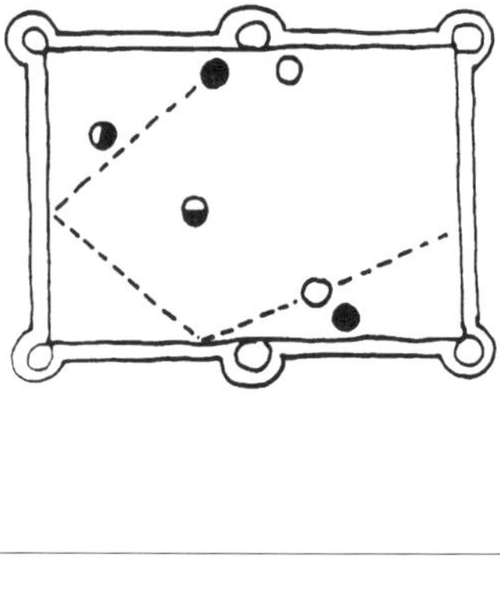

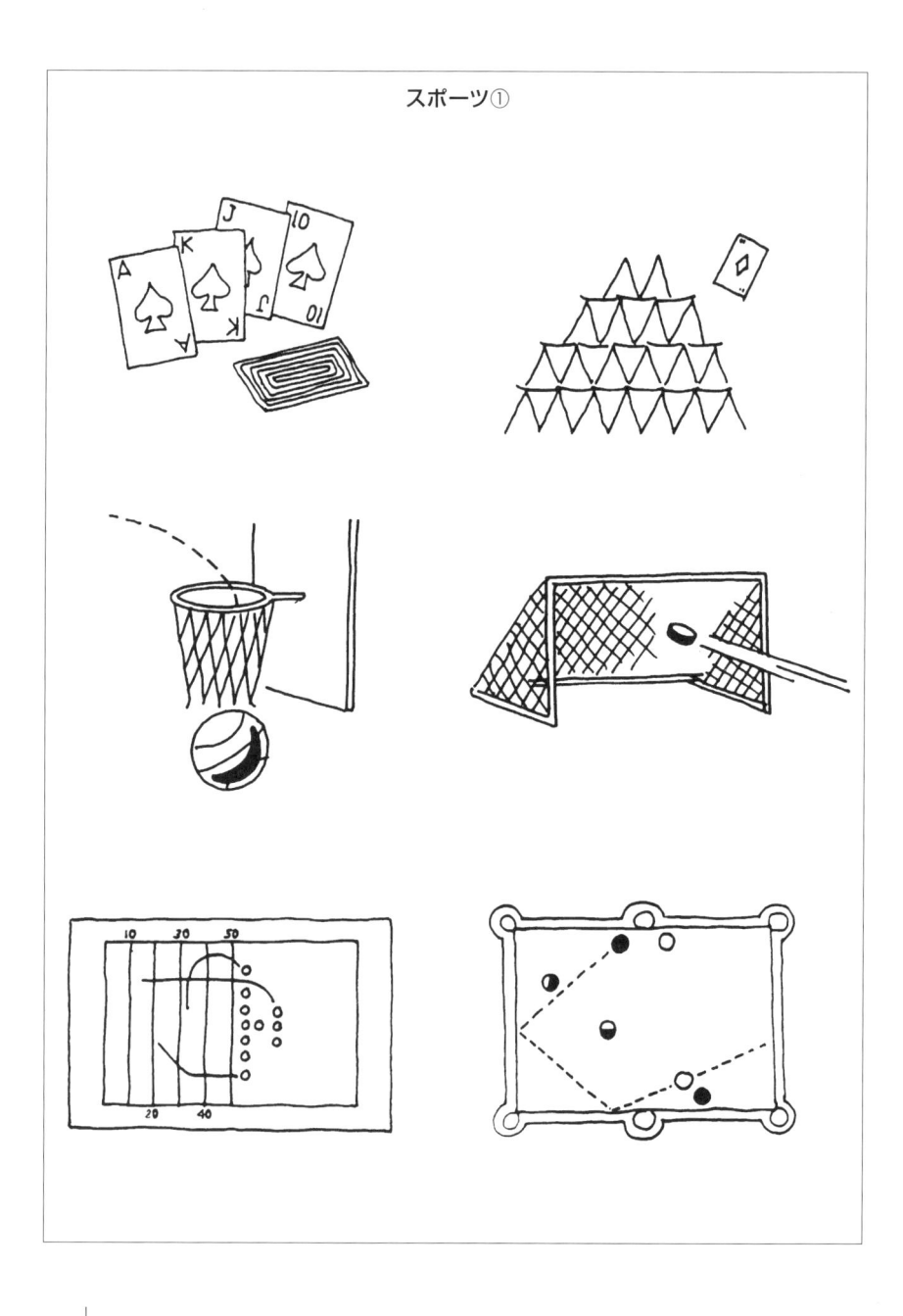

スポーツ②

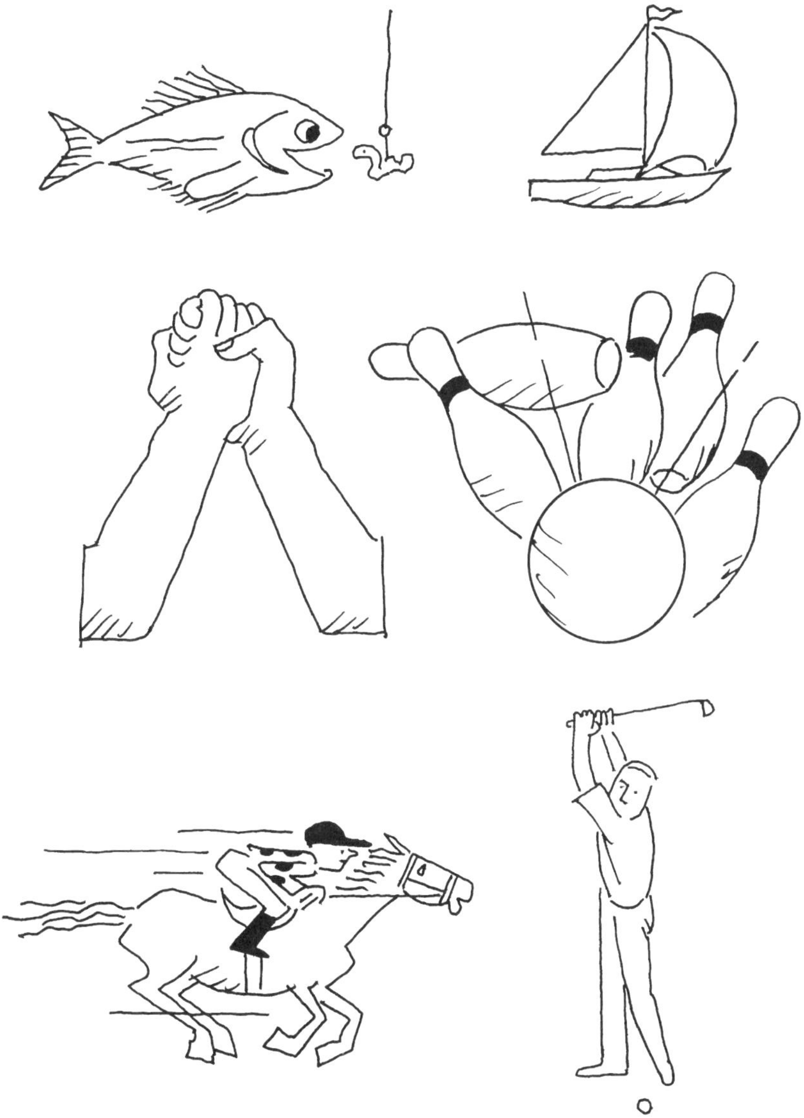

パズルと迷路①

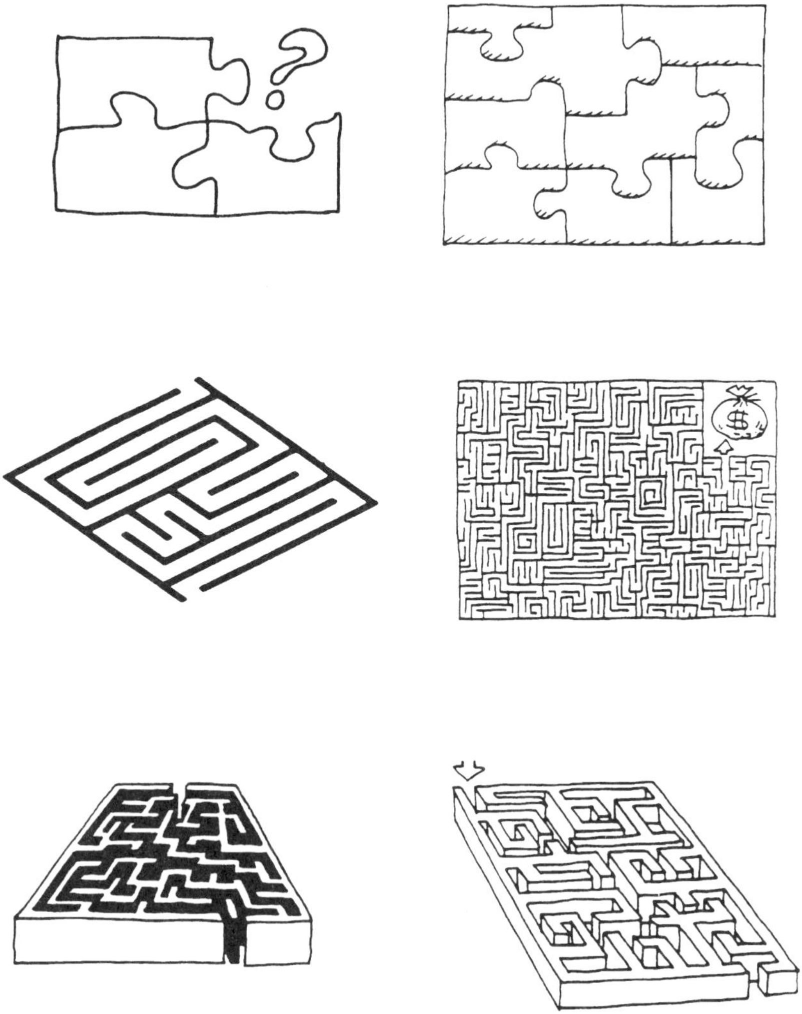

パズルと迷路②

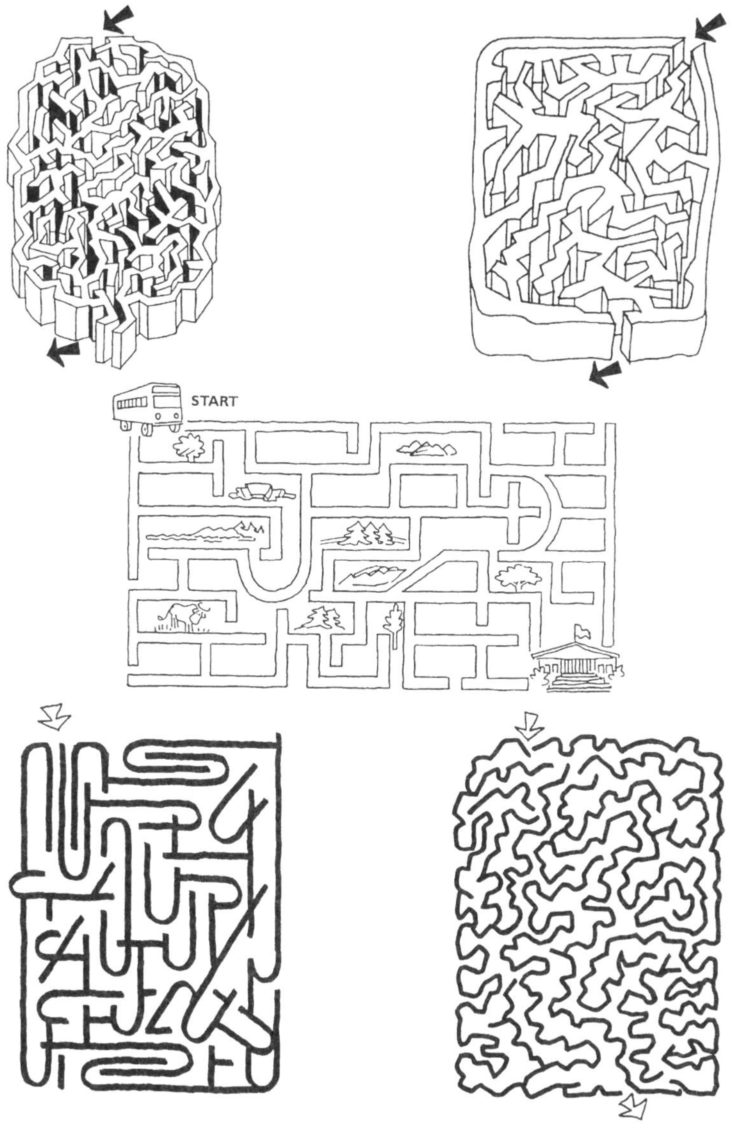

目の錯覚①

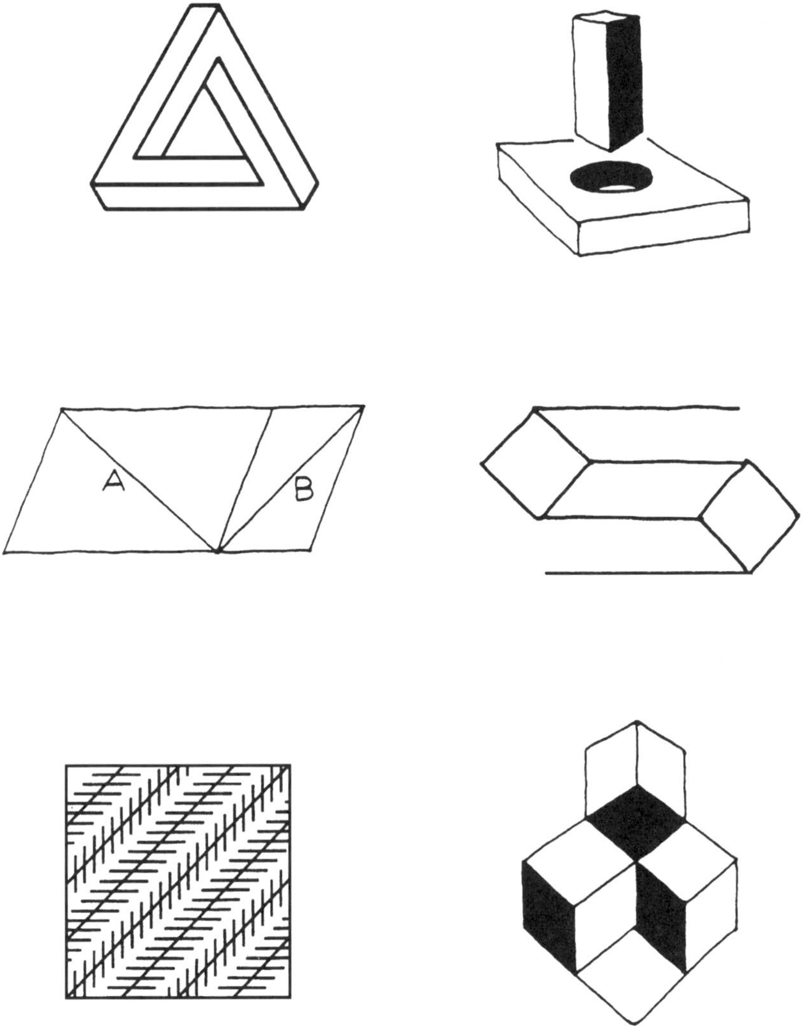

目の錯覚②

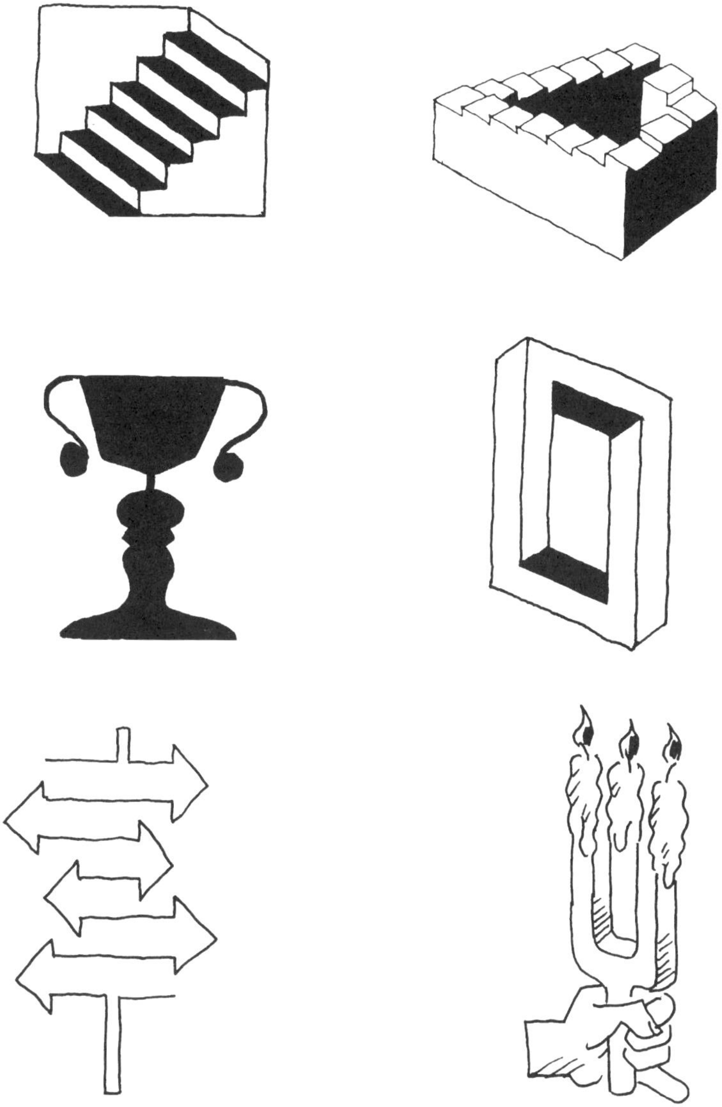

階段とはしご

糸と道具

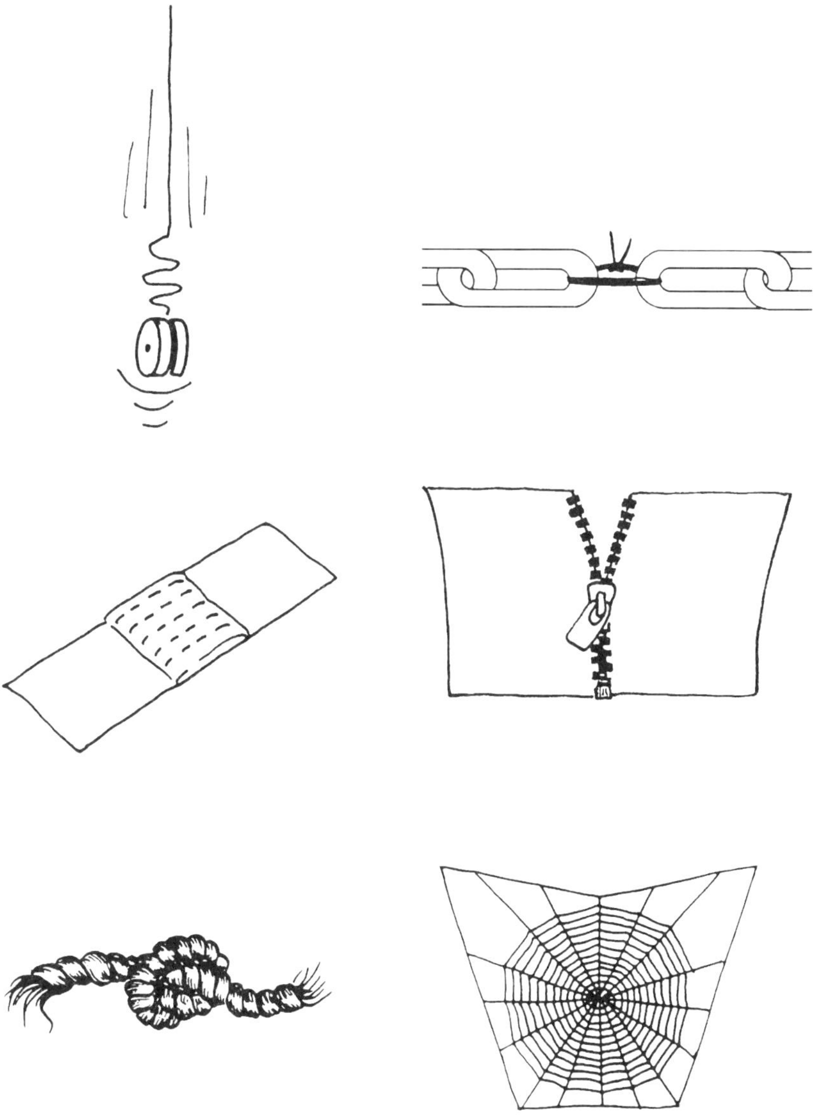

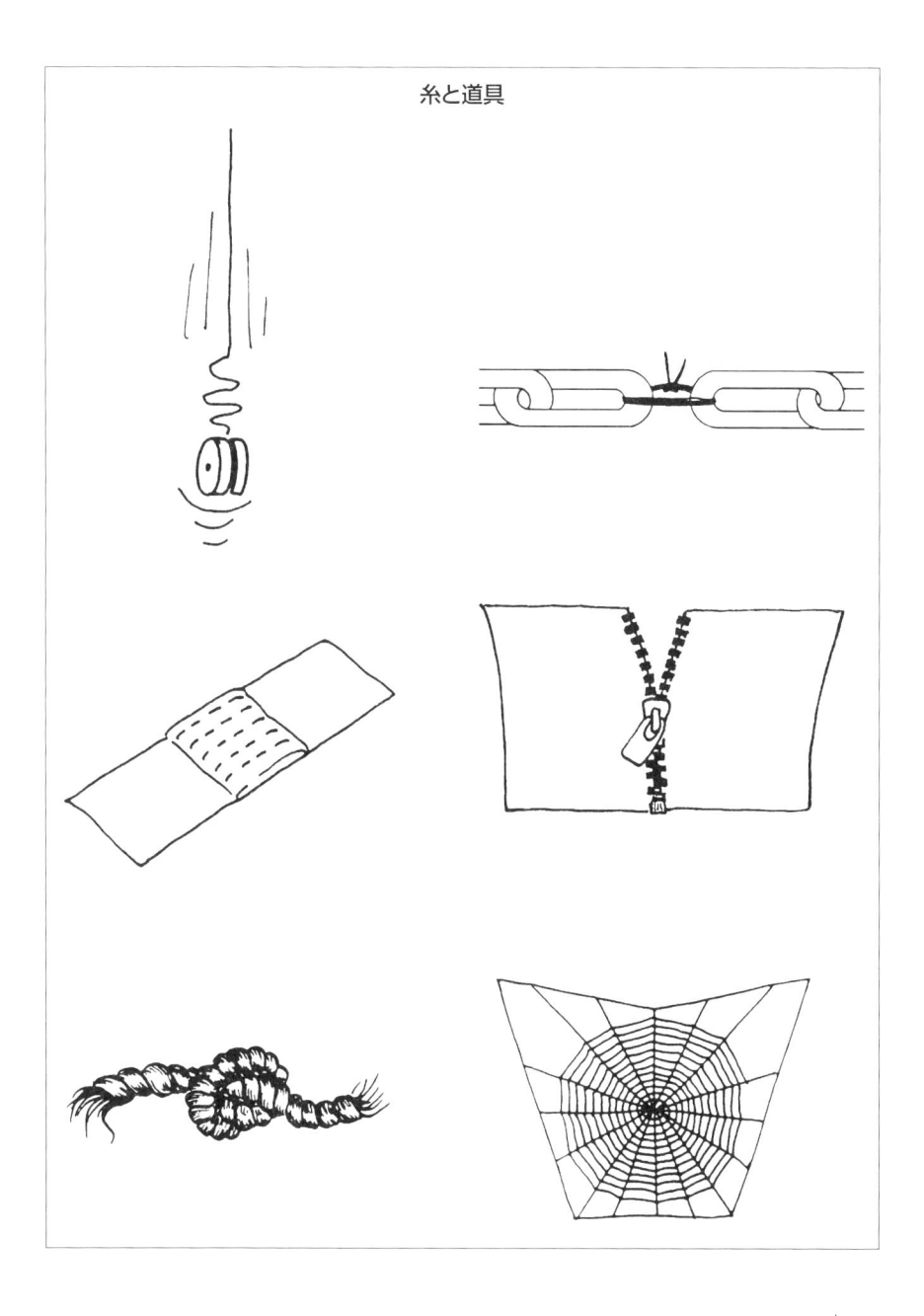

句読点

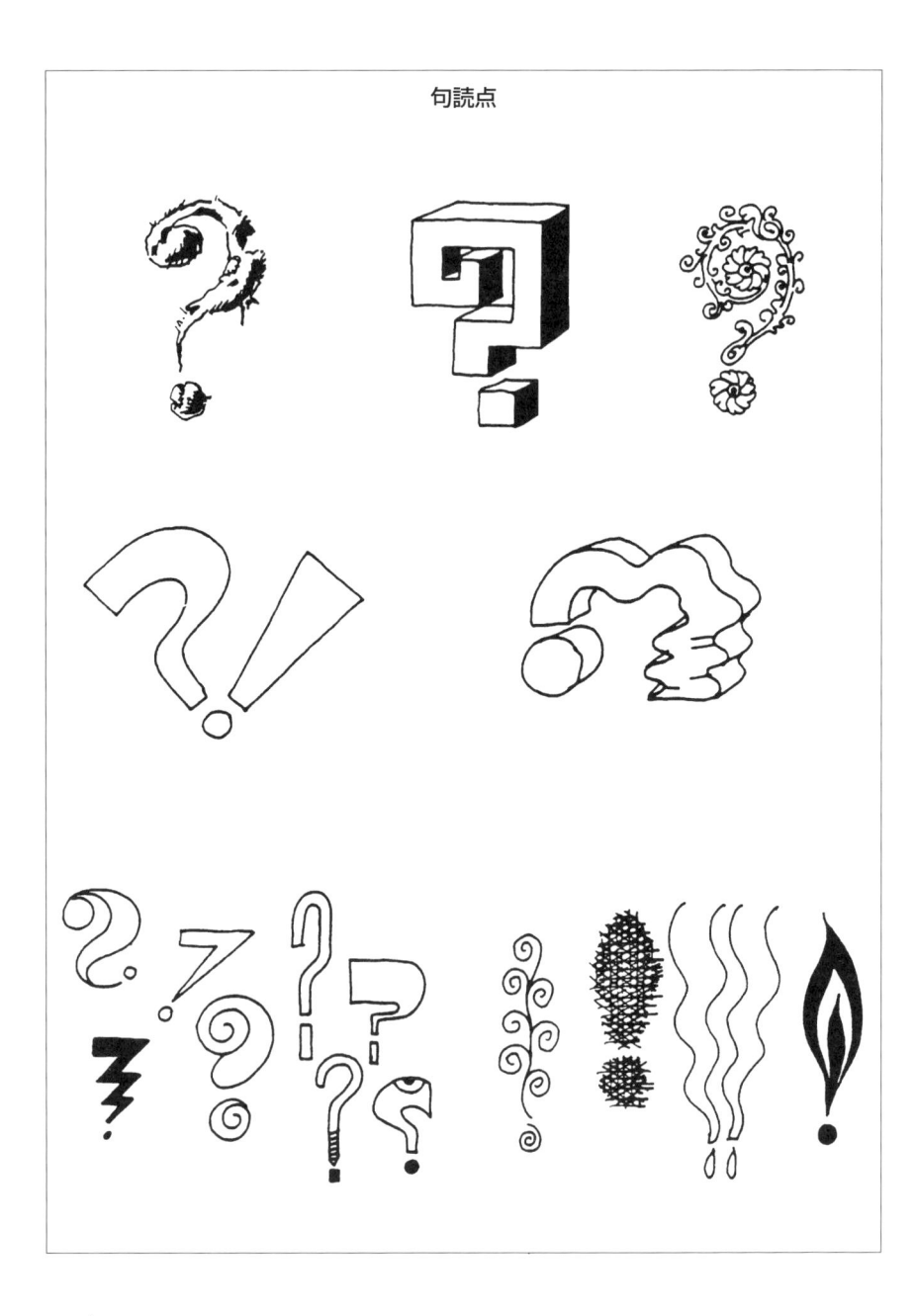

言葉①

言葉②

雨粒と水滴

オフィス用品①

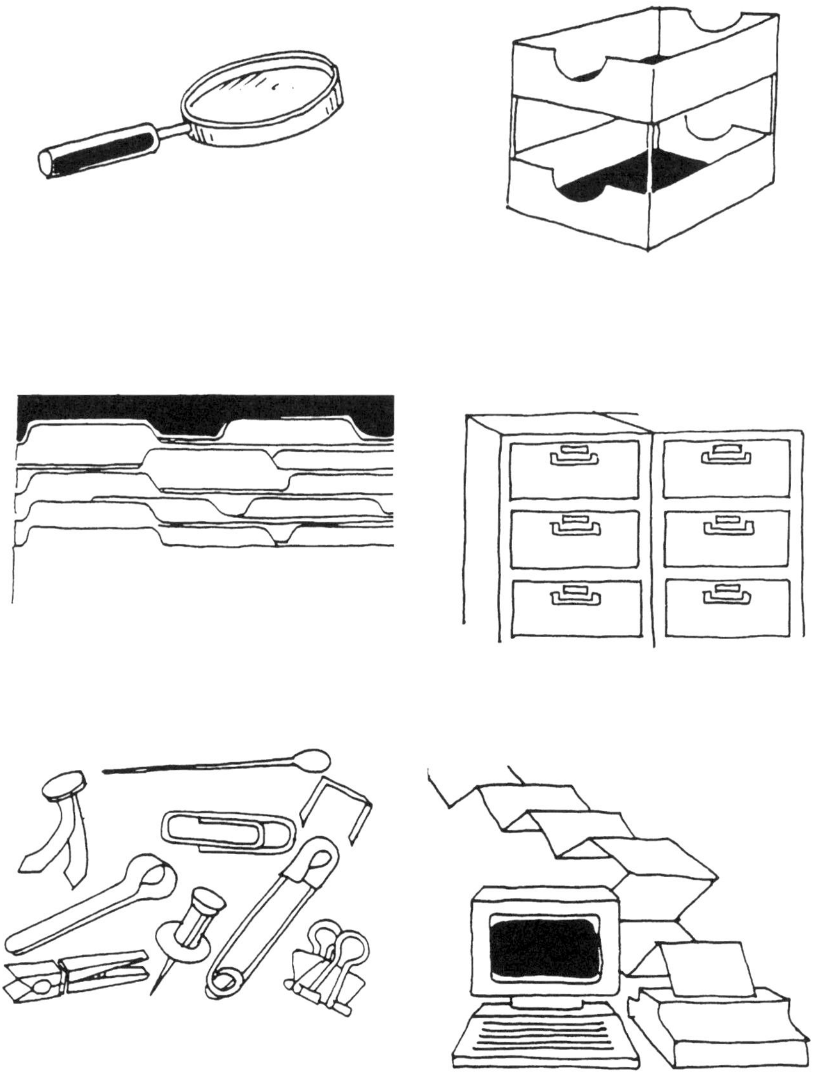

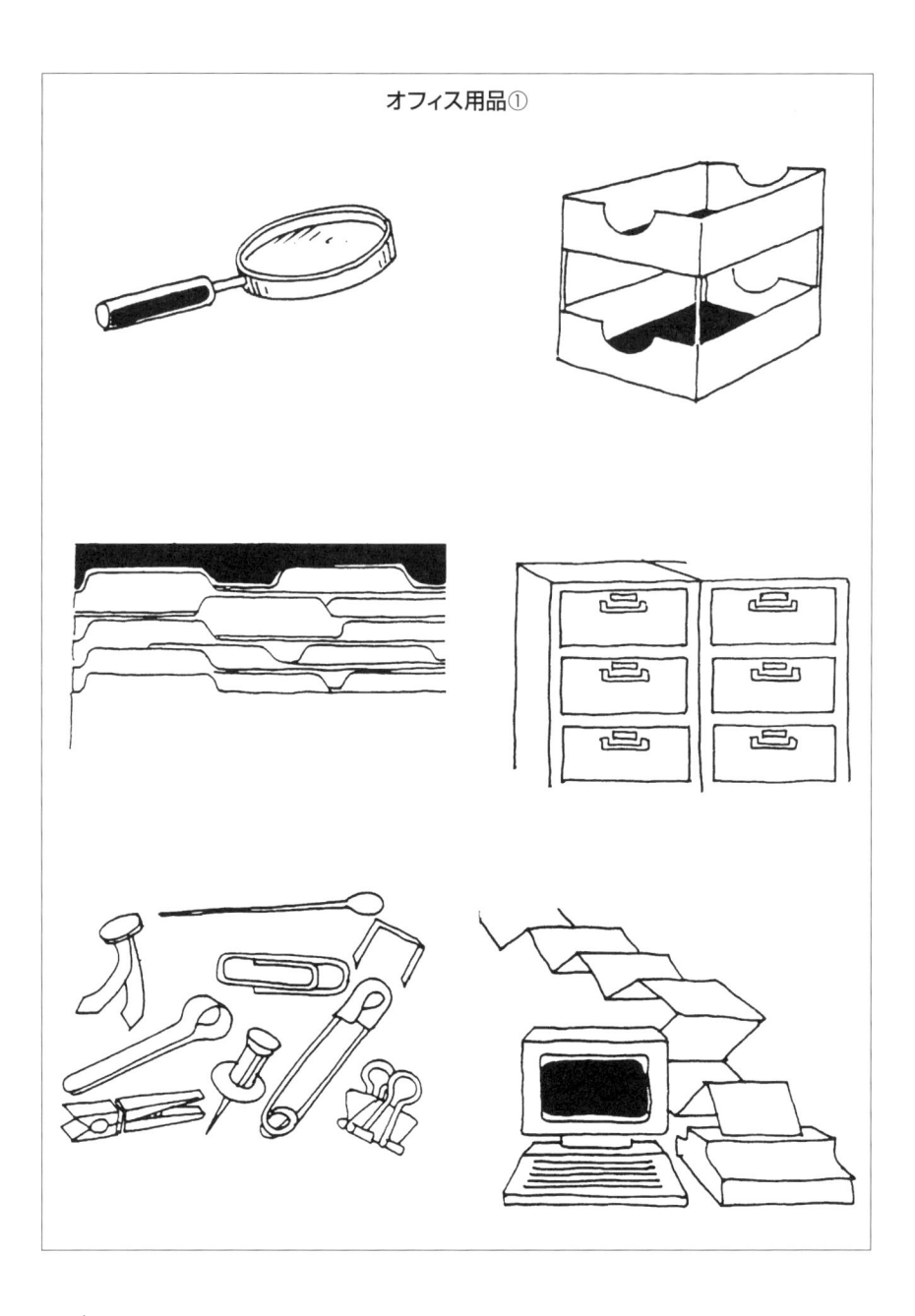

オフィス用品②

行くもの来るもの

来るもの行くもの

ONE WAY
50 60 70 80 90
100
110
120
130
140
150
40
30
20
10
GO
STOP
STOP
GO
GO
STOP
STOP

はるか遠く

その他

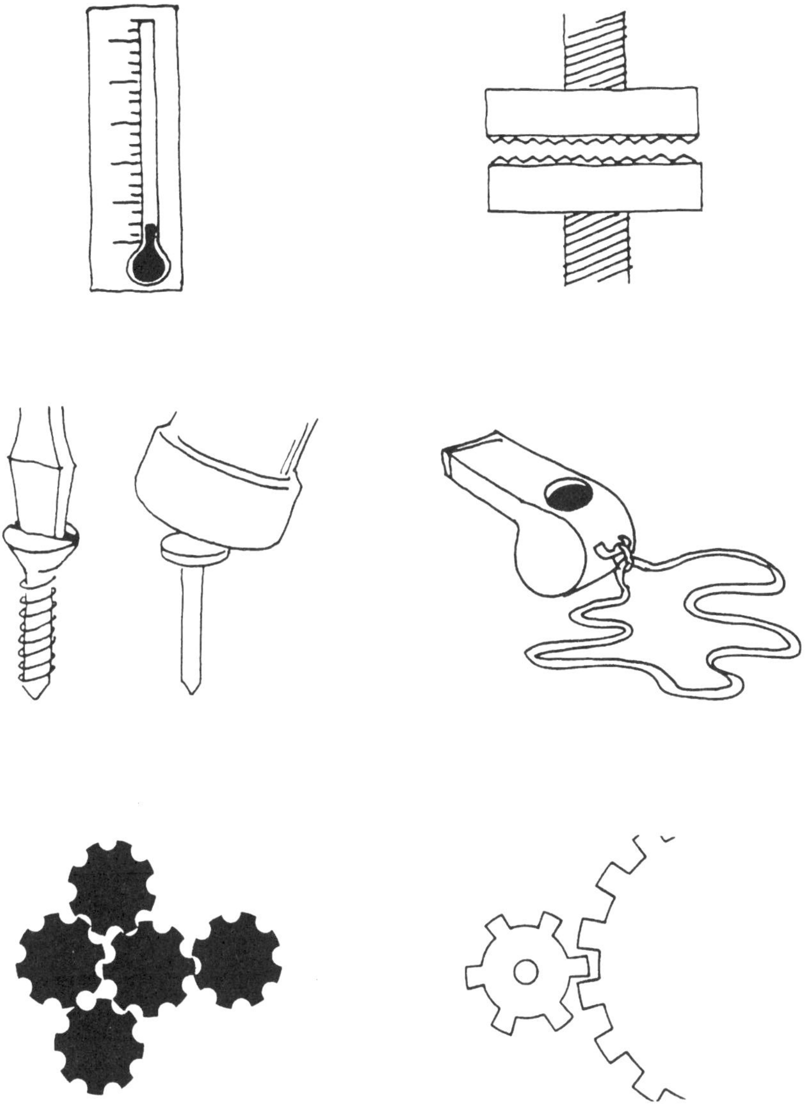

このセクションのイラストデザインを担当した才能あふれる優れたデザイナーたちを紹介しておこう。

ジャン・ホワイト　Jan White

グラフィックと編集の関係をテーマに、世界中でレクチャーを行なっているコミュニケーション・デザイン・コンサルタント。建築家修行をしながらタイム社のアート・ディレクターを13年間務めた後に、1964年、自分の出版デザイン・スタジオを設立。

出版のビジュアル・テクニックに関する著書も多く、*Editing By Design* を初めとして、*Graphic Idea Notebook*、*Graphic Design for the Electoronic Age*、*Color for the Electronic Age* など。近著に *Color for Impact* がある。

ヴェラ・ドイッチェ　Vera Deutsch

出版関係のグラフィック・デザイン、さらには、宛名ラベルのデザインから年次報告書の作成までを手がける CI 戦略プログラムでも有名。本書デザインのグラフィック・コンサルタントも務めた。

ダン・ネビンズ　Dan Nevins

フリーランスのマンガ家。以前はアメリカ・マネジメント・アソシエーション（AMA）専属のアーティストであったが、その後ニューヨーク・デイリー・ニュース宣伝部門のアート・ディレクターとなった。

ピーター・ワイシャー　Peter Weishar

デザイナー、アニメーター、コンピューター・アーティストなどの肩書で活動を開始して14年になる。現在は、ニューヨーク大学フィルム・テレビジョン学部の教授として、コンピューター・アニメーションを指導している。著書に *Digital Space : Designing Virtual Environments*, McGraw-Hill, ⓒ1988、*3D Pro Vidoo Serles*, EduPro, ⓒ2000 がある。

Section 4

チャートをスクリーンで見せる

SAY IT.COM

1 パソコンの登場で便利になった

□チャート作成は驚くほど簡単になった

科学技術の進歩がどれほど生活を激変させたかを考えると驚愕するばかりだ。たとえば、チャートの作成にしても、ノートパソコンさえあれば▽4－1のようなチャートが10分もかからずに作成できる。モノクロでもカラーでも、誤字の訂正も思うまま。フライ（移動）、ズーム（拡大・縮小）、フェイド（自然な画面の切り替え）などのアニメーション効果を駆使すること、スキャンした写真や音や動画を取り込むこと、関連ウェブサイトとリンクを張ること、遠く離れた世界中の同僚に送って確認してもらうことさえできる。簡単にコピーを作成する。どんな大きさの会議室でもスクリーンに映し出すことができる……。これらがすべて10分でできるのだ。すごいことではないだろうか。

かつてはこう簡単にはいかなかった。私がビジュアル・コミュニケーションの世界に足を踏み入れたのは1961年であるが、当時はコンピューターもなく、計算機やコピー機さえもなかった。

作業は▽4－2のように行なわれていた。まず、ビジュアル資料の製図専門家が製図机に座って青鉛筆を片手に、三角定規、T定規、分度器、コンパス、楕円定規、エンジニア用定規などを使って線や図形を作成する。絶対値を全体のパーセンテージに換算するには計算尺が必要だった。次にこれを写植の専門家に渡す。写植のタイプライターにはフォントの種類がいくつかあったが、11ポイント以上の大きさはなかった。

次にこれを校正の専門家に渡す。訂正を加えるにはカットアウトという工程が必要だったそうだ。私にはくわしい説明はできないが……。

▽ 4-1

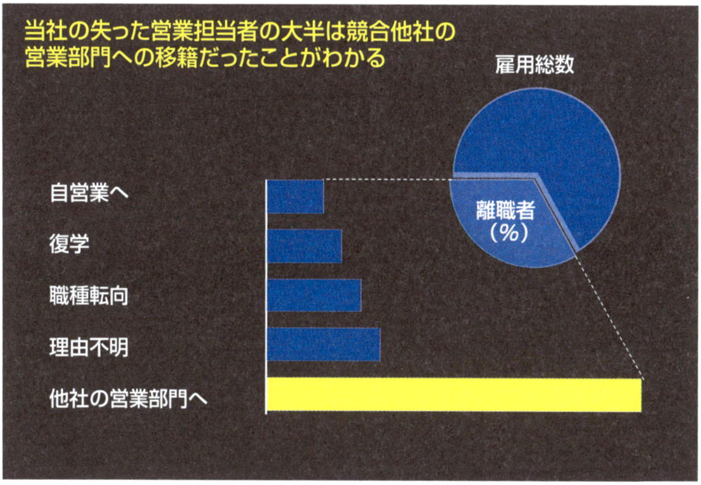

▽ 4-2

こうしてでき上がったチャートを再び最初の製図者に戻し、線を引くための専用のペンと専用のインクで青鉛筆で引かれた線をなぞる。

ここに、また別の担当者が、市販の**ジパトーン**（モノクロの地模様がついたシール状のもの）などを使ってモノクロの濃淡を施し、レイアウトを整える。

そうしてつくられたチャートをプレゼンテーションで活用するとなると、拡大複写写真やオーバーヘッド用の透明版や35ミリのスライドをつくる必要があり、写真屋さんに依頼して一晩かかった。

しめて工数がどれほどの量にのぼったかは想像していただこう。だが、10分どころの話ではないことは明らかだ。

□先端技術を駆使して可能性が広がる

工数短縮のメリットのみならず、科学技術の進歩はチャート作成にこれまでにないほどの洗練度をもたらし、かつ新しいデザインへの挑戦も可能にした。どうすれば効果的にオンスクリーン・プレゼンテーションのための資料をデザインできるか、これが本章の目的である。

では、最先端技術を駆使することによって、制作上の可能性が新たに広がる領域を紹介しよう。ページ数に限りがあるので全部は紹介できないが、ここに示した例のひとつひとつは、あなたのプレゼンテーションの洗練度を上げるためのものだ。それらを参考に、どんなことができるのかという概略をつかんでもらいたい。

まず、基本的なオンスクリーンのカラーの使い方、次にアニメーションによる編集をご紹介しよう。「ズームイン（拡大）」、「ズームアウト（縮小）」、「ワイプアップ（拭うように上方に伸びていく）」、「ワイプダウン（拭うように下方に伸びていく）」、形状・対象の「ディゾルビング（自然な画面の切り替え）」などを活用するとプレゼン資料に動きや方向性を加えることができる。この種のアニメーションで、加工工程の商品の動きや組織図上の責任分担の流れを示す場合に、また、▽４−３のようにディスカウント幅と売上量の間に相関関係が存在しないことを示す場合に最適だ。

▽ 4-3

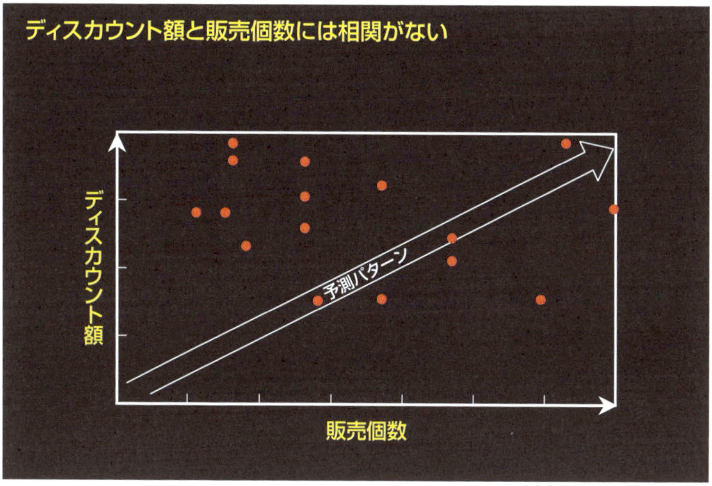

〈アニメーション効果〉
1　横軸と縦軸が伸びていく
2　予測パターンの矢印が伸びていく
3　取引を示すドットが拡大される

●スキャンした画像を加える

市販され使用可能な商品や人物のカラー写真をスキャンしてビジュアルに取り込むのは簡単だ。また、デジタルカメラを使えば、自由に写真を撮り、パソコンに取り込み、望んだとおりに編集ができる。

●音を加える

現実感を演出するためにあなたが示すチャートに電話の呼び出し音や自動車のクラクションを加えてみてはどうだろう。また、音楽を挿入して雰囲気を出すのも、営業担当者の営業トークをひととおり吹き込んで販売促進用資料の必要性を説明するのもいいだろう。

●ビデオを加える

あなたが思い描くシーンをおもしろいビデオクリップにしてはどうだろうか。たとえば、製造ライン上のボトルネックやこれまでと異なる営業アプローチ方法などがいいのではないだろうか。

▽ 4-4

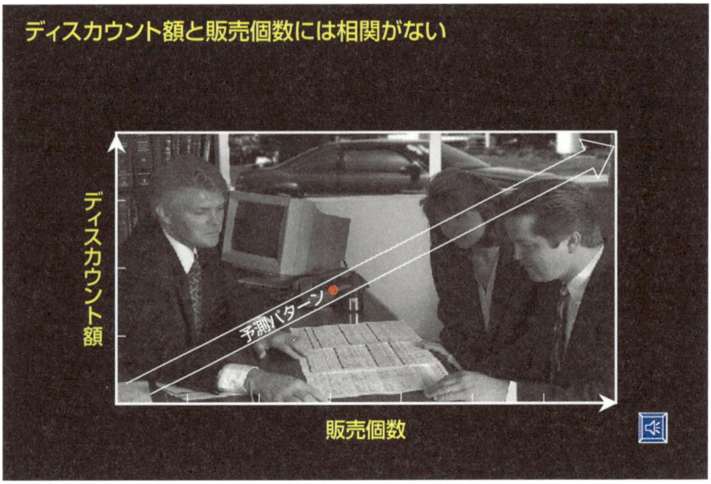

● **リンクを張る**

たとえば、商品とその製造元をリンクさせ、製造元のウェブサイトで商品の詳細を知ることができるようにする。または、プレゼンテーションの場で、代替シナリオを作成するための計算を即座に行なってくれるようなソフトウェアにリンクする（もし余裕があるときには気晴らしに私のウェブサイトwww.zelazny.comにリンクし、ご自分の中にある子どもの部分を刺激してはいかがだろうか。いずれもプレゼンテーションに極めて役立つ、見ごたえあるテクニックが掲載されている）。

▽ 4-5

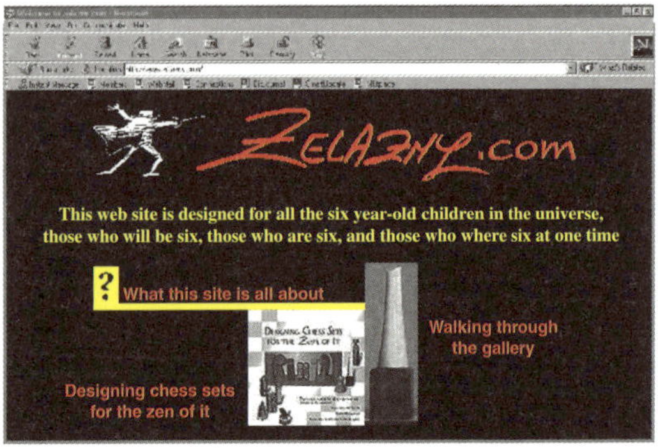

□しかし、先端技術には短所もある

ただし、最先端技術にはどんなものでも賛否両論がある。この認識が必要だ。

オンスクリーンによるプレゼンテーションの最大の利点は、**プレゼンテーションの最中**や、会議と会議の間、つまりプレゼンテーション会場から会場への**移動中**にビジュアルを変更できる点だ。タイムリーな内容や「what-if（もし、こんな状況になったらどうすべきか）」といったシナリオを盛り込むことができる。

こうしたプレゼンテーションでは、柔軟に別シナリオを内容に追加することもできるので、１つのプレゼンテーションを作成すれば、後は違ったタイプの聞き手に臨機応変に対応できる。つまり、理解ある聞き手の場合にはいきなり提案を開始したり、抵抗を示すだろうと予想される聞き手の場合には、提案をプレゼンテーションの最後にもっていく、こうしたことが簡単になる。

ビデオをはじめ、サウンド、アニメーション、特殊効果をミックスして活用すると、聞き手の記憶に残り、人を引きつけるコミュニケーションが実現できる。

短所があるとすれば、機材がワイヤー１本をコンセントに入れるだけで済むオーバーヘッド・プロジェクターほど単純でないことぐらいだろうか。ノートパソコンを液晶ディスプレイプロジェクターと電源につなぎ、正しい順序で電源を入れる。画像をラップトップからプロジェクターに再生するこの作業は忍耐を要するかもしれない。

手慣れた操作をしないと、ビジネス・プレゼンテーションで重要な聞き手との双方向のコミュニケーションを単調なビジュアルの羅列に終らせてしまう危険性もある。聞き手の注目が**チャートのほうへ集中してしまい、話し手であるあなたに集中しなくなってしまう**からだ。

聞き手によっては、アニメーションの使用が技巧的に過ぎるよう映ってしまう。メッセージを伝達するにしては派手過ぎるチャートに時間と費用を割いているという印象、つまり話し手が内容よりも外見を重視している印象を与えかねない。

オンスクリーンによるプレゼンテーションの賛否を認識したところで、ビジュアルを最大限に活用するためには、読みやすさ、色、特殊効果はどうあるべきか、これを次に解説しよう。

2 一番遠くにいる人にも読めるチャートとは

□スクリーンからの距離と文字の大きさ

ビジュアルの文字が大き過ぎて文句を言う人はいないが、文字が小さ過ぎる場合には聞き手はだれでも文句を言いたくなる。

▽4－6は72インチ、96インチ、144インチのスクリーン、それぞれの場合に、スクリーンからの距離と、快適に読める文字の大きさの関係を表したものだ。

▽4-6 スクリーンからの最大距離

タイプのサイズ	スクリーン幅（インチ）		
	72インチ	96インチ	144インチ
16ポイント小文字	460	550	610
18ポイント小文字	700	760	820
20ポイント小文字	910	1070	1370
22ポイント小文字	1070	1210	1520
24ポイント小文字	1210	1520	1830
30ポイント小文字	1520	1830	2130
32ポイント小文字	1890	2130	2440

（単位:センチ）

注意してほしいことがある。液晶ディスプレイプロジェクターの明るさ、部屋の暗度により生じるコントラスト、プロジェクターからスクリーンまでの距離が近いほど画像強度が増すことなどを考慮して、5～10%のブレを考慮してほしい。

□読みやすくするための一工夫

読みやすさを改善する簡単明瞭な方法がいくつかある。たとえば、以下のようなものである。

- メッセージに影響がなければ、数値を切り上げる。または、小数点以下を切り捨てる。正確な数値は常に口頭で伝達できるのだから。
- 各々のバーの端やコラムの中に数値をふるのではなく、チャートにある尺度を活用する。
- 語句の代わりに記号を使う。たとえば、「ドル」でなく$、「パーセント」の代わりに%など。
- 可能であれば混乱を招かない程度に略語を用いる。
- 言葉の編集。10単語ならば4単語に、4単語ならば3単語に、3単語は2単語にカットする。
- 脚注は削除する。言いたいことがあるならば口頭で。
- 出典を省略する。配布資料に記載すればよい。

▽4－6とこれらの工夫でかなりの問題が解決するのではないだろうか。しかし、すべきことすべてを指示するものではないし、チャートによっては単純には解決できない問題も生じてくる。

そこで次に紹介するのは、「読みやすさを確保する」という問題についての事例だ。解決方法も添えたので、問題解決の糸口を見つけてほしい。

□レイアウト変更でよくなるケース

▽4－7－1は思いつくままの情報を表したものだ。スクリーンがどんなに大きくても、これを読んでもらうのは無理な相談だというのは明らかだ。数

値のない部分を削除するなり、表を水平に半分に切って重ねるというのはだれでも思いつく手段だろう。さらによい解決法もさほど難しいことをするわけではない。レイアウトを変えればよいだけだ。縦横の軸を入れ替えることにより、スペースがバランスよく使えると同時に大きな文字を使用できるようになる。

▽ 4-7-1

伝統的資材を最終的に使用する産業
(単位：%)

	市場												
資材	航空機/航空宇宙産業	娯楽/消費者	自動車/運送業	工業/機械	電気/電子産業	石油化学製品	建設/ビル	配管設備	梱包業	接着剤	家具/調度品	その他	合計
PVC	--	4	3	--	8	--	64	--	10	2	6	3	100%
PP	--	15	7	--	8	--	--	--	22	--	24	24	100%
HDPE	--	10	5	4	4	--	10	--	52	--	3	12	100%

▽ 4-7-2

伝統的資材を最終的に使用する産業

	資材		
市場	PVC	PP	HDPE
航空機／航空宇宙産業	–	–	–
娯楽／消費者	4%	15%	10%
自動車／運送業	3	7	5
工業／機械	–	–	4
電気／電子産業	8	8	4
石油化学製品	–	–	–
建設／ビル	64	–	10
配管設備	–	–	–
梱包業	10	22	52
接着剤	2	–	–
家具／調度品	6	24	3
その他	3	24	12
合計	100%	100%	100%

□単純にしたほうがよくなるケース

ある文書の中で▽4－8－1を使用する目的は、PVC（ポリ塩化ビニール）が最もコストの低い高分子化合物であるという点を裏づけすることだった。

オンスクリーンによるビジュアルでは、次の点を考慮していくと、内容を大幅に単純化できる。

- 1つのメッセージを裏づけるのに、1ポンド当たりのセント表示と1立方インチ当たりのセント表示という2つの尺度が必要だろうか？　**否。1ポンド当たりだけで十分。**
- バーごとに数値データを載せる必要があるだろうか？　**否。関連性を表すには尺度があれば十分。**
- アイテム比較法なので、バーの順番を変更し、数値の高いものから低いものへ並べ替え、PVCの位置が一層よくわかるようにしてはどうだろうか？　**そのとおり。**

望ましい事項を全部取り入れて、▽4－8－2のように単純かつ読みやすいビジュアルができ上がった。「PVCのコストが他のどの高分子化合物よりも低い」というメッセージに焦点を絞ることができている。

▽ 4-8-1

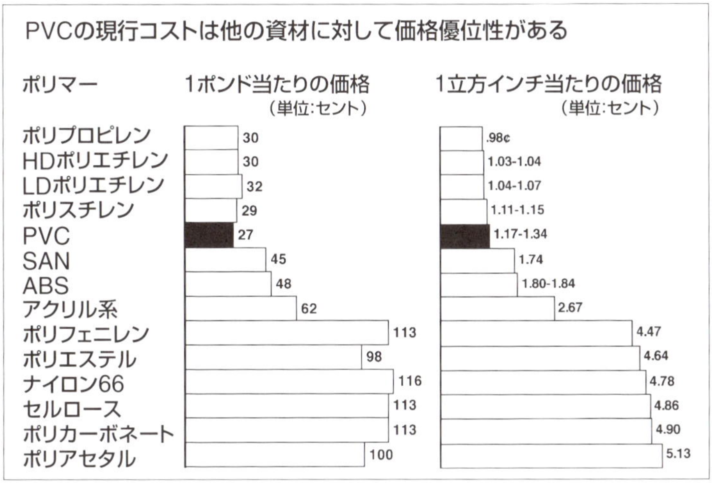
PVCの現行コストは他の資材に対して価格優位性がある
ポリマー
1ポンド当たりの価格
(単位:セント)
1立方インチ当たりの価格
(単位:セント)
ポリプロピレン
HDポリエチレン
LDポリエチレン
ポリスチレン
PVC
SAN
ABS
アクリル系
ポリフェニレン
ポリエステル
ナイロン66
セルロース
ポリカーボネート
ポリアセタル
30
30
32
29
27
45
48
62
113
98
116
113
113
100
.98¢
1.03-1.04
1.04-1.07
1.11-1.15
1.17-1.34
1.74
1.80-1.84
2.67
4.47
4.64
4.78
4.86
4.90
5.13

▽ 4-8-2

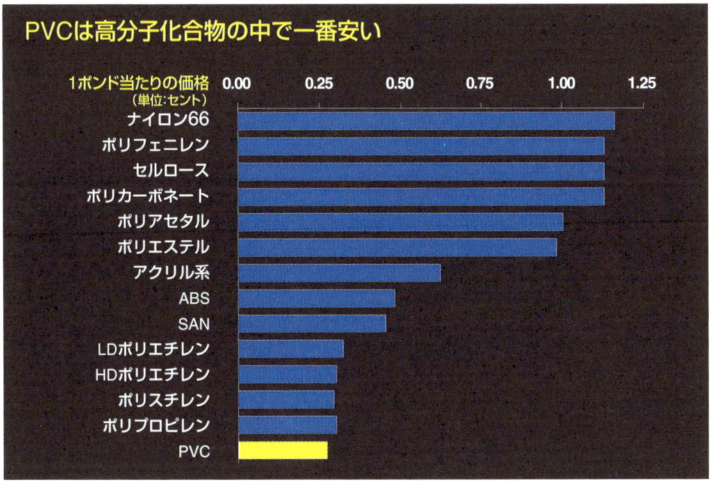
PVCは高分子化合物の中で一番安い
1ポンド当たりの価格
(単位:セント)
0.00
0.25
0.50
0.75
1.00
1.25
ナイロン66
ポリフェニレン
セルロース
ポリカーボネート
ポリアセタル
ポリエステル
アクリル系
ABS
SAN
LDポリエチレン
HDポリエチレン
ポリスチレン
ポリプロピレン
PVC

□枚数を多くしたほうがよくなるケース

次の事例の解決法を十分に理解するには、課外授業を受けるかのようにホワイトボードの前に行き、次のメッセージを100回くらい繰り返して書く必要がある。そのくらい困難なのだ。

「スライド1枚に5つのアイデアを盛り込む時間は、スライド5枚のそれぞれにアイデアを1つずつ盛り込むのと全く同じである」
「スライド1枚に5つのアイデアを盛り込む時間は、スライド5枚のそれぞれにアイデアを1つずつ盛り込むのと全く同じである」
「スライド1枚に5つのアイデアを盛り込む時間は、スライド5枚のそれぞれにアイデアを1つずつ盛り込むのと全く同じである」

……

▽4－9－1には、私が情報を紙に記録したものそのままを示している。ご覧のとおり、ここでは2つの競合企業がビジネスシステムの要素それぞれにどのようなアプローチを行なったかについて比較をしている。

大勢の聞き手を前にして、オンスクリーンでプレゼンテーションを行なったときには、競合2社のビジネスシステムの各項目について、アプローチを1枚ずつのスライドに表現した。読みやすい6枚のスライドを用意したわけである。その一番最初のものが、▽4－9－2である。続いて、技術、製品設計、製造、セールス／マーケティング、配送、サービスの各項目ごと、競合2社のアプローチを比較していったのだ。

この方式のよいところは、聞き手が1度に1つのアイデアに焦点を絞ることができる点だ。つまり、プレゼンターが解説している項目以外の点に聞き手が注目してしまう危険性がなくなる。

▽ 4-9-1

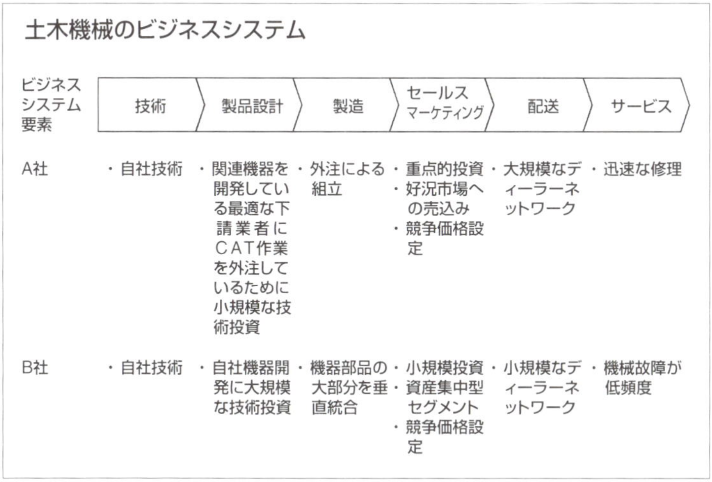
土木機械のビジネスシステム
ビジネスシステム要素
技術
製品設計
製造
セールスマーケティング
配送
サービス
A社
・自社技術
・関連機器を開発している最適な下請業者にCAT作業を外注しているために小規模な技術投資
・外注による組立
・重点的投資
・好況市場への売込み
・競争価格設定
・大規模なディーラーネットワーク
・迅速な修理
B社
・自社技術
・自社機器開発に大規模な技術投資
・機器部品の大部分を垂直統合
・小規模投資
・資産集中型セグメント
・競争価格設定
・小規模なディーラーネットワーク
・機械故障が低頻度

▽ 4-9-2

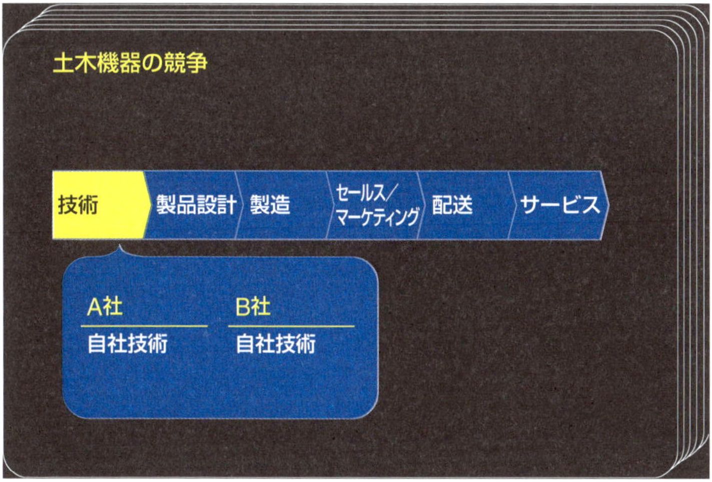
土木機器の競争
技術
製品設計
製造
セールス／マーケティング
配送
サービス
A社
自社技術
B社
自社技術

□例外的なアプローチをとるほうがよいケース

チャートが微に入り細に入るような場合、往々にして何枚かのビジュアルに小分けすることでは読みやすさの問題解決にはならないことがある。こういったときには、ストーリーを単純化すれば、シンプルで読みやすい１枚のスライドを実現できる。

▽４-10-１に示した４つの異なったアイテム比較をまとめたチャートから、タッカホー工場が４製品中３製品で変動費を低く抑えることによって、優れた生産性を達成していることが見て取れる。この工場は、HFCS-42とHFCS-55の両製品において、ともに業界で２番目の低価格製造者である。パールスターチも業界４位にとどまってはいるものの、１位との差はわずかである。しかし、コーンシロップだけは業界７位にとどまっていることと、上位とのコスト差が顕著なことが相まって、コスト低減の機会を模索する必要があると言える。

▽ 4-10-1

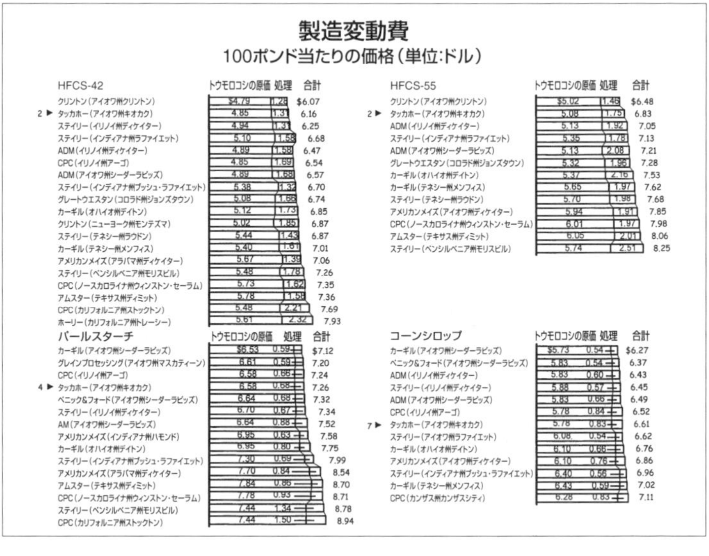

見やすいプレゼンテーションにするため解決策としては、製品ごとに異なったスライドを用意し、各バーを内訳のない全体表示のみに単純化する。さらにそれぞれのバーになされているドル表示をすべて省いて、一番上にあるバーの真上に目盛り表示を加えるとよい。ここでは19もの工場がリストされているので、工場の名前とそれぞれのコストは読みにくいままだろう。

▽ 4-10-2

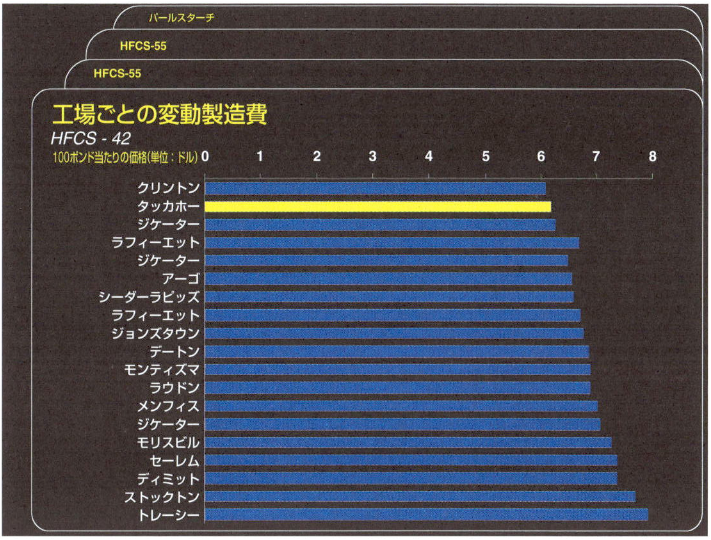

この場合、きちんと伝えたいメッセージを相手に理解させ、チャートを判読可能にするための手段として、思い切り異なったアプローチをとることが必要なのだ。

▽4−10−3では、レンジ・コラムチャートを使ってみた。具体的には、4つの製品ごとにレンジ・コラムチャートを用意し、変動費を最も低く抑えられた企業の数値を上限、最も高い企業の数値を下限として、全変動費に見られる幅を表示する（**なお、ここまでで筆者が行なったアドバイスとの整合性を考えれば、本当はバーチャートを使用すべきだったのかもしれない。ただし、今回は「ベスト」は上に、「ワースト」はボトムにもってくるのが自然なので、これでよしとしよう**）。

この場合ではレンジの長さを統一して、インデックス・チャートをつくった。つまり、縦の長さを、実際のコスト差の大小とは無関係にすべて100とした。その上で、トップ企業とボトム企業の数値の間にタッカホーのランキング位置とその数字を示した。このように、ただ1つのシンプルで読みやすいビジュアルにして、言いたいことがきちんと伝わるようになった。

▽ 4-10-3

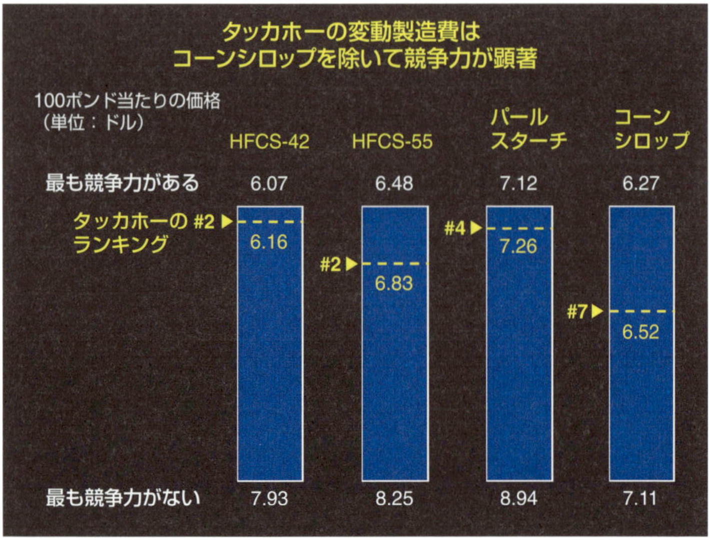

□イマジネーションを駆使することでよくなるケース

もともと書類用としてデザインされたチャート（▽4-11-1）をお見せしよう。ご覧のとおり、このチャートはテクノロジー市場における4つの消費者セグメントの特徴点と各々のセグメントが何を欲しているかを表したものである。

▽ 4-11-1

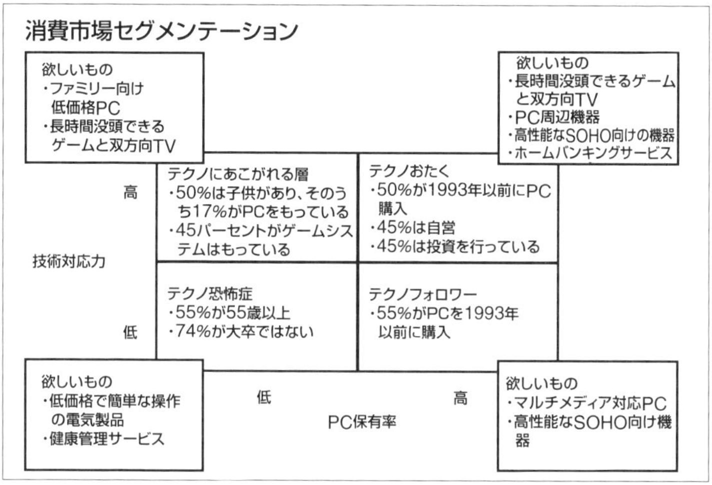

このチャートをプレゼンテーション用につくり直すための方法の1つは、それをいくつかのビジュアルに小分けすることだろう。ここではまず、最初のスライドで4つの象限を紹介し（▽4-11-2）、2枚目から5枚目を使って、4つの象限ごとに、各々の特徴とそれぞれが何を欲しているかを示している（▽4-11-3）。

この事例に関しては、実のところ、もうワンステップ踏み込んだ読みやすさ追求へのチャレンジを試みようと思う。すなわち、▽4-11-4のように、各象限のスペースに、それぞれのセグメントユーザーの個性を彷彿とさせるようなマンガをはめ込むことで、4つのセグメントの特徴が一目でわかるようにしてみたのだ。この方法だと、プレゼンターは聞き手の要求レベルに応

▽ 4-11-2

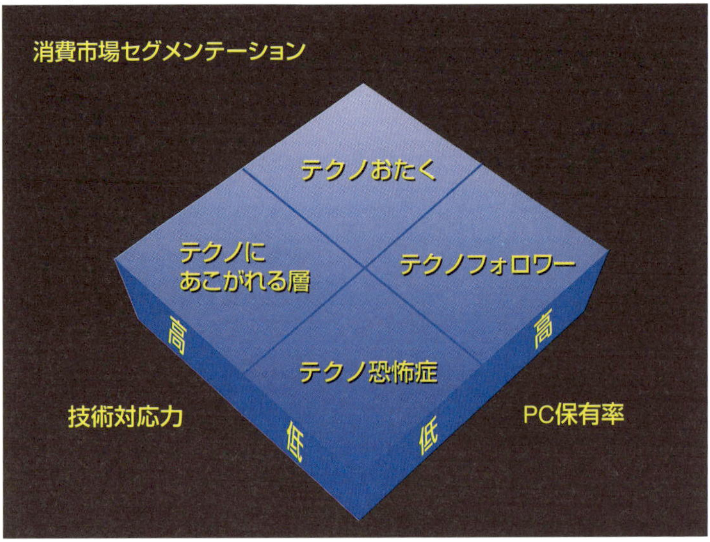
消費市場セグメンテーション
テクノおたく
テクノに
あこがれる層
テクノフォロワー
高
高
テクノ恐怖症
技術対応力
PC保有率
低
低

▽ 4-11-3

テクノフォロワー
テクノ恐怖症
テクノにあこがれる層
テクノおたく
特徴
• 50%が1993年以前に
PC購入
• 45%は自営
• 45%は投資を行っている
欲しいもの
• 長時間没頭できる
ゲームと双方向TV
• PC周辺機器
• 高性能なSOHO向けの機器
• ホームバンキングサービス

▽ 4-11-4

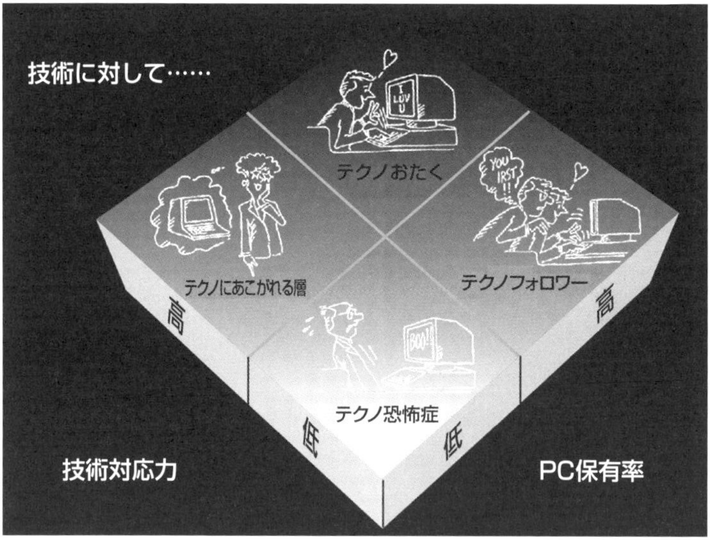

じて、いくらでも詳細な情報を口頭で伝えることができる。

さて、これまで、読みやすさを改善するさまざまな方法を学んできた。最後にひとこと、ビジュアルスライドにする価値のあるどんなに重要な事柄も、それが判読できる状態でなければ全く意味をもたないのだということを肝に銘じてほしい。今さらお説教じみて申し訳ないのだが……。

3 色づけには目的が必要

□カラーを選択する

これまで、本書で紹介したチャートのほとんどはモノクロのままでも、期待どおりのビジュアル・インパクトを達成できている。モノクロでしっかりメッセージが伝達できているかどうかで、自分が作成したプレゼン資料が効果的なのか否かをテストできる。もし効果が上がっていない場合には、カラーにしても役立たないに違いない。

しかしながら、私たちは実際にカラーの世界に生きているのだ。また、今日の最新技術でカラフルな資料をつくるのは簡単になっているのだから、できるだけそれを活用してみようと思う。聞くところによると、コンピューターグラフィックスのシステムの中には、800万通りの色の配列ができるものもあるらしい。2000～3000の数字の誤差はあるかもしれないが。これはなんと、私が典型的な資料で使うことを推奨している色の数よりも、7,999,997通りも多い数字だ。色の使い方を単純化すれば、色の選択が容易になるのみならず、ビジネスマインドの高いエグゼクティブたちに派手なビジュアルをつくるために大枚をはたいているなどと言われない。ちなみに、伝えたいあなたのメッセージが「コストカット」だとしたらなおさらだ。そればかりか、単純なほうが見栄えがよいのだ。

一般的に、私が仕事をともにするプロのデザイナーたちは、使用するカラーが際立つようにビジュアルの背景には黒を使うことが多い。黒の背景に対して彼らは、青色や緑色のようなクールカラーを使う。その上で、強調すべきところには、白や黄色を好んで使うのだ。

カラー写真を用いるようなビジュアルを創作する場合や、ロゴや旗を表現するために特定のカラーが指定される場合でない限り、色の選択は経験を積んでいて信頼できる専門家に任せるのもよい。

プロフェッショナルなイメージを維持しつつ、読みやすさを担保するにはどうすればよいかを協議しながらガイドラインをつくり上げるのが望ましい。

□カラーを使う

どのカラーを使うのかについての選択は専門家の判断にゆだねるとしても、色の使い方についての責任はプレゼンターのほうにある。専門家との制作の過程で、ひとつひとつのビジュアルごとに、色が単に飾りのためでなく、意図的に使われるように、必ず専門家と議論を行なってほしい。

●強調するために

たとえば、パイチャートの複数の構成要素やバーチャートやコラムチャートの複数の項目の中から1つのセグメントだけを選び、あるいはトレンドライン、数字の列、タイトルのような文章表現などを選び、際立たせるために着色する。

▽ 4-12

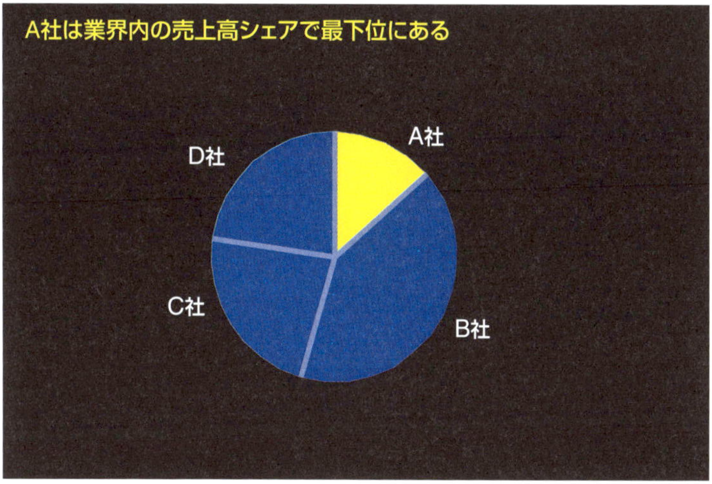

●テーマの繰り返しを印象づけるために

たとえば、あなたの会社に関するデータを、プレゼンテーションの間、同じカラーで統一する。

▽ 4-13

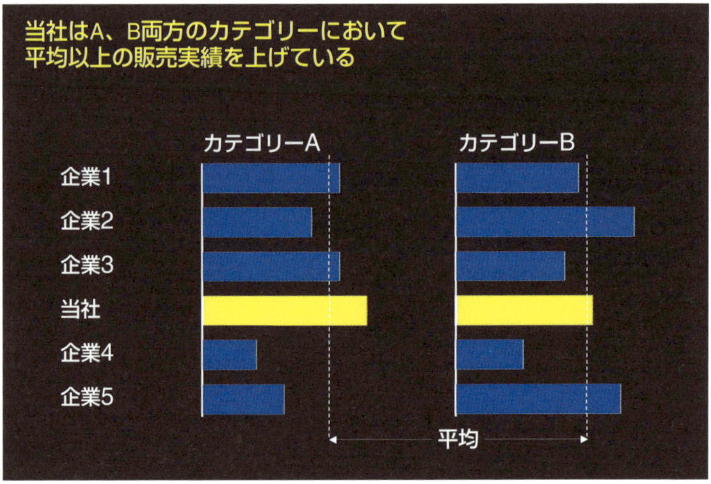

●差異を際立たせるために

たとえば、実績と今後の予測とを際立たせる、一対のバーやコラムを互いに際立たせる、1つのトレンドラインを他のラインから際立たせるために着色する。

▽ 4-14

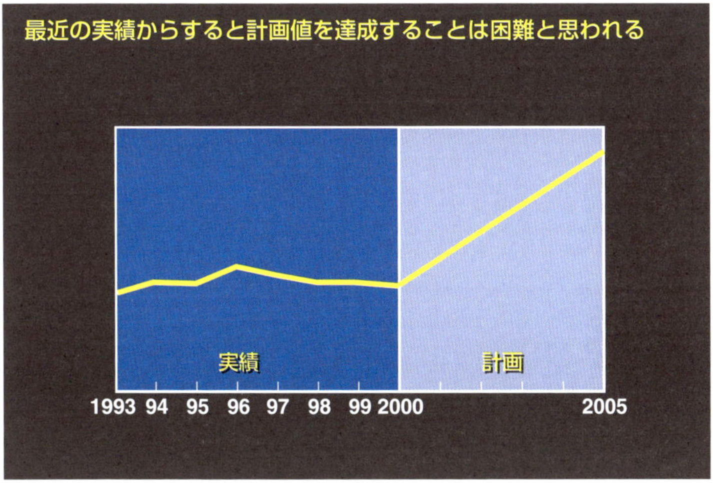

●シンボライズするために

たとえば、赤は損失、緑は利益、あるいは、赤はストップ、黄色は注意して渡れ、緑は進めなどに使う。

▽ 4-15

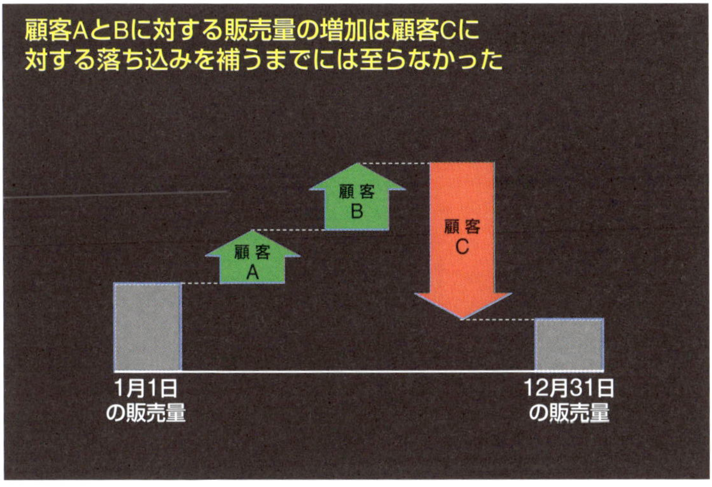

4 特殊効果はコンテンツを活かすために使う

□特殊効果のあれこれ

▽4−16は市販のソフトウェアパッケージを使ってつくれる特殊効果のうち、よく知られているものをいくつか示したものだ（最も一般的に使われているアニメーション機能を指すための下記のような速記用のビジュアルランゲージをつくり上げてみた。読者の方々には、それらを自由にご活用していただいて結構だ。自分で新たにつくり上げるのもよい）。

▽4-16

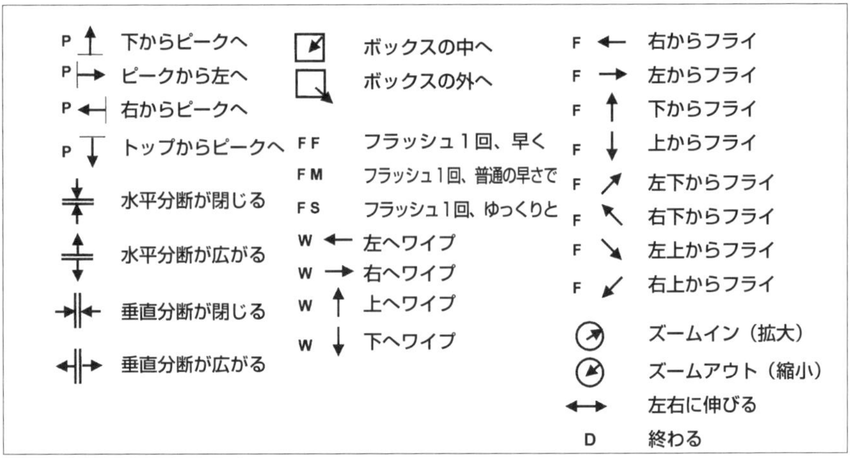

□特殊効果はこう使う

次に、これらの特殊効果を使って、それぞれのチャートフォームに含まれたメッセージを強調している様子を示す。

● フライ（FLY）

1　まず、パイチャートを円で示す。

2　「設計」の部分の構成要素を飛び上がらせる。

▽ 4-17

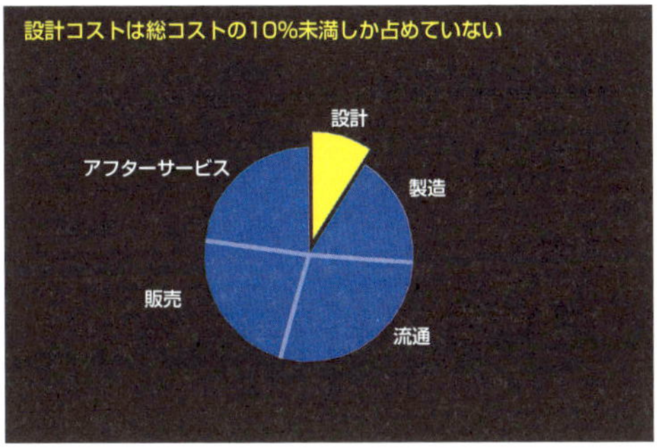

▽ 4-18

● ワイプ（WIPE）

顧客企業のバーを基準線から右のほうへ黒色を拭うかのように伸ばしていく。

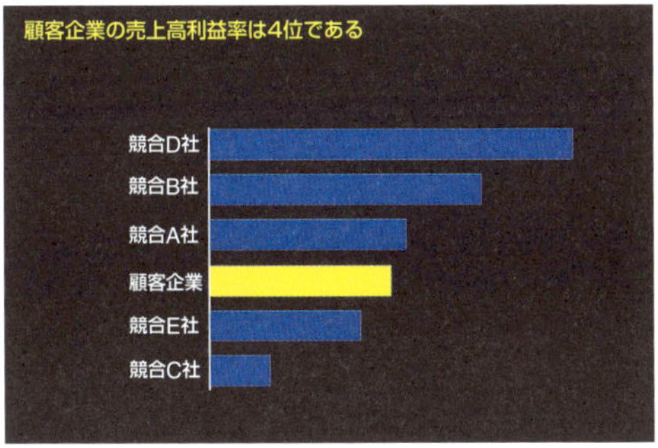

▽ 4-19

● ワイプ（WIPE）

コラムが左から右に姿を順々に現していく中で、上向きコラムは緑色で、下向きコラムは赤色で黒色を拭うように伸ばしていく。

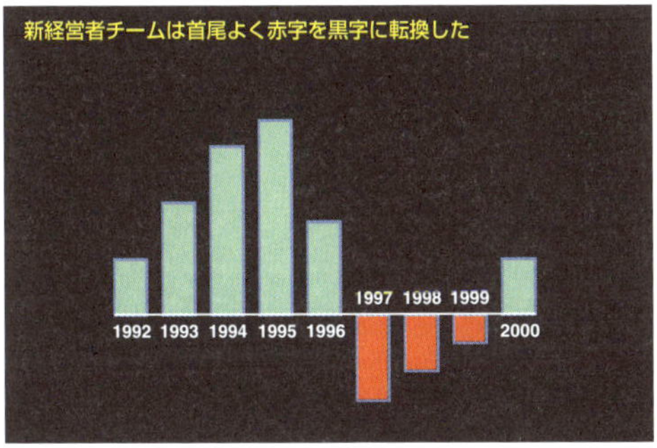

● ワイプとディゾルブ（WIPE and DISSOLVE）

1　2本のトレンドラインを右に向けて黒色を拭うように伸ばしていく。

2　次に左の黒字部分が緑色に塗り変えられる。

3　最後に右側の赤字部分が赤に塗り変えられる。

● ズームとワイプ（ZOOM and WIPE）

トレンドラインが右から左へと姿を現すにしたがって、ひとつひとつのパイチャートがズームアウト（縮小）してゆく。

● ズームとフライ（ZOOM and FLY）

1　まずドットがズームアウト（縮小）する。

2　次に、予想する方向へ矢印が伸びていく。

▽ 4-20

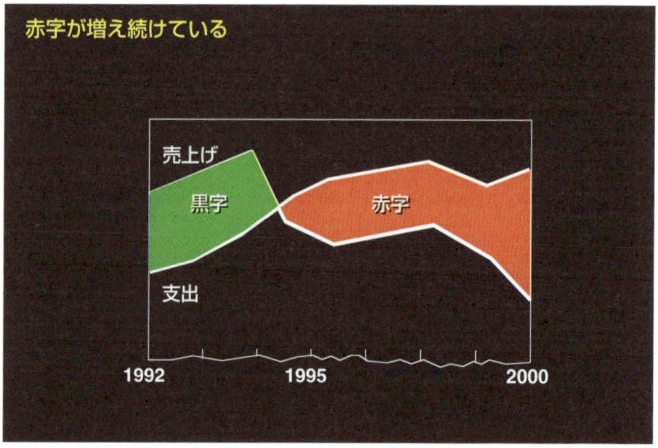

▽ 4-21

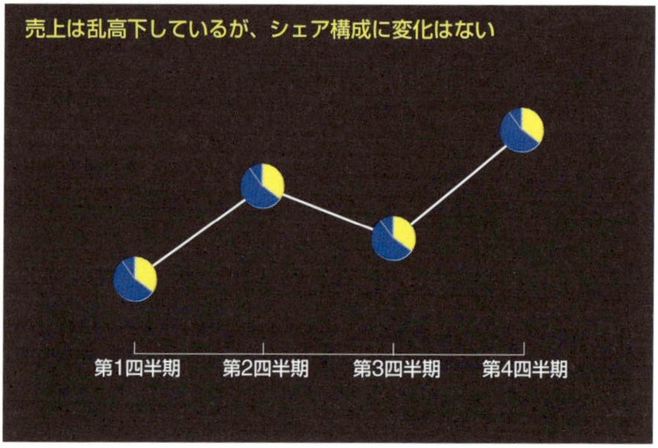

▽ 4-22

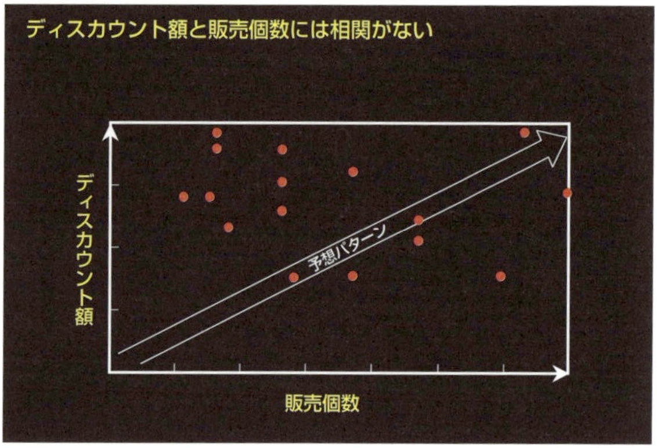

最後に一言。技術の進歩はあまりに早いので、本書のアイデアも数年後には書き換える必要が出てくるかもしれない。だが、そうなっても私は驚かない。明るいイメージを投影できるので部屋の電気を消さなくても使える液晶ディスプレイプロジェクターで、今はとりあえず満足。液晶ディスプレイプロジェクターをノートパソコンに接続して電源を入れるのは、B.C.1961年にさかのぼってOHPのプラグをコンセントに差し込むのと同じくらい簡単だから（訳注：B.C. は Before.com.の略語）。

訳者あとがき

国内企業や外資企業での経験をもとに、企業幹部、幹部候補生に向けてマーケティングや戦略の指導を手がけて、もう10年になる。教え始めた頃は、戦略的思考や経営学のフレームワークをケーススタディを使って教えるというものが主流だった。最近ではGEが採用したことで広く知られるようになったアクションラーニングというスタイルを採用する企業が徐々に増えてきている。アクションラーニングにおいて、講師は企業の幹部候補生に戦略的思考、フレームワークのような基本的なことを教えた上で、自社が実際に抱える課題や戦略性の高い事業テーマについて徹底的に議論させ、その結果として生まれた解決策・アイデアを経営トップに提言できるようになるまでコーチングに徹する形式をとる。その提言が実際のプロジェクトに発展することもあるので、参加者の意欲も非常に高い。

さらに、2003年より、企業研修ではなく、意欲の高い個人を対象に、BLTC(Business Leaders' Training Camp、http://www.bltc.co.jp)という経営塾をスタートさせた。そこでも基本的にはアクションラーニングのスタイルをとる。もちろん、企業ベースではなく個人ベースの参加者が集まっている研修なので実際の企業に直接提言できるわけではないが、生事例を使う。つまりテーマとする企業を参加者が自分の意思で選び、業界分析・企業分析を行なった上で、経営戦略、マーケティング戦略を作成し、本番であるかのような緊張感をもって講師陣や他の参加者の前でプレゼンテーションしてもらう。

こうしたスタイルで教えるようになり、経営トップへのプレゼンテーション（以下、プレゼン）資料を作成する上で、ビジネスパーソンが失敗しやすいポイントがあるのに気づき、よい教材はないかと探していた。そうした時期に米国のハワイでも会社を経営するようになったため、立ち寄るようになったボーダーズ（米国の大型書店チェーン）で、偶然見つけたのが本書である。実務に即役立つノウハウも示す一方で、チャート作成の本質を十二分に解説しているために実践的な示唆にも富んでいるのが本書の特徴だ。

プレゼン資料作成における技術については、本編を熟読吟味してほしいのだが、プレゼンに対するマインドについては、ここでお話ししておきたい。日本のビジネスパーソンは総じてプレゼンの重要性に対する認識に欠けている。双方向のエネルギーの交換というプレゼンの根幹がわかっていない。

一方、アメリカ人はプレゼンに命を懸けるといわれるほどに、力を入れる。特に、広告マンや戦略コンサルタントたちは、時として数億円単位あるいはそれ以上の多額の受注の成否に関わるのだから、日本人が脇役と考えているプレゼン資料の作成にあたっては、微に入り細に入り綿密な準備を行なう。

具体例を紹介しよう。日本の戦略系コンサルタントの草分け的存在として、長らくマッキンゼー・アンド・カンパニーの日本支社のディレクターを勤められた千種忠昭氏（現在はケーブルテレビ会社社長として活躍中）から訳者が聞いた言葉である。

「実は、彼とは、１枚のチャートをめぐって１カ月ほど議論したことがありました。結果的には、彼の意見で２枚に分けることで決着しましたが……」。プレゼン資料にこだわるとはまさにこういうことを言うのだろう。「どちらでもいいや」となってしまいそうなことを１カ月にわたり議論するのはまさに「命を懸ける」と表現するのにふさわしい。ちなみに、千種氏の言葉に出てくる「彼」とは何を隠そう、本書の著者であるジーン・ゼラズニー氏。千種氏がマッキンゼー時代にニューヨークでゼラズニー氏とともに仕事をしていたときのエピソードである。

原書を日本に紹介したいと考えて、日頃懇意にしている東洋経済新報社の編集者に連絡したところ、すでに原書を手に入れており、日本語版の出版権を獲得し、訳者を探しているところであった。BLTCの仕事を一緒に行なっている菅野誠二氏が日本のマッキンゼー・アンド・カンパニーに勤務していた経験もさいわいして、ぜひにと任せてくださった。この２人にプロの翻訳家の大崎朋子氏を加えて、チームで翻訳に当たった。

１人でも多くのビジネスパーソンに手を取っていただき、簡潔でわかりやすく、それでいて納得感のあるプレゼンテーションを行なうための一助としていただきたいと祈念している。

2004年７月

数江良一

索　引

【ま行】

【や行】

【ら行】

【わ行】

訳者紹介

数江 良一（かずえ りょういち）

1971年早稲田大学商学部卒業．日産自動車に入社．ノースウエスタン大ケロッグ校でMBA取得後，ルイ・ヴィトン・ジャパン，バカラパシフィックを経て，タイメックスの在日代表に就任．1997年にマーケティング・スコープ社を創業，上場企業向けにマーケティングや戦略のコーチングを行なう一方で，ビジネスパーソン向けに夜間の経営塾BLTC（ビジネスリーダーズトレーニングキャンプ http://www.bltc.co.jp）を主宰．

菅野 誠二（かんの せいじ）

早稲田大学法学部卒業．IMD経営学大学院MBA．ネスレ日本にて営業，ブランドマネジャー，マッキンゼーにて数々の大手企業へのコンサルティング，ブエナビスタ（ディズニーのビデオ部門）にてマーケティングディレクターを務める．現在，ボナ・ヴィータ社を設立しベンチャー数社を支援する傍ら，コンサルティングとアクションラーニングを通じた企業変革に携わっている．

大崎 朋子（おおさき ともこ）

フリーランスの翻訳家．青山学院大学文学部英米文学科卒業．翻訳会社オフィースジャンヌを設立し，実務翻訳を中心として企業の業務委託契約書，販促マニュアル，企画書など日英・英日翻訳を多く手がけている．
http://www.office-jeanne.com

マッキンゼー流 図解の技術

2004年9月2日 第1刷発行
2015年8月10日 第16刷発行

訳者 数江良一／菅野誠二／大崎朋子
発行者 山縣裕一郎
発行所 〒103-8345 東京都中央区日本橋本石町1-2-1 東洋経済新報社
電話 東洋経済コールセンター03(5605)7021
印刷・製本 東港出版印刷

Printed in Japan ISBN 978-4-492-55522-6 http://toyokeizai.net/